古代歷史文化 研究輯刊

二一編

王明蓀 主編

第 32 冊

晚清徽州文化生態研究

梅立喬 著

國家圖書館出版品預行編目資料

晚清徽州文化生態研究／梅立喬 著 — 初版 — 新北市：花木
蘭文化事業有限公司，2019〔民108〕
目 4+220 面；19×26 公分
（古代歷史文化研究輯刊 二一編：第 32 冊）
ISBN 978-986-485-750-0（精裝）
1. 文化生態學 2. 清代
618   108001549

ISBN-978-986-485-750-0

9 789864 857500

古代歷史文化研究輯刊
二一編　第三二冊　　　　　　　ISBN：978-986-485-750-0

晚清徽州文化生態研究

作　　　者　梅立喬
主　　　編　王明蓀
總 編 輯　杜潔祥
副總編輯　楊嘉樂
編　　　輯　許郁翎、王筑　美術編輯　陳逸婷
出　　　版　花木蘭文化事業有限公司
發 行 人　高小娟
聯絡地址　235 新北市中和區中安街七二號十三樓
　　　　　　電話：02-2923-1455 ／傳眞：02-2923-1452
網　　　址　http://www.huamulan.tw 信箱 hml810518@gmail.com
印　　　刷　普羅文化出版廣告事業
初　　　版　2019 年 3 月
全書字數　193782 字
定　　　價　二一編 49 冊（精裝）台幣 122,000 元

晚清徽州文化生態研究

梅立喬　著

作者簡介

梅立喬，重慶人，歷史學博士；安徽大學歷史系講師，碩士生導師。目前主要從事徽學研究。
在《河南社會科學》、《山西大學學報》、《安大史學》等刊物發表學術論文數篇。

提　　要

　　本文以晚清時期徽州文化生態爲主要研究內容，探究環境、個體、宗族、價值觀念的相互
作用，以期管窺各要素運行規律。

　　第一章　解構晚清以前徽州的文化生態系統。從徽州自然環境與個體的關係著手，對個體生
計模式選擇、宗族主體地位確定、區域價值觀的構建及大眾化等方面梳理。解構系統的運行機
理及特點。

　　第二章　晚清徽州遭十餘年的咸豐兵燹，人口銳減，宗族顯現組織結構不穩，凝聚力、向心
力削弱等問題，儒生的減少、文化符號的毀損，隔斷系統本應具有的遺傳性、多樣性。

　　第三章　晚清徽州個體四業之選擇。務農人數增加。傳統手工業和新興工業均無發展。半數
成年男性從商。徽人外出經商使得大量客民進入填補農業、工業空缺，徽州本土形成土、客雜
居的局面。

　　第四章　戰亂後宗族通過修譜、建祠堂、復禮制迅速恢復元氣，發揮重要作用。另一方面，
經濟蕭條，宗族凝聚力、向心力減弱，佛教與宗族爭奪資源以及新思想的湧入決定宗族式微之
勢。

　　第五章　區域在傳承既有價值觀念的同時，由於國家價值觀念的變遷、新式學堂的興辦、西
教的流入等相繼衝擊原有價值體系。系統亦產生激烈之排異反應。

　　餘論　對文化生態研究及徽州文化生態新一輪構建談談認識。

本書受安徽大學博士科研啓動經費項目資助，是安徽省哲社辦項目 AHSKQ2015075 成果之一。

目

次

緒　論

　　本文是作者在四年前完成的博士畢業論文基礎上，結合近幾年的研究成果修改、補充完成的。當初之所以選擇這個選題基於三方面考量：一是徽學亟待加強整體性研究，二是晚清這一時段集中反映徽州社會各種變故，其三是這一時段的研究成果相對較薄弱。目前這一選題仍有深入研究的價值。

一、選題緣由

　　以晚清徽州文化生態作爲學位論文選題，是基於如下幾點考慮：

　　首先，近年國家設立了多處國家級文化生態保護區，學界對於文化生態理論發展亟待完善。

　　隨著我國經濟發展，國民物質財富充裕，而精神文化建設相對滯後。「增強文化軟實力」，「加強民族文化遺產保護」已成爲全民族的共識。國家十一五文化繁榮發展規劃，決定在全國設立 10 個國家級民族地域文化生態保護區，著力建設中華民族共有的精神家園。

　　設立國家級文化生態保護區，對區域內部的物質及非物質遺存進行保護，以期通過對有形及無形的文化遺產的保護來實現中國傳統文化的承繼。現實的呼喚需要學術研究的跟進，尤其是文化生態研究。

　　文化生態學主張從人、自然、社會、文化的各種變量的交互作用中研究文化產生、發展的規律，用以尋求不同民族文化發展的特殊形貌和模式。因此，從理論上說，「文化生態的概念決不僅僅是某些人所理解的非物質文化遺產概念」〔註1〕；從國家文化發展戰略看來，僅僅將文化生態保護局限於一般

〔註 1〕陳安生：《徽州文化生態概念談》，《徽州社會科學》2008 年第 11 期，第 36～

的文化產業項目是遠遠不夠的，〔註2〕如何構建和諧國家及區域文化生態系統才是題中應有之義。

文化生態理論是產生於上世紀 50 年代，由美國學者斯圖爾德提出的以人文、自然生態爲研究對象的文化人類學的分支。目前中國學界文化生態的理論研究仍處於構建的過程，特別對於區域文化生態的動態發展理論模式亟待完善，因此，除了要對國外理論進行必要的篩選以及本土化以外，加強區域文化生態理論構建是推動研究深化的基礎。

其二，徽州文化生態具有相當的典型性，是區域文化生態研究的極好坮本。

徽州具備明顯的文化生態演遷。兩千多年前黟、歙立縣之後就逐漸形成了相對獨立的區域歷史文化單元，其時山越文化一枝獨秀。近一千多年相對穩立的徽州一府六縣格局，黃山白嶽之地爲「程朱闕里」，受儒學文化的長期浸潤和薰陶，形成了號稱「東南鄒魯」的「儒學聖地」，在徽商經濟基礎的強力支撐下，徽州文化在明清時期實現「區域總體全面發展」。商成幫、學成派、名人成群，自成系統，成就突出，達到歷史的空前輝煌，爲徽州文化生態發展的里程碑。徽州文化是宋代以後漢民族民間社會生活實態的生動反映，是中華儒學文化的厚實積澱，是中華傳統文化在明清時期的典型代表。由於它的縮影、標本和「全息基因」價值，2008 年 1 月 8 日由國家文化部批准正式掛牌設立「國家級徽州文化生態保護區實驗區」。近些年來，「徽州文化」越來越受到中外各界的高度關注，成爲中華文化的元素和重要符號之一。「如此燦爛的文化，如此博大精深的文化，一定要世世代傳下去，讓它永遠立於世界文化之林」越來越成爲人們的共識，胡錦濤視察安徽時也談到：安徽歷史文化底蘊豐厚，「中國的文化，特別是徽州的文化要發揚光大」。〔註3〕

選擇徽州作爲研究區域，該區域的外向性也是重要原因。徽州雖然地處山區，群山阻隔，但是由於徽商的緣由，徽州與外界聯繫緊密，對於外界動態及時做出反應，具有明顯的外向性。所以，當它作爲一個子系統存在於中國整體文化生態系統中時，徽州文化生態與外圍大系統變遷息息相關。同

---

37 頁。
〔註2〕方利山：《設立「國家級徽州文化生態保護區」意義初識》，《淮北煤炭師院學報（哲社版）》2009 第 2 期，第 1～5 頁。
〔註3〕http://www.chinanews.com.cn/kong/news/2009/06-05/1722074.shtml。

時，徽州在明清時期成功構建具備自身區域特點的子系統，從而使得徽州文化在明清時期取得了輝煌成就。晚清更是與國家文化生態演遷保持同步，因此，通過深化區域的研究，對其時中國文化生態管中窺豹，也是本課題希望實現的目標之一。

此外，從資源利用及技術操作層面而言，選擇徽州作爲研究對象有地利之便，本人在安徽大學工作，能夠就近到徽學研究中心、安徽省圖書館、博物館、檔案館搜集文獻史料，也便於去徽州進行田野考察。

其三，徽學研究多集中於明清時期，晚清研究成果較少。

文化生態作爲一種歷史過程的動態積澱，是爲社會成員所共享的生存方式和區域現實人文狀況的反映，它與特定區域的地理生態環境和歷史文化傳承有著密不可分的因緣關係。〔註4〕對於徽州地區文化生態的研究必然要追溯到其形成、發展及變遷，這對於現代社會構建和諧文化生態更具有現實意義。

徽學研究是區域研究顯學，對其的研究多集中在明清時期，專門研究晚清徽州的論著較少。另一方面，晚清時期徽州地區經歷巨變，人口銳減、徽商衰敗、宗族的重構、外來思想及宗教的流入、新式教育的興起、外圍大環境的變遷等，這些因素的出現完全打破了原有的既成體系，新的框架亟待而出，對這麼一個重要時期研究的缺失，必然導致對區域發展研究的不完整。同時，這一打破重構的過程與我們當代社會的文化生態態勢有微妙的相通之處，也是我選擇這一時間段的又一用意。

本選題的學術價值在於：首先全方位、多視角地研究晚清徽州文化生態變遷，彌補徽學領域對晚清這一時段研究薄弱的不足，完善整個徽州文化從明清繁榮到晚清及近代衰弱至現代再次成爲文化特區的發展鏈條。同時探究文化生態系統應對衝擊的反應模式，通過探究區域文化生態變遷，進一步完善國家——區域這一互動模式的研究。其次，完善了文化生態理論，爲理論本土化做出有益的嘗試。文化生態在中國的研究仍處於起始階段，對於文化生態內涵和外延、文化生態系統的構建等問題，更多是將國外理論直接應用分析，而忽視了對這一理論的本土化改造，以及對於區域文化生態的動態考察，本課題將盡可能的針對此弊端，以期對區域文化生態研究提供更多的路徑選擇。

〔註4〕張松：《文化生態的區域性保護策略探討——以徽州文化生態保護實驗區爲例》，《同濟大學學報（社科版）》2009年第3期，第28～38頁。

　　本選題的現實意義更爲突出。和諧文化生態的構建是中國社會發展目標。當代中國社會正處於急劇變革之中，社會轉型而引起的文化建設滯後，文化生態失衡，消費主義、道德感缺失、信仰危機等問題層出不窮，嚴重遲滯了中國社會發展步伐。晚清時期徽州也出現了類似的情況，巨變引起文化生態系統失衡，希望通過對這時段徽州文化生態進行歷史考察，把歷史和現實進行榫接，一方面爲國家設立文化生態保護區的實踐提供理論參考，另一方面爲國家和諧文化生態建設提供可資借鑒的歷史經驗，對於物質文化與精神文化的協調發展、傳統文化與外來文化的交融等方面提出有益的借鑒。

二、學術史回顧

（一）國內外文化生態理論研究

1. 國外關於文化生態研究的理論積澱

　　「文化生態」是文化生態學最基本的概念之一。文化生態這一概念最早在 1377 年由《歷史緒論》的作者伊本・赫爾東（1332～1406）提出，強調人類文化與周圍環境的關係。〔註5〕

　　文化生態學核心概念及學科體系主要由美國文化進化論學者斯圖爾德（Julian.H.Steward）創立。他在 1955 年出版的《文化變遷理論》中完整闡述了其主張的文化進化理論，即文化——生態適應理論。這部著作的出版被普遍認爲是文化生態學正式誕生的標誌。斯圖爾德認爲，人類在適應不同的生態環境時，適應的過程也是創造的過程，文化將顯現出不同的生態現象。〔註6〕他強調文化與環境之間的相互作用，重點研究環境、生物有機體與文化要素之間的關係，而不是像傳統生態學那樣僅研究自然環境與生物有機體之間的關係。在斯圖爾德構建的文化生態學理論中，文化核心、文化類型、社會文化整合水平等是重要概念。「文化核心」，即文化中與自然界關係最直接的部分——生存或生產策略，隨著時間的推移，文化核心（生存方式）因其所利用的特定或「有效」環境（土壤、氣候等等）而發展，又反過來促使其他文化特徵（社會組織）形成。按照這一「文化核心」思想，環境和文化之間在形成文化變遷的過程中有著互動作用。換言之，環境適應產生核心特

〔註5〕馮天瑜：《文化生態學論綱》，《知識工程》1990 年第 4 期，第 13 頁。

〔註6〕J. H. Steward ：《文化生態學的概念與方法》，王慶仁摘譯自美國《文化和社會人類學選讀材料》，紐約 1964 年。

徵，核心特徵造就文化類型且體現社會文化整合水平。斯圖爾德的興趣並不
在於爲文化生態學下一個定義，而在於瞭解文化「變遷」的過程和原因。他
強調在文化變遷中，生態因素儘管不是唯一的，也是一個重要的決定因素。
他認爲文化生態學就是要研究環境對文化的影響，認爲特殊類型的生態決定
了作爲文化載體的人的特徵。〔註7〕總之，斯圖爾德用文化生態學解析文化
差異和相似，試圖概括文化規律、文化變遷的原因。其理論核心是環境、技
術與社會制度的因果關係理論，最終認爲在生態條件和技術條件相似的情況
下，社會政治結構就類似。

　　在斯圖爾德的影響下，1964 年 M‧D 諭薩林斯在芝加哥出版的《文化與
環境：文化生態學研究》，是關於文化生態學的第一本專著，20 世紀 60 年代
末有三部重要的文化生態學著作問世，即 R‧內廷的《尼日利亞的山地農民》
（1968）、R‧拉帕波特的《獻給祖先的豬》（1968）和 J‧貝內特的《北方平
原居民》（1969）。這三本著作的問世，進一步完善了文化生態學理論。斯圖
爾德去世後於 1977 年出版了他的《進化和生態：社會變遷論文集》，對於文
化生態理論發展進行了階段性總結。

　　但是，文化生態學在這一時期主要局限於在美國的人類學家中小範圍的
區域性研究，是作爲人類學的一個分支存在。在理論的構建方面，環境決定
論佔了主要的地位，即片面的認爲某個國家的制度、政體、人口素質與分佈、
人的生理與心理、民族的道德面貌、宗教信仰、法律以及風俗習慣的某些特
徵，是由氣候、土壤及人們居住領土的性狀等地理環境深刻影響形成的，忽
視人類對於環境的影響以及人類文化各要素之間的相互作用。

　　上世紀 80 年代以後，文化生態學進入蓬勃發展階段，引入多學科理論，
拓展了研究範圍，健全了研究方法。文化生態學逐漸作爲一個獨立的學科從
文化人類學中分離出來，同時汲取多學科理論，完善自身理論體系。由卡爾‧
蘇爾創立的「伯克利學派」（又稱「文化生態學派」）關於文化景觀與生態環
境關係的研究填補了文化生態學中的相關理論空白。蘇爾關於文化景觀和生
態環境關係的代表性論文收入是由他學生約翰‧賴利（John Leighly）主編的
蘇爾論文集《土地與生命》（Land and Life）。指導蘇爾學術實踐活動的核心思
想，是他在《景觀的形態》和《歷史地理學序言》中系統闡述和倡導的文化
生態學思想，即強調文化景觀與生態環境之間有機聯繫的分析，重視文化景

〔註7〕 Matquette, Catherine, Cultural Ecology, http://www.indiana.edu/wanthro/eco.htm。

觀的發生學或歷史地理學的研究。另外，拉普卜特對城市分析的文化生態理論體系做了重要的理論貢獻，他在 1977 年發表的《城市形態的人文方面》一書中，對人類與環境的相互關係進行了深入的闡釋。從這分析理論的脈絡上看，它是文化人類學和社會生態學的綜合，在應用層次上，則又綜合了信息論、心理學的研究成果，該理論認為，城市空間中（為人提供場所的）物質環境的變化，與其他人文領域之間的變化，如社會、心理、宗教、習俗等，存在一種關聯性。在城市中同質人群社區的分佈形式就能充分反映各種亞文化群的存在。〔註8〕

文化人類學也對文化生態學理論發展做了有益補充。〔註9〕對於人類學中生態學理論概括性的綜合論著，主要有韋達與拉帕波特合著的《生態學——關於文化的和非文化的論述》；拉帕波特的《自然、文化和生態人類學》；韋達和麥凱（B‧J.Mckoy）合著的《生態學的新方向和生態人類學》；J.w‧貝內特的《生態學的過渡：文化人類學與人類適應》（1976 年，牛津）及 D‧C‧哈迪斯蒂的《生態人類學》（1977 年，紐約）等。文化人類學的學者將文化生態的外延進一步延伸到人類文化各要素之間的相互作用關係。認為任何社會就如同一個有機體，一個部件的運轉必然涉及其他有關部分。在研究方法上，將比較——歷史方法應用於文化生態學的研究中。尤其是將系統論納入文化生態學，將系統整體性、關聯性、等級結構性、動態平衡性、時序性等運用到對文化生態的研究中，進一步充實了文化生態學的理論體系。

此外，文化生態學隨著以信息化為先鋒的一系列變革而出現新的發展動向，新媒體環境成為文化生態學研究熱點，研究新媒體環境如何影響人類文化生態，即人類生活方式的文化如何對環境變遷做出適應。

總而言之，目前國外的文化生態理論雖然取得一定成績，但是至今依然沒有全面系統的文化生態學理論問世。涉足文化生態學研究的有關學科，出於各自不同的需要，對文化生態內涵、外延以及研究方法上有較大差別，需要進一步的整合完善。同時，隨著社會發展，人類與環境關係日趨緊密，生

〔註8〕 王建國：《現代城市設計理論與方法》，東南大學出版社 2003 年版。

〔註9〕 這部分內容主要參考：〔美〕R‧McC‧內亭：《文化生態學》，1977 年版，張雪慧摘譯《文化生態學與生態人類學》，《民族譯叢》1985 第 3 期，第 23～29頁；陳國強、孫遠謀：《中國文化人類學回顧》，《民族研究》2000 年第 3 期，第 22～29 頁；李霞：《生態人類學的產生與發展》，《國外社會科學》2000 年第 6 期，第 2～6 頁；陳心林：《生態人類學及其在中國的發展》，《青海民族研究》2005 年第 1 期，第 45～50 頁。

態觀與生態方法日益成爲現代科學研究的基本思想，因此文化生態學加快其學科理論建構，提升其在相關學科的應用水平就顯得十分必要。

2. 國內對於文化生態理論研究

我國學者很早也注意到文化生態方面的研究。自 20 世紀初葉起，李大釗、馮友蘭、梁漱溟等在探討文化生成機制時，就力圖從生態環境角度說明文化差異性、民族性，進而進行優劣比較與選擇。〔註 10〕雖然其共同的缺陷是沒有把文化生態看作動態系統，而是靜態研究，但啓發了國人對民族文化的自省。其後研究由於歷史原因一度沈寂，直到上世紀 80 年代對文化生態學逐漸關注，從最初的國外理論介紹，到現在結合國情發展有自身特色的文化生態理論，並運用到實際問題的分析中，國內對於文化生態的研究由淺入深、由點及面，現階段正是漸入佳境，理論構建及實際運用都取得階段性成果。

首先是對國外理論的介紹。有的將人物介紹與理論傳播結合起來，如楊文安對斯圖爾德的生平以及對文化生態學理論貢獻都做了介紹；〔註 11〕鄧輝對伯克利學派創始人卡爾‧蘇爾的學術思想和學術實踐作了系統的分析和總結。〔註 12〕有的是對國外理論進行評介，秦典在《現代生態文化思潮評介》〔註 13〕中雖然題爲生態文化，但文中實質介紹的是文化生態理論發展演變，這也從一個方面表明在這一新興理論引入我國時候，在有些關鍵概念上仍沒有釐清。1996 年出版的《中國大百科全書》社會學章節對文化生態學的內涵外延進行明確定義，認爲文化生態學是研究自然環境對文化的產生及變遷之間關係。同時運用系統論的方法解讀文化生態系統各要素之間的關係。文化生態的核心文化是由環境作用與個體而產生的生計文化，可視爲科技、經濟體制的總和。其次則是在生計文化基礎上形成的社會組織。最爲核心的是在個體生計文化與組織基礎上產生的價值觀念。〔註 14〕黃育馥則專注於文化生

〔註 10〕馮友蘭：《新事論》，商務印書館 1940 年版。梁漱溟：《中國文化要義》，《梁漱溟全集》第三卷，山東人民出版社 1990 年版。

〔註 11〕楊文安：《斯圖爾德與文化生態學》，《雲南教育學院學報》1993 年第 1 期，第 92～96 頁。

〔註 12〕鄧輝：《卡爾‧蘇爾文化生態學理論與實踐》，《地理研究》2003 年第 5 期，第 625～634 頁。

〔註 13〕秦典：《現代生態文化思潮評介》，《天津師大學報》1991 年第 3 期，第 39～43 頁。

〔註 14〕中國大百科全書編委會：《中國大百科全書——社會學》，中國大百科全書出

態學的早期發展，主要考察了斯圖爾德在前人研究的基礎上提出了文化生態的概念並運用這個概念去解釋文化「變遷」的過程和原因。〔註15〕戢鬥勇在《文化生態學論綱》中也用了大量的篇幅介紹文化生態學在國外的理論發展過程。〔註16〕石群勇全面闡釋了文化生態學的基本思想，略述斯圖爾德提出的文化的多線進化理論、文化整合等重要概念。〔註17〕韓昭慶對文化生態發展的三個階段進行介紹，認爲環境人類學爲其發展趨勢。〔註18〕通過這些學者的介紹，使得國內學界對於文化生態學這一新興的學科形成發展過程以及基本理論有初步的瞭解。

其次是對文化生態學中相關概念進行深一步的深化。

有很大一部分是對文化生態內涵和外延的釐清及深化。司馬雲傑在《文化社會學》中就指出，文化生態學是從整個自然環境和社會環境中的各種因素交互作用研究文化產生、發展、變異規律的一種學說。〔註19〕鄧先瑞則認爲文化生態學是以人類在創造文化的過程中與環境的相互關係爲對象的一門學科。〔註20〕潘豔、陳洪波就指出：「文化生態學是就一個社會適應其環境的過程進行研究，它的主要問題是要確定這些適應是否引起內部的社會變遷或進化變革。」〔註21〕梁渭雄、葉金寶在《文化生態與先進文化的發展》一文中提出，「文化生態學是研究文化與環境的互動關係的理論，這裡所說的環境包括影響文化生存發展的一切因素，大體上包括外環境和內環境。外環境如社會經濟制度、政治制度和自然地理狀況等；內環境是指文化範圍內的各種不同文化，如不同民族、不同宗教、不同學派和不同地域的文化等。」〔註22〕

版社 1996 年版，第 417 頁。

〔註15〕黃育馥，《20 世紀興起的跨學科研究領域——文化生態學》，《國外社會科學》1999 年第 6 期，第 19～25 頁。

〔註16〕戢鬥勇：《文化生態學論綱》，《佛山科學技術學院學報》2004 年第 5 期，第 1～7 頁。

〔註17〕石勇群：《斯圖爾德文化生態學理論述略》，《社科縱橫》2008 年第 10 期，第 140～141 頁。

〔註18〕韓昭慶：《美國生態人類研究述略》，《原生態民族文化學刊》2012 年第 4 卷第 1 期，第 2～9 頁。

〔註19〕司馬雲傑：《文化社會學》，山西教育出版社 2007 年版。

〔註20〕鄧先瑞：《試論文化生態及其研究意義》，《華中師範大學學報（人文社科學）》2003 年第 1 期，第 93～97 頁。

〔註21〕潘豔、陳洪波：《文化生態學》，《南方文物》2007 年第 2 期，第 107～110 頁。

〔註22〕梁渭雄、葉金寶：《文化生態與先進文化的發展》，《學術研究》2000 年第 11 期，第 5～9 頁。

柴毅龍則區分了「廣義」和「狹義」兩種文化生態，他認為廣義的「文化生態」，是建立在人類對生態系統的依賴性這一基礎上的，狹義的文化生態，主要是指精神文化與外部環境（自然環境、社會環境、文化環境）以及精神文化內部各種價值體系之間的生態關係。〔註 23〕而江金波對文化生態學從基本概念到核心理論進行了重構，將文化生態系統為其研究對象，拓展了現代文化生態學的宏觀、中觀、微觀研究領域。〔註 24〕

　　由於在文化生態發展過程中，文化生態與生態文化兩個概念容易混淆，所以學者專門對此進行了比較研究。李學江《生態文化與文化生態論析》中對兩個概念做了辨析，認為所謂「生態文化」，是指以生態價值觀念、生態理論方法為指導形成的生態物質文化、生態精神文化、生態行為文化的總稱，是一種人、自然、社會和諧一致、動態平衡的文化，是自然科學與社會科學的融合統一；而文化生態是研究文化的生成、傳承、存在的生態狀況，文化的生產、傳承和傳播以及存在均具備生態型的特徵。〔註 25〕高建明提出生態文化是有關生態的一種文化，對象是指向生態的，是全球文化；而文化生態是借用生態學的方法研究文化的一個概念，是關於文化性質、存在狀態的一個概念，表徵的是文化如同生命體一樣也具有生態特徵，文化體系作為類似於生態系統中的一個體系而存在。〔註 26〕王玉德主張文化生態學研究文化的生態背景、文化的多樣性、文化的群落、文化的組成結構、文化的網絡和鏈條、文化的變遷等，是在特定的文化地理環境內一切交互作用的文化體及其環境組成的功能整體，而生態文化是要把自然生態與文化聯繫在一起研究，揭示兩者之間的關係，特別要說明生態對文化的影響，以及文化對生態的影響。〔註 27〕

　　孫兆剛從系統論的視角剖析了文化生態系統的演化，探討了這一系統是如何進行遺傳和變異的，從系統的演化得出：我們應當不斷尋求先進的思想

〔註 23〕 柴毅龍：《生態文化與文化生態》，《昆明師範高等專科學校學報》2003 年第 2 期，第 1～5 頁。

〔註 24〕 江金波：《論文化生態學的理論發展和新框架》，《人文地理》2005 年第 4 期，第 119～124 頁。

〔註 25〕 李學江：《生態文化與文化生態論析》，《理論學刊》2004 年第 10 期，第 118～120 頁。

〔註 26〕 高建明：《論生態文化與文化生態》，《系統辯證學學報》2005 年第 3 期，第 82～85 頁。

〔註 27〕 王玉德：《生態文化一與文化生態辨析》，《生態文化》2003 年第 1 期，第 6～8 頁。

文化、推動文化生態系統變異的同時，又不能失掉自己的民族精神以保持文化生態系統的遺傳特性。〔註 28〕徐建則指出文化體系內部各個具體文化形式之間存在著相互影響、相互作用、相互制約的方式和狀態，文化生態的遺傳與變異是從歷史的維度反映出其演化過程中的特點，文化生態的演化要求人們把握先進文化的方向，堅持傳統的民族精神。〔註 29〕還有學者關注文化生態系統演化過程中的失衡問題，方李莉和竇燕園都提到了文化的多樣性對於保持文化生態平衡的重要性。〔註 30〕

可見，學界逐漸釐清了文化生態的相關概念並進一步完善，文化生態概念也逐步集中到文化產生和演變與環境以及經濟形式、制度、意識形態等方面的互動上。但是，仍舊缺乏全面、成系統的著作的出現，並且，在闡釋過程中，容易走入地理決定論的單向邏輯中。

第三是將理論運用於現實問題的解決。

由於民族學主要考察民族文化起源、發展演化，所以在對民族區域文化進行研究時多會應用到文化生態學相關理論。尹紹亭在專著《一個充滿爭議的文化生態體系——雲南刀耕火種研究》中，對刀耕火種進行了技術分類，運用人類生態學的觀點和方法，探討了各種類型的生態學原理及其動態發展過程，通過比較研究、揭示了刀耕火種盛行和衰落的規律等。〔註 31〕呂拉昌將文化生態與民族區域開發聯繫起來，提出要從文化生態角度來促進民族特色區域開發。〔註 32〕王啓忠對關東文化生態的產生、演化做了剖析。〔註 33〕賴龍揚創新客家文化的生態功能，並選取福建省永定縣作為個案分析的對象，對客家區域基礎教育及其文化生態的差異性進行了調查與思考。〔註 34〕

〔註 28〕 孫兆剛：《文化生態系統演化及其啟示》，《雲南師範大學學報》2003 第 5 期，第 69～72 頁。

〔註 29〕 徐建：《文化生態的演化》，《黨政幹部學刊》2008 年第 1 期，第 3～4 頁。

〔註 30〕 方李莉：《文化生態失衡問題的提出》，《北京大學學報（哲社版）》2001 年第 3 期，第 105～112 頁。竇燕園：《中華文化多樣性與文化生態平衡》，中央民族大學 2004 碩士論文。

〔註 31〕 尹紹亭：《一個充滿爭議的文化生態體系——雲南刀耕火種研究》，雲南人民出版社 1991 年版。

〔註 32〕 呂拉昌：《文化生態學與民族區域開發》，《地理學與國土研究》1995 年第 4 期，第 56～59 頁。

〔註 33〕 王啓忠：《關東文化生態歷史基因的剖析》，《學習與探索》1993 年第 3 期，第 122～129 頁。

〔註 34〕 賴龍揚：《客家區域基礎教育的文化生態研究》，福建師範大學 2002 年碩士論文。

關於客家文化，江金波第一本區域文化生態的專著《客地風物——粵東北客家文化生態系統研究》已經出版，〔註35〕該書從時空兩維深度闡釋了自然地理要素、人文地理要素對粵東北客家文化的深刻影響，以及不同時期本區客家文化生態的不同表現剖析了粵東北客家文化生態系統的整體態勢及其不同模式選擇。鄧先瑞闡述了長江流域民族文化形成的自然生態環境，揭示了長江民族文化生態的地域性開放性、和諧性、節律性和變異性等特徵。〔註36〕趙世林、田蕾在《論傣族文化生態與生態文化的區域性》提出文化特徵是通過民族性、區域性特點表現出來的，是民族性和地域性的有機統一。〔註37〕除了從上對空間文化生態進行考察以外，學者還從時間上對中國文化生態進行考察。臺灣學者王爾敏先後出版《近代文化生態及其變遷》、《明清社會文化生態》兩本著作，〔註38〕論著是由幾十篇文章構成，對中國明清至近代的文化生態進行歷史考察，將這一時段的文化生態分解為許多片段進行描述。徐建則從文化哲學角度〔註39〕提出中國當代文化生態由主導文化、精英文化與大眾文化構成，並對當代中國的文化生態從轉型、失衡與調整、西方文化的影響以及其中國特色與世界眼光這幾個方面進行考察。〔註40〕高丙中認為文化生態構建通過非物質文化遺產來建設中國的文化生態，就是要調整中國的文化定位和社會關係，把它們的關係重新理順，成為常態。

　　另外學者還將文化生態理論引入到對具體問題的研究中。有運用在文學領域的，丁曉原著的《文化生態視鏡中的中國報告文學》就是研究在中國不同歷史時代的文化生態語境下報告文學這種具體文化形態的演化，認為特有的社會文化生態深度地影響著報告文學的存在，而報告文學又以自己的方式

〔註35〕江金波：《客地風物——粵東北客家文化生態系統研究》，華南理工大學出版社 2005 年版。

〔註36〕鄧先瑞：《長江流域民族文化生態及其主要特徵》，《中國地質大學學報社科版》2007 年第 6 期，第 9～11 頁。

〔註37〕趙世林、田蕾：《論傣族文化生態與生態文化的區域性》，《學術探索》2007 第 5 期，第 117～122 頁。

〔註38〕王爾敏：《近代文化生態及其變遷》，百花洲文藝出版社 2002 年版：《明清社會文化生態》，廣西師範大學出版社 2009 年版。

〔註39〕高丙中：《關於文化生態失衡與文化生態建設的思考》，《雲南師範大學學報》2012 年第 1 期，第 74～80 頁。

〔註40〕徐建：《當代中國文化生態研究——基於文化哲學的視角》，華東師範大學 2008 博士論文。

直接參與社會文化生態的形成。〔註 41〕李軍均也將文化生態理論引入對宋初傳奇小說的研究中。〔註 42〕有對藝術的文化生態問題進行研究的，〔註 43〕有對網絡語言的文化生態問題加以關注的，〔註 44〕有的研究語言領域的文化生態問題的，〔註 45〕還有將文化生態範式運用到法學研究中的，〔註 46〕這些研究是學者將文化生態理論引入到具體、實際問題的有益嘗試。

通過對學界對文化生態研究之回顧，對於文化生態的考察筆者主要秉持以下觀點：首先是研究對象，贊同美國「新功能論」、「新進化論」及國內學者江金波的觀點，即對於文化生態是作為一個系統加以考察。其次在系統內部運轉中，誠如《中國大百科全書》的界定以及斯圖爾德等文化生態學者的考察一樣，在自然環境影響下個體謀生選擇形成「生計文化」，進而促使相應社會組織的出現，以承擔構架及大眾化相關價值觀念的重任，此為文化生態的「文化核心」，其他文化現象為次要文化。本文主要是圍繞徽州文化生態「文化核心」進行探討。最後是文化生態系統的特質，筆者贊同孫兆剛等學者的觀點，即文化生態系統存在遺傳性及變異性的特點，同時我認為，系統自身運轉過程中的慣性對於文化生態的影響也不可小視。本文在對徽州文化生態進行系統解構時循上述之理論建構為之。

（二）徽州文化生態研究現狀

徽州文化自上世紀徽州文書發現以來，成為不少學者關注的對象，特別是明清時期隨著徽商的崛起，徽文化也取得輝煌的成就，故學者研究多集中於明清徽州文化，成果頗豐，形成論文幾千餘篇。〔註 47〕其中，研究集大成

〔註 41〕丁曉原：《文化生態視鏡中的中國報告文學》，復旦大學出版社 2008 年版。

〔註 42〕李軍均：《宋初傳奇小說文體發展的文化生態》，《齊齊哈爾大學學報》2007 年第 2 期，第 86～89 頁。

〔註 43〕李峰：《當代藝術生態裏的幾個人與幾個環節》，《東方藝術》2007 年第 21 期，第 118～123 頁。何紅一：《我國南方民間剪紙的文化生態環境》，《中南民族大學學報》2004 年第 6 期，第 48～53 頁。

〔註 44〕王志濤、王立家：《網絡語言與多元文化生態》，《山東理工大學學報（社會科學版）》2005 年第 1 期，第 77～80 頁。

〔註 45〕何苦：《從普通話與方言之爭看構建和諧文化生態》，《青年記者》2007 年第 2 期，第 61～62 頁。

〔註 46〕張潤鵬：《文化生態研究範式在法學領域的運用》，湘潭大學 2008 年碩士研究生論文。

〔註 47〕由於著述頗多，學者對徽學研究的綜述歸納得較為詳盡：專著：王振忠：《徽學研究入門》，復旦大學出版社 2011 年版。論文：暢民：《建國以來徽商研究

者爲安徽人民出版社集學者方家於 2005 年出版的《徽州文化全書》，〔註 48〕
共計 20 本，內容囊括了徽文化的各個方面：物態文化方面，有《徽州商幫》
（王廷元、王世華著）、《徽州科技》（張秉倫、胡化凱著）、《徽州建築》（朱
永春著）、《徽州村落》（陸林、凌善金、焦華富著）、《新安醫學》（張玉才著）、
《徽州工藝》（鮑義來著）、《徽菜》（邵之惠、張脈賢著）等卷；制度文化方
面，有《徽州宗族社會》（唐力行著）、《徽州土地關係》（劉和惠、汪慶元著）、
《徽州教育》（李琳琦著）等卷；精神文化方面，有《徽州方言》（孟慶惠著）、
《徽州民俗》（卞利著）、《新安理學》（周曉光著）、《徽派樸學》（洪湛侯著）、
《新安畫派》（郭因、俞宏理、胡遲著）、《徽州篆刻》（翟屯建著）、《徽派版
畫》（張國標著）、《徽州戲曲》（朱萬曙著）、《徽州刻書》（徐學林著）、《徽
州文書檔案》（嚴桂夫、王國健著）。「全書」中有許多卷實爲該專題領域的
第一部專著，是就以往研究成果的一個系統總結，對明清時期徽州文化各個
方面的產生、發展演化都有詳盡論述。明及清前期時期徽州文化生態中個
體、宗族組織都有較爲全面的介紹，同時唐力行、李琳琦對於明清時期徽商
價值觀的形成及變革做了深度的闡述，認爲徽商價值觀是在儒賈相通、商農
交相重的思想基礎上形成，徽州商人竭力否定傳統的四民之分，特別是士、
商之間的尊卑差異，主張「士商異術而同志」。〔註 49〕因此，對明及清前期
的文化生態考察中，徽州的個體、宗族組織、價值觀念等都有學者分別論及。

綜述和前瞻》，《安徽史學》1986 年第 5 期。張健：《徽商研究評介》，《中國史
研究動態》1992 年第 7 期。曹天生：《本世紀以來國內徽學研究概述》，《中國
人民大學學報》1995 年第 1 期。曹天生：《本世紀以來國內徽商研究述論》，《史
學月刊》1995 年第 2 期。阿風：《徽州文書研究十年回顧》，《中國史研究動態》
1998 年第 2 期。薛貞芳：《徽學研究論著資料索引（1995～1997）》，《大學圖
書情報學刊》1999 年第 1 期。卞利：《20 世紀徽學研究回顧》，《徽學》第二
卷，安徽大學出版社 2002 年版。唐力行：《徽州宗族研究概述》，《安徽史學》
2003 年第 2 期。王世華：《徽商研究：回眸與前瞻》，《安徽師範大學學報》2004
年第 6 期。鄒怡：《徽州佃僕制研究綜述》，《安徽史學》2006 年第 1 期。欒成
顯：《改革開放以來徽學研究的回顧與展望》，《史學月刊》2009 年第 6 期。此
外，在徽學研究專著中也對研究進行總結，如王振忠《徽州社會文化史探微》
及《明清徽商與淮揚社會變遷》兩書的前言部分，唐力行《明清以來徽州社
會經濟研究》一書的序言部分，對徽學研究目前所取得的進展也有所梳理。
〔註 48〕《徽州文化全書》，安徽人民出版社 2005 年版。
〔註 49〕唐力行：《論徽商的形成及其價值觀的變革》，《江淮論壇》1991 年第 2 期，第
65～73 頁。李琳琦：《「激進」的言論與「保守」的行爲——論徽商在傳統價
值觀問題上的心理分析》，《社會科學家》1998 年第 6 期，第 27～31 頁。

相較明及清前期徽州文化研究的成果而言，晚清這一時間段屬於徽學研究中相對薄弱的時段。目前對於晚清徽州這一時段研究，不少的內容在作者對明及清前中期或是近代徽州論述時涉及到晚清之內容，目前對於晚清徽州研究主要有以下一些成果：在土地關係方面：章有義通過對徽州六邑 8 個個案研究，總結近代徽州的地權多爲族產、人身依附關係鬆弛等租佃關係等特點，〔註50〕吳秉坤分別就徽州田宅典當契約、田面赤契現象進行深入剖析。〔註51〕太平天國對徽州的影響：馮劍輝認爲清軍與太平軍都對徽州破壞負有責任，〔註52〕鄭小春就太平天國對徽州的影響，從徽州的團練、宗族及社會進行解析，通過個案、地方志等呈現兵燹對徽州社會的衝擊。〔註53〕晚清徽州宗族的探析中，除了在趙華富先生《徽州宗族研究》及唐力行先生《徽州宗族社會》兩本專著中都對晚清宗族的發展有一定的涉及，認爲徽州宗族在晚清表現爲強勁的恢復之勢，〔註54〕同時，唐力行通過個案研究探析戰亂後宗族記憶重建，〔註55〕劉伯山就黟縣村落邱氏文書剖析清代中後期徽州宗族社會鬆解之勢，〔註56〕王振忠亦通過黟縣碧山何氏文書對晚清及民國的宗族宗族經濟運營及祭祀等事務剖析以從側面研究徽州近代社會。〔註 57〕關於晚清徽商，在張海鵬、王廷元的《徽商研究》中認爲晚清徽商呈現衰落之

〔註50〕 章有義：《近代徽州租佃關係案例研究》，中國社會科學出版 1988 年版。

〔註51〕 吳秉坤：《清至民國徽州田宅典當契約探析——兼與鄭力民先生商榷》，《中國經濟史研究》2009 年第 1 期，第 157～161 頁；《清代至民國時期徽州田面赤契現象探析——兼與黃宗智先生商榷》，《黃山學院學報》2009 年第 2 期，第 25～30 頁。

〔註52〕 馮劍輝：《曾國藩「縱兵大掠」徽州考辨——兼論徽州咸同兵燹》，《安徽大學學報》2007 年第 2 期，第 115～121 頁。

〔註53〕 鄭小春：《地方志所見太平天國時期的徽州團練》，《廣州大學學報（社會科學版）》2011 年第 3 期，第 78～83 頁；《太平天國時期的徽州宗族：以沙堤葉氏爲例》，《揚州大學學報（人文社科）》2012 年第 7 期，第 75～81 頁；《從繁盛走向衰落：咸同兵燹破壞下的徽州社會》，《中國農史》2012 年第 4 期，第 88～99 頁。

〔註54〕 趙華富：《徽州宗族研究》，安徽大學出版社 2004 年版。唐力行：《徽州宗族社會》，安徽人民出版社 2005 年版。

〔註55〕 唐力行：《千丁之族，未嘗散處：動亂與徽州宗族的記憶系統重建——以徽州績溪縣宅坦村爲個案的研究》，《史林》2007 年第 2 期，第 82～94 頁。

〔註56〕 劉伯山：《清代中後期徽州宗族社會的鬆解——以黟縣一都榆村邱氏文書爲中心》，《中國農史》2012 年第 2 期，93～105 頁。

〔註57〕 王振忠：《晚清民國時期的徽州宗族與地方社會——黟縣碧山何氏之〈族事匯要〉研究》，《社會科學戰線》2008 年第 4 期，第 125～131 頁。

勢，〔註58〕葉顯恩也持同樣的觀點，〔註59〕馮劍輝在其博士論文中則認為近代徽商沒有衰落。〔註60〕還有著重對晚清發展較為顯著的茶商進行研究的，如周曉光就清代茶商，尤其是晚清茶商的經營方式及衰落進行探討，〔註61〕王國鍵和陳勇還分別就晚清茶葉貿易發表相關論文。〔註62〕此外，還有就徽州商業個案進行研究的，馬勇虎通過對帳簿的分析，揭示商業經營與地方市場、地方社會的關係，也反映出咸豐朝持續多年的社會動亂嚴重地惡化了商業經營的環境，降低了徽商經營效益，折射出亂世狀態下商業經營的艱難。〔註63〕王振忠亦對晚清墨商經營狀況有個案分析。〔註64〕還有就晚清救助體系發表看法的，周致元通過鄉鎮志探究清代及徽州地方救荒措施，〔註65〕吳媛媛認為晚清徽州紳商在救助中發揮重要作用，〔註66〕徐越等探析了清末民初徽州民間經濟互助形式。〔註67〕對於晚清徽州教育，張小坡認為晚清徽州新式教育的推廣在發展中遭遇困局，〔註68〕周文甫認為這一時期徽州教育是從封建科舉教育邁向現代教育的重要時期，初等和中等教育都有不同

〔註58〕 張海鵬、王廷元：《徽商研究》，安徽人民出版社 1995 年版，第 609～664 頁。

〔註59〕 葉顯恩：《徽商的衰落及其歷史作用》，《江淮論壇》1982 年第 3 期，第 57～63 頁。

〔註60〕 馮劍輝：《近代徽商研究》，山東大學 2008 年博士論文。

〔註61〕 周曉光：《清代徽商與茶葉貿易》，《安徽師範大學學報（人文社科版）》2000 年第 3 期，第 336～345 頁。

〔註62〕 王國鍵：《論五口通商以後徽州茶商貿易重心的轉移》，《安徽史學》1998 年第 3 期，第 44～49 頁。陳勇：《晚清時期茶稅和徽州茶葉貿易》，《合肥師範學院學報》2008 年第 4 期，第 77～79 頁。

〔註63〕 馬勇虎：《亂世中的商業經營——咸豐年間徽商志成號商業帳簿研究》，《近代史研究》2010 年第 5 期，第 107～128 頁。

〔註64〕 王振忠：《從譜牒史料談徽州墨商的幾個問題——以光緒戊戌環川〈（璁公房修）詹氏支譜〉為中心》，《安徽史學》2008 年第 1 期，第 98～103 頁。

〔註65〕 周致元：《清代和民國徽州鄉鎮志中所見的民間救荒措施》，安徽省徽學學會二屆二次理事會暨「徽州文化與和諧社會」學術研討會論文集，第 48～54 頁。

〔註66〕 吳媛媛：《從糧食事件看晚清徽州紳商的社會作用——以〈歙地少請通浙米案呈稿〉和〈祁米案牘〉為例》，《安徽史學》2004 年第 6 期，第 85～90 頁。吳媛媛、何建木：《晚清徽州社會救濟體系初探——以光緒三十四年水災為例》，《中國歷史地理論叢》2007 年第 22 卷第 2 輯，第 78～88 頁。

〔註67〕 徐越、方光祿：《清末和民國徽州民間的經濟互助——以徽州會書為中心》，《黃山學院學報》2005 年第 2 期，第 25～30 頁。

〔註68〕 張小坡：《發展與困局：清末徽州新式教育運作實態論述》，《徽學》第 5 卷，第 193～204 頁。

程度的進步。〔註 69〕同時，王振忠對於徽州民間社會民眾生活做了初步勾勒。〔註 70〕黃志繁等認爲清末民初的徽州小農生產時閑暇時間較多，同時兼顧茶葉等副業，其與外界聯繫較爲緊密。〔註 71〕還有胡中生對晚清徽州錢會的發展亦有相關論述。〔註 72〕此外，還有對王茂蔭、胡鐵花等晚清人物進行研究的。〔註 73〕

較之徽州文化研究的累累碩果，徽州文化生態的研究相形遜色。黃成林的《徽州文化生態初步研究》是將文化生態引入到徽州文化研究的第一篇文章，〔註 74〕文章從文化生態學角度，探討了徽州地理環境對徽州物質、制度文化形成、發展及影響，揭示徽州地理環境和徽州文化的制約、適應、再現和選擇的關係，但沒有對文化生態系統內部運轉進行探究，從一定意義上看有地理決定論之局限。自徽州 2008 年被授予國家級文化生態保護區以來，對於徽州文化生態的解讀逐漸豐富，成果主要集中在徽州文化生態的理論構建以及保護措施上。陳安生對文化生態基本概念做了簡略梳理，提出文化生態學主張從人、自然、社會、文化的各種變量的交互作用中研究文化的產生和發展規律，還就徽州文化生態保護區建設提出政府扶持等具體措施。〔註 75〕方利山則通過一系列文章的發表及專著的出版，〔註 76〕系統對徽州文化生態

〔註 69〕 周文甫：《淺談清末民國時期的徽州教育》，《社會科學戰線》2007 年第 6 期，第 166～168 頁。

〔註 70〕 王振忠：《晚清徽州民眾生活及社會變遷——陶覽公牘之民俗文化解讀》，《徽學》2000 年卷，第 127～154 頁。王振忠、陶明選：《晚清徽州民間社會生活管窺——新舊碎錦雜錄 6 抄本兩種整理箚記》，《安徽史學》2006 年第 5 期，第 98～103 頁。王振忠：《清末徽州學生的〈庚戌袖珍日記〉》，《安徽史學》2006 年第 1 期，第 89～93 頁。

〔註 71〕 黃志繁、邵鴻：《晚清至民國徽州小農的生產與生活——對 5 本婺源縣排日眡的分析》，《近代史研究》2008 年第 2 期，第 119～124 頁。

〔註 72〕 胡中生：《近代徽州錢會的類型與特點》，《徽學》第四卷，第 200～216 頁。

〔註 73〕 如張成權：《王茂蔭與咸豐幣制改革》，黃山書社 2005 年版。唐力行：《胡鐵花年譜述略》，《安徽史學》1987 年第 4 期，第 34～39 頁。

〔註 74〕 黃成林：《徽州文化生態初步研究》，《地理科學》1995 年第 4 期，第 299～306 頁。

〔註 75〕 陳安生：《徽州文化生態概念談》，《徽州社會科學》2008 第 11 期，第 36～37 頁。

〔註 76〕 方利山：《徽州文化生態保護文匯》，高教出版社 2008 年版。《設立「國家級徽州文化生態保護區」意義初識》，《淮北煤炭師範學校學報（哲社版）》2009 年第 2 期，第 1～5 頁。《保護生態空間，延續中華龍脈——徽州文化生態保護區建設的一點思考》，《徽州社會科學》2009 年第 6 期，第 35～38 頁。《徽

保護區建設建言，從「徽州文化生態保護區建設」、「徽州文化生態整體保護」、「徽州物質文化、遺產保護」、「徽州非物質文化遺產保護」、「徽州文化生態保護與徽州文化旅遊」等五個方面，比較集中地闡述了徽州文化生態保護的觀點和認識，指出文化生態保護不僅是對文化遺存的保護，更重要的是文化生態系統的構建，提出將徽州建設成爲「文化特區」的發展目標。此外，張松分析文化遺產與自然遺產、無形遺產與有形遺產的基礎上，探討文化生態保護的區域性策略和整體性方法。〔註 77〕還有大量的文章是研究徽州文化生態保護的，卞利對文化生態保護區建設提出建議。〔註 78〕郭洪斌等從文化生態視角研究徽州三雕的保護和傳承。〔註 79〕汪欣、許敏娟對如何建設並保護徽州文化生態提出意見及建議。〔註 80〕

　　通過對已有徽州文化及文化生態研究成果的梳理，不難發現，學者在研究晚清徽州社會過程中多集中於徽商及宗族，徽州新式教育等方面的剖析，缺乏對晚清徽州除徽商外的社會經濟文化的深入，也缺乏對晚清徽州社會整體變遷的梳理。同時，對於文化生態的研究學者逐漸認識到其是一個系統、動態的過程，不能夠僅僅止步於物遺及非物遺的保護，而更多是要思考如何將徽州建設成爲一個「文化特區」，這也就涉及到文化生態的構建問題。對此，專家給出種種建言，也提出重構一定要在自然環境以及歷史文化傳承的基礎上，但對於徽州文化生態的歷史考察亦沒有深入的分析文章，從而爲選題的深入提供了契機。

三、相關概念界定

　　當前，對文化、文化生態的內涵和外延學界的認識不一，看法多樣，因

　　　　州：特色文化生態空間》，《徽州社會科學》2009 年第 5 期，第 38～40 頁。
〔註 77〕張松：《文化生態的區域性保護策略探討——以徽州文化生態保護實驗區爲例》，《同濟大學學報（社科版）》2009 年第 3 期，第 28～38 頁。
〔註 78〕卞利：《文化生態保護區建設中存在的問題及其解決對策——以徽州文化生態保護實驗區爲例》，《文化遺產》2010 年第 4 期，第 24～30 頁。
〔註 79〕郭宏斌、趙士德：《文化生態視域下傳統手工技藝保護與傳承的因素分析——以徽州三雕手工技藝爲例》，《科學經濟社會》，2012 年第 3 期，第 187～192 頁。
〔註 80〕汪欣：《文化生態保護區建設的理論與實踐——以徽州文化生態保護實驗區爲例》，《河南教育學院學報（哲學社會科學版）》2015 年第 5 期，第 34～40 頁。
　　　　許敏娟：《非物質文化遺產保護現狀及對策研究——以徽州文化生態保護區爲例》，《安徽行政學院學報》2016 年第 2 期，第 88～95 頁。

此在課題研究之初，有必要對有關概念進行界定，以利於課題的深入。

文　化

目前文化研究學者對於文化的界定，越來越趨於模糊，傾向於避免給出特別肯定的定義，並且對於文化研究的核心對象不予界定。〔註81〕所以對於文化的解釋學者多是從各自研究視角出發，在國內外學界有不下幾百種解釋，綜合看來，關於文化的定義大體有廣義說與狹義說兩種。廣義說強調文化是人類在社會歷史實踐中創造的一切物質財富和精神財富的總和；狹義說則主張文化只是與意識生產直接相關的人的意識生活及其成果。本文中涉及文化的概念更傾向於廣義說，主張文化有三個層次，即物質層面——制度層面——意識層面，「文化的物質層面，是最表層的；而審美趣味、價值觀念、道德規範、宗教信念、思維方式等，屬於最深層；介於二者之間的，是種種制度和理論體系」。〔註82〕

文化生態

文化生態學是研究自然環境對文化的產生及變遷之間關係的學說，同時運用系統論的方法解讀文化生態系統各要素之間的關係。文化生態的核心文化是由環境作用與個體而產生的生計文化，可視為科技、經濟體制的總和。具體到對古代區域文化生態進行研究時，其生計文化可簡化為士農工商的四業選擇。其次則是在生計文化基礎上形成的社會組織。最為核心的是在個體生計文化與組織基礎上產生的價值觀念。文化生態系統中受自然環境影響最為直接的是生計文化，它與自然環境強相關；其次是社會組織；最遠的是價值觀念，與自然環境的關係顯示出弱相關，但價值觀念通過社會組織及個體謀生方式又反作用於自然生態。〔註83〕除了這一主要文化以外，還有次要文化，次要文化的發展與主要文化相聯繫。文化生態各要素之間關係如圖所示：

〔註81〕保羅·史密斯（Paul smith）：《文化研究之回顧與展望》，託比·米勒編，王曉路譯：《文化研究指南》，南京大學出版社2009年版。
〔註82〕龐樸：《要研究文化的三個層次》，《光明日報》1986年1月17日。
〔註83〕中國大百科全書編委會：《中國大百科全書——社會學》，中國大百科全書出版社，1996年版，第417頁。

圖緒-1　文化生態系統內部各要素層級關係

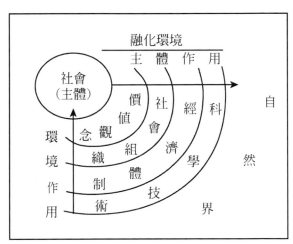

文化生態系統結構模式圖

圖5：文化生態系統結構模式圖，圖片來源：
《中國大百科全書——社會學》

晚　清

晚清始於 1840 年之鴉片戰爭，從道光二十年（1840）起，直到宣統三年末（1912 年初）清帝遜位為止，前後共計 72 年。

明　清

文中為論述方便起見，明清這一時間段是指 1368 年～1840 年這段時間，不包括晚清。

第一章　晚清以前的徽州文化生態

　　徽州地處皖南山區，三國時爲新都郡，晉太康年間改置新安郡，隋開皇年間改爲歙州。宋宣和三年（1121年）改歙州爲徽州，治所在歙縣。元升爲路，明清置徽州府，下轄歙縣、休寧、黟縣、祁門、婺源（今屬江西）、績溪六縣，一府六縣的建置延續至民國。明清時期，這裡孕育了繁榮的徽州文化，內容囊括新安理學、新安文獻、新安畫派、新安宗族、徽派樸學、徽派版畫、徽派篆刻、徽派建築、徽派盆景、徽州商幫、書院、方言、禮俗、戲劇、民居、譜牒、土地制度、佃僕制度、契約文書以及徽墨、徽硯、徽筆、徽紙等。究其根由，與明清時期徽州文化生態的構建及運轉密不可分。

第一節　徽州概況

　　文化作爲一種人類生活方式之總和，是人類應對自然環境和社會環境的產物。文化生態學的研究即考察社會對其環境的適應過程。文化的產生與變遷與自然生態不可分割，它們之間相互影響、相互作用。其中地貌、氣候、水文及各種自然資源構成區域自然生態。徽州文化生態即是在徽州區域特定的自然地理與人文地理背景中形成的。

一、地理區位

　　徽州位於安徽南部，處皖、浙、贛三省交界處。古徽州地域，大致在黃山南麓，天目山以北，地處原始江南古陸，位於江南吳越文化的閩浙山地和楚文化的江湖山地之結合部，稱「吳頭楚尾」，是「吳楚分源」之地，總面

積大致在 10000 平方公里左右。徽州雖偏隅山區，其地理位置距明清時期經
濟文化最爲發達的江南富庶之地不遠，且與杭州、南京、蘇州、上海等中心
地區皆水陸相通，以到蘇州爲例，徽州陸路 8 天即可到達，水路也不過 9 天。
〔註 1〕徽州一方面是群山阻隔，六邑間隔峻嶺，但從大的區位上它無疑是屬
於當時中國最爲發達的江南經濟文化圈之內。相對獨立的地理空間使得徽州
文化生態在保留中原移民帶來的文化特質之外，還發展出區域文化特質；另
一方面，與經濟文化中心的緊密聯繫，使得徽州區域文化不斷吸收包容，最
終形成獨具特色的文化生態。

二、地貌、水文及氣候

圖 1-1　清代徽州地圖〔註 2〕

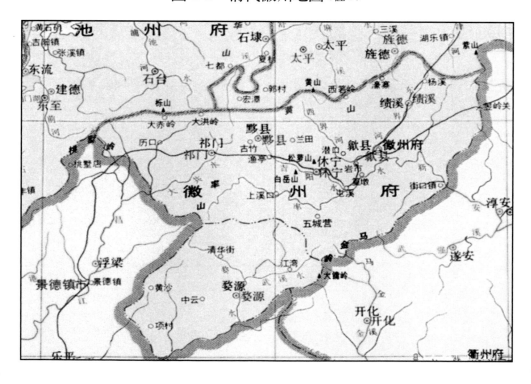

〔註 1〕 張海鵬、王廷元：《徽商研究》，安徽人民出版社 1995 年版，第 98 頁。
〔註 2〕 譚其驤：《中國歷史地圖集》，中國地圖出版社 1996 年版。

圖 1-2 徽州之山阜〔註3〕

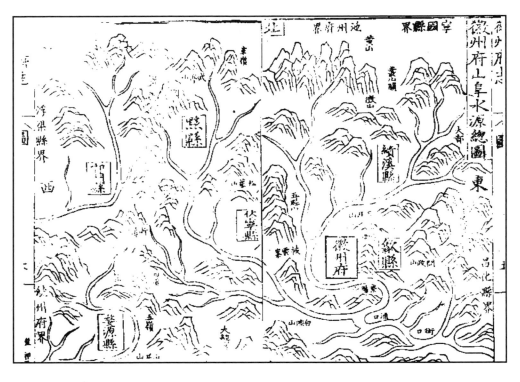

從地圖可得知徽州地理環境主要呈現幾個特點：首先是山多。徽州「居萬山環繞中，川谷崎嶇，峰巒掩映」，〔註4〕「大鄣昱嶺雄其東，浙嶺五嶺峻其西，大鱅白際業其南，黃山武亭險其北」，〔註5〕山地約占徽州面積的60%，且90%以上的山在海拔1100以上。山的構成多為花崗岩。〔註6〕花崗岩剛性極強，不易開墾，此六縣皆同，休寧是「山多田少，盡地所出，不足給民食之二三」；〔註7〕「若績溪，山多地窄，寸土寸金」；〔註8〕黟縣「地狹土瘠，土剛不化」；〔註9〕婺源也是「地狹而弗厚，土薄而弗剛」；〔註10〕祁門「土

〔註3〕 〔清〕馬步蟾：道光《徽州府志》卷首。

〔註4〕 吳日法：《徽商便覽·緣起》，民國八年鉛印本，安徽省圖書館藏。

〔註5〕 〔清〕顧炎武：《天下郡國利病書》卷三十二《徽州府總論》。

〔註6〕 周濤發、袁峰、侯明金等：《江南隆起帶東段皖贛相鄰區燕山期花崗岩類的成因及形成的地球動力學背景》，《礦務岩石》2004年第9期，第66頁。

〔註7〕 〔清〕廖騰煃：康熙《休寧縣志》卷三《食貨·恤政》。

〔註8〕 〔清〕清愷等：乾隆《績溪縣志》卷一《風俗》。

〔註9〕 〔清〕吳甸華等：嘉慶《黟縣志》卷三《風俗》。

〔註10〕 〔清〕俞雲耕等：乾隆《婺源縣志》卷四《風俗》。

瘠民貧，歲入無幾」；〔註11〕歙縣更是「四面皆山，石田磽确」〔註12〕，「居民皆墾山種，然皆土山，……且土性堅凝。」〔註13〕因此徽州總的看來山區「大抵居十之五，民鮮田疇。」〔註14〕

徽州山地地表土層較薄，以紅壤、黃壤爲主，呈酸性反應，且土中多粗砂、礫石、基岩風化物，土壤肥力有限，耕種困難。在加上氣候溫暖、降水豐富和土壤呈酸性的環境條件，構成徽州山體花崗岩多斷層和節理，且由於石英和大量長石、雲母等以粗礦物存在，風化物較鬆散，抗蝕能力較低。一旦地表植被破壞，水土流失十分嚴重。〔註15〕這也使得西南山區發展的梯田模式在徽州不易推廣，眞是「地狹陡絕，厥土騂驩剛而不化。高山湍旱少瀦蓄，地寡澤而易枯，十日不雨則仰天而呼，一驟雨過，山漲暴出，其糞壤之苗又蕩然空矣。大山之所落，多墾爲田，層累而上，指至十餘級不盈一畝。」〔註16〕

其次是河流多。曾有統計在休寧大小河流就有 237 條之多。〔註17〕這構成徽州地理環境的另一個顯著特徵。

如下圖 1-3 所示，休寧、歙縣、以及績溪和黟縣大部屬新安江流域，新安江上游爲漸江和練江兩大支流，漸江又分率水、橫江，匯合於屯溪，從而使屯溪成爲休寧和黟縣沿水路外出的一個交通樞紐。練江上游則有豐樂水、揚之水、富資水和布射水四水注入。浦口以下，漸江、練江匯合，方定名爲新安江，向東經過街口，流入浙江境內。可見，屯溪以上的率水和橫江溝通了黟縣和休寧，屯溪以下所匯入的練江溝通了績溪和歙縣，兩水匯總成新安江，入浙西，往杭州，成爲歙縣、休寧、黟縣和績溪四縣通過水路突破分水嶺屏障的總通道。而祁門和婺源則屬於鄱陽湖流域，祁門境內東北境爲黃山餘脈，水道多南流。其中，最重要的是閶江、大北河、新安河及文閃河。閶江最終注入鄱陽湖。因而，徽州雖然被崇山峻嶺阻隔，但是密佈區域內部的

〔註11〕〔清〕周溶等：同治《祁門縣志》卷五《風俗》。

〔註12〕〔明〕傅岩：《歙紀》卷六《申報旱荒》。

〔註13〕〔清〕許承堯：《歙事閒談》卷十八《歙風俗禮教考》，黃山書社 2001 年版，第 601 頁。

〔註14〕〔清〕丁廷楗、盧詢：康熙《徽州府志》卷八《蠲賑》。

〔註15〕鄭平建、傅澤強：《南方山區農業生態環境恢復與重建——以安徽省黃山市爲例》，《水土保持通報》2001 年第 4 期，第 72 頁。

〔註16〕〔明〕何東序：嘉靖《徽州府志》卷二《風俗》。

〔註17〕潘小平：《徽州的橋》，《江淮文史》2004 年第 1 期，第 157 頁。

大小河流擔當起緊密六縣、溝通外界的重任。

圖 1-3　徽州水系及山脈圖

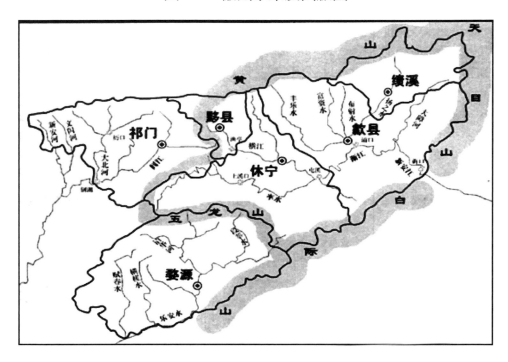

從氣候來看，徽州地處中亞熱帶北緣，屬亞熱帶季風濕潤氣候。四季分明，春秋較短，夏冬較長；熱量豐富，雨水充沛，3～7 月雨熱同期，7～10 月光溫互補；光能資源偏少，日照時數和日照百分率偏低；雲霧多，濕度大；夏洪秋旱，低溫寒潮，對農業影響較大。〔註 18〕

徽州爲山區，林業資源豐富，「木則有松、梓、槻、栢、檮、榆、槐、檀」爲多，〔註 19〕松和杉是徽州林木生產大宗，婺源、休寧等地，杉樹爲「易生之物，故取之難窮」。〔註 20〕茶葉亦是徽州重要物產之一，宋代《新安志》就記載「茶則勝金、嫩桑、仙芝、來泉、先春、運合、華英之品。」〔註 21〕到明清時期，茶樹種植推廣各邑，其中松蘿茶更是被奉爲茶之上品，「味在龍井之上」。清中葉後，屯綠、祁紅亦產量巨大，遠銷國內外。同時山間藥物如芝

〔註 18〕何警吾主編：《徽州地區簡志》，黃山書社 1989 年版，第 64 頁。
〔註 19〕〔清〕丁廷楗、盧詢：康熙《徽州府志》卷六《物產‧木果》。
〔註 20〕〔宋〕羅願：淳熙《新安志》卷二《物產‧木果》。
〔註 21〕〔宋〕羅願：淳熙《新安志》卷二《物產‧木果》。

蘭、芍藥等亦多見，飛禽走獸亦種類繁多。徽州地區因其花崗石結構礦產資源不豐富，存儲量較大的礦產主要是黟縣的碳，清《黟縣三志》載稱：「石墨即石炭，今假借字爲煤。黟惟此山有煤，又煤苗不盛，稍採人即爲懸水所漂，利小害大，此古事之鑒。江南西道，煤所在有之，不聞以名縣，尤不聞以染皂也。」〔註22〕

綜上，徽州區域內群山遍佈，山體爲易風化的花崗岩結構，眾多溪流穿插其間，再加上一年 1200～1600mm 的降雨量，〔註23〕可以看到，在徽州區域，無雨則旱災，降雨多則山洪暴發、水災頻繁。〔註24〕過渡開墾則土壤沙化，所以保持水土成爲生存下去的首要條件，在此基礎上，精工細作的農耕模式或者梯田模式，均不利於水土保持，再加上氣候影響，農業發展受到很大限制。

文化生態學在斯圖爾特創立之初強調環境對文化產生及變遷的決定作用，後期的文化生態學在發展過程中雖然突破了這一局限，但是區域自然生態環境對於文化的影響仍舊不容忽視。明清徽州文化生態即是在區域特定的自然地理與人文地理背景中形成的。區域氣候、地形、土壤、水文、植被以及物產直接影響文化生態系統中生計文化，即文化中與自然界關係最直接的部分——生存或生產策略。生計文化是個體通過適應區域特有的自然生態環境（土壤、氣候等等）而發展，進而順次促使其他文化特徵（如社會組織）形成。因此徽州的地形、地貌、土壤等條件決定徽州文化生態最基礎的部分。徽州生計文化如趙吉士所言：「吾鄉歉於田而豐於山，宜桑不宜稼，地高而土燥，十日不雨則無禾，低田就水，泉築堰高，則墾山石層級而上，火耕而手耨以汗和種，然歲收甚儉，一畝所入不及吳中饑年之半。」〔註25〕農耕效率極低，這決定徽州文化生態必然不可能是傳統農耕文化生態模式的簡單複製。

三、崇文好儒

文化既是一種知識體系，又是一種認識活動。作爲知識體系，文化是由

〔註22〕〔清〕謝永泰、程鴻詔：同治《黟縣三志》卷二《地理志》。

〔註23〕中國科學院南方山區綜合科學考察隊第三分隊：《安徽省南部丘陵山區國土開發與整治研究》，上海華東師範大學出版社 1987 年版，第 76～77 頁。

〔註24〕吳媛媛：《明清徽州水旱災害研究》，《安徽史學》2008 年第 4 期，第 78～87 頁。

〔註25〕〔清〕丁廷楗、盧詢：康熙《徽州府志》卷六《食貨志·物產》。

人類掌握並作爲一定的方式被人實踐著，因此在新老兩代人之間就存在著一種知識的繼承和發展的關係。將前人的知識傳授給後人，後人接受、繼承前人的觀念、風俗、習慣、準則等並指導自己的行爲，這種現象就是文化的遺傳。〔註26〕區域文化生態系統同樣具備遺傳性。明清徽州文化生態必然是在明代之前文化層積基礎上構建。

（一）山越土著及文化

戰國時期，徽州爲蠻夷之地，秦滅楚，在此地設歙、黟二縣，且將越國降人遷徙到這一地區，《越絕書·吳地傳》載：「烏程、餘杭、黟、歙、蕪湖、石城縣以南皆故大越徙民也。」因此徽州最早的土著居民是山越人，山越人「伏處深山」，〔註27〕且「好爲叛亂，難安易動」，〔註28〕特別是東漢以來，山越「猶未盡從」。〔註29〕建安十三年（公元 208 年），孫吳政權派賀齊率兵降服金奇、毛甘、陳僕、祖山等山越各族，遂以歙縣、黟縣、始新、新定、黎陽、休陽六縣建新都郡。但此時的徽州仍舊是「俗不好學，嫁娶禮儀，衰於中國」〔註30〕的不開化之地。從東漢到隋唐，大約經過六個多世紀的時間，一方面中央政府持續的武力鎮壓山越「叛亂」，另一方面，派遣官員實施封建教化，如梁中大通三年（公元 531 年），徐擒被任命爲新安太守，其「教民禮義，勸課農桑，期月之中，風俗便改。」〔註31〕在教化過程中，賀齊一次就「斬首七千」，〔註32〕「不服者悉誅之」。〔註33〕這導致山越土著人數銳減，剩下的山越人也多被漢化。經過鎮壓與教化，山越文化與不斷融入的中原文化融合、同化而成區域特色文化。

（二）移民及文化融合

徽州地區的人口構成中，很大一個部分是外來人口。徽州歷史上，由於躲避戰亂、嚮往徽州山水、宦遊徽州、隱居等原因，大量中原世家大族湧入徽州山區。據明人程尚寬《新安名族志》記載，世家大族遷徽定居最早的有

〔註26〕 馮天瑜等：《中華文化史》，上海人民出版社 1990 年版，第 3～20 頁。.
〔註27〕 王鳴盛：《十七史商榷》卷四二《山越》。
〔註28〕 陳壽：《三國志》卷六十《賀全呂周鍾離傳》。
〔註29〕 司馬光：《資治通鑒》卷六二。
〔註30〕 范曄：《後漢書·李忠傳》。
〔註31〕 姚思廉：《梁書》卷三十《徐擒傳》。
〔註32〕 陳壽：《三國志》卷六十《賀齊傳》。
〔註33〕 范曄：《後漢書·李忠傳》。

西漢方氏，其始遷祖爲西漢末年的司馬長史記，爲避「王莽篡亂，避居江左，遂家丹陽。丹陽昔爲歙之東鄉。」〔註34〕另一個徽州的大姓汪姓也是早在建安二年即由汪文和「因中原大亂，南渡江。孫策表授會稽令，遂家於歙，是爲新安汪氏始遷祖。」〔註35〕之後大規模遷入有三次，史言以「晉宋兩南渡及唐末避黃巢之亂，此三朝爲最盛。」〔註36〕一是在西晉「永嘉之亂」後，北方世家大族和百姓避難江左，其中有 10 餘萬人進入皖南山區，入徽的大族有程、鮑、俞、余、黃、謝、詹、胡、鄭九姓。二是「安史之亂」和黃巢起義之後，因北方久罹兵火，居無寧日，不少官僚士大夫、地主舉室南逃。其中遷居徽州的大族有陸、程、葉、孫、洪、羅、舒、姚、趙、戴、施、康、馮、夏、朱、李、潘、劉、曹、畢、王、許、江、廖 24 姓。三是在宋「靖康之難」之後，隨著宋室南渡，宋朝的官員和一部分中原地區的縉紳地主也舉家南遷，其中有一部分人就選擇徽州作爲定居之地。這次入徽的大族有柯、宋、張、周、阮、楊、蔣、劉、饒、馬、滕、孔、徐、呂、韓十五姓。〔註37〕經過這三次的人口大遷移，徽州的戶口數也有了很大增長，如表：

表1-1　徽州明代以前人口數〔註38〕

年　代	地區名稱及領縣數	戶數	口數	資 料 來 源
唐貞觀十三年（639）	歙州（領歙、休、黟 3 縣）	6021	26617	淳熙《新安志》卷一《戶口》
唐天寶元年（742）	新安郡（領歙、休、黟、北野、婺源 5 縣）	38320	269109	淳熙《新安志》卷一《戶口》
北宋天禧（1017～1022）	歙州（領歙、休、績溪、黟、祁門、婺源 6 縣）	127203	192292	淳熙《新安志》卷一《戶口》
元代	徽州路（五縣一州）	157471	824304	《元史》卷六二

〔註34〕〔明〕程尚寬：《新安名族志》前集《漢歙丹陽河南方氏衍慶統宗圖譜》，黃山書社 2004 年版。

〔註35〕〔明〕程尚寬：《新安名族志》前集，黃山書社 2004 年版。

〔註36〕〔民國〕石國柱、樓文釗等：《歙縣志》卷一《輿地志·風土》。

〔註37〕張海鵬：《徽學漫議》，載《光明日報》2000 年 3 月 24 日。

〔註38〕注：由於宋代「自元豐以後，不言口數」（〔宋〕羅願：淳熙《新安志》卷一《戶口》），因而方志中關於宋代徽州的人口及戶數存在明顯問題，宋天禧中（1017～1022）年的戶數和口數來計算當時平均每戶人口數爲 1.5 人，顯然太少，按照唐代每戶 5 人的情況來計算實際北宋天禧間徽州口數應更爲接近事實，約爲 60 萬人左右。

明洪武四年（1371）	徽州府（六縣）	117110	536925	弘治《徽州府志》卷二《食貨一‧戶口》

由表 1-1 可見，唐安史之亂以後至宋戶數增長約三倍，從唐天寶年間 38330 戶增至宋天禧年的 127203 戶。宋代天禧至明初由於元末戰亂，整個人口增長數量上變化不大。大量外來人口的湧入，使得徽州地區人口結構上「客戶」大大超過了土著，外來的「名族」也遠多過本地的大姓。

數量如此眾多的中原大族遷入徽州，必然會衝擊原有的徽州文化生態，羅願對此做了詳盡的描述：

> 新安故秦二縣，在山谷間，地廣遠，自漢世常使丹陽都尉分治於此。逮為郡之後，吏治益詳，又稍割其三陸以為他郡，益陜易治。然其人自昔特多以材力保捍鄉土為稱，其後寖有文士黃巢之亂，中原衣冠避地保於此後，或去或留，俗益向文雅。宋興，則名臣輩出。其山挺拔廉厲，水悍潔，其人多為御史諫官者。山限壤隔，民不染他俗，勤於山伐，能寒暑惡衣食。女子正潔不淫佚，雖饑歲不鬻妻子。山谷民衣冠至百年不變。自唐末賦不屬天子，驟增之民則益貧，然力作重遷猶愈於他郡。比年多徙舒、池、無為。界中歙為負郭縣，其民之弊、好委人事，泥葬壠卜葬至擇吉歲。市井列屋，猶稍哆其門以俟吉向。休寧俗亟多學者，山出美材，歲聯為桴，下浙河。往者，多取富，女子始生，則為植杉。比嫁，斬賣，以供百用。女以其故，或預自蓄藏。始秦，黟地廣，今更為小縣，俗淳儉。績溪俗有二：由徽嶺以南，壤瘠賦重而民貧。其北，壤沃賦平人有餘，則柔循。然愚民嗜儲積至不欲多男，恐子益多而貲分始少。蘇公謫為令，與民相從為社，民甚樂之。其後，里中社輒以酒肉餉長吏，下及佐史，至今五六十年，費益廣，更以為病。婺源阻五嶺，其趨都陽徑易。唐末，常使總浮梁、德興諸縣鹽榷，且專其兵。與鄱通封疆，則民俗近之，前世賢吏多表其民之良以為勸。祁門水入於鄱，民以茗、漆、紙、木行江西，仰其米自給。俗重蠶，至薰浴齋潔以飼之，此其大凡也。賢者察之以施化，否則拂之更歸咎於俗。 [註39]

在先秦兩漢時期，山越土著山民「圖騰崇拜、雜居晨耕」，且據地方志

〔註39〕 〔宋〕羅願：淳熙《新安志》卷一《風俗》。

記載，武勁之風強盛，至三國孫吳征戰山越，中央派遣官吏，中斷山越文化獨立發展的進程，爲中原士族南遷後漢越文化的同化提供了條件。晉唐黃巢之亂，及至宋室南渡，世家大族大規模遷入，帶來了儒家爲主體的中原漢文化，奠定了新安理學發展的人才基礎，並開啓讀經之風氣，再加上南宋地方官員是大力興建學校和鼓勵學者創建書院，以及延請名儒講學，開展多種學術活動，〔註40〕使得徽州到宋代是「名臣輩出」。所以《歙事閒談》提到：「武勁之風，盛於梁、陳、隋間，如程忠壯、汪越國，皆以捍衛鄉里顯。若文藝則振興於唐宋，如吳少微、舒雅諸前哲，悉著望一時」，此時徽州之風氣是「俗益向文雅」。〔註41〕並且由於徽州爲朱子闕里，更是「讀朱子之書，取朱子之教，秉朱子之禮，以鄒魯之風自待，而以鄒魯之風傳之子若孫也。」〔註42〕所以，程朱理學深刻影響徽人的道德標準、價值判斷。至於朱子《家禮》中的宗族儀式更是溶入到徽州社會生活中，嘉靖《徽州府志》在風俗篇中就說：「家多故舊，自唐宋以來數百年世系比比皆是。重宗義，講世好，上下六親之施，無不秩然有序。所在村落，家構祠宇，歲時俎豆。……其主僕名分，尤極嚴肅而分別之。」

綜上，明清之前的文化生態中，中原世家大族的大量遷入改變了以山越文化爲主體的文化生態系統，山越文化中的武勁之風也演遷爲徽人行爲中的「人尚氣節」、「寧甘鬥訟，好義故爭」。〔註43〕國家所傳導的以「仁義禮智信」爲道德基礎，士農工商等級排序的價值取向被人們普遍接受，這爲明清徽州文化生態的演遷奠定基礎。此時區域文化生態與上層文化生態系統價值觀保持一致。

明清時期徽州文化生態系統構建一定程度上受徽州自然生態環境之局限，又與自然資源開發息息相關。同時，前期徽州「文雅之風」、大族遷入等因素爲明清文化生態的構建奠定基礎。

〔註40〕 周曉光：《南宋徽州人文環境變遷與新安理學的形成》，《江淮論壇》2003年第6期，第90頁。
〔註41〕 〔清〕許承堯：《歙事閒談》卷十八《歙風俗禮教考》，黃山書社2001年版，第601頁。
〔註42〕 〔清〕吳翟：《茗洲吳氏家典》卷一《家規八十條》，黃山書社2006年版，第18~19頁。
〔註43〕 〔清〕洪玉圖：《歙問》。

第二節　明清徽州文化生態構建

　　明清時期，徽州自然人文環境發生巨變，人文地理環境的變遷對個體生計選擇、社會組織、價值觀念等方面產生一系列聯動，以此爲基礎的文化生態也開始新一輪的構建過程。

一、人地關係緊張

　　據元史記載，徽州在元代人口達 82 萬之多，對於這一數據，吳松弟認爲：《元史・地理志》中關於徽州路「至元二十七年有戶 157471、口 824304」戶口記載基本正確。〔註 44〕徽州有明一代所記載的人口數最高值是洪武二十六年（1393）的 592364 口，其後弘治年間據弘治《徽州府志》記載戶數爲 96189，口數爲 557355。〔註 45〕萬曆六年戶數爲 118943，口數爲 566948。〔註 46〕人口數不增反減，在和平年代可能性不大，很可能由於避稅等原因致使統計數據失實。那麼明徽州人口數到底有多少呢，劉和慧、汪慶元認爲「如果把 1393～1593 年間的人口增長率估計爲 2‰來計算，至 200 年後的萬曆二十一年（1593），徽州人口數可能達到 90 萬左右」。〔註 47〕而根據葉顯恩先生的推測，「明代人口極盛之時（假定爲萬曆六年，即 1578 年），應在 120 萬之譜。」〔註 48〕所以，明代徽州人口大致可以推斷有 100 萬左右。

　　以明代時發展較快的岩寺、屯溪爲例，岩鎮位於歙之西鄉，距縣治二十五里，周環平原，爲黟縣、歙縣和休寧間的交通要樞。初立岩寺時其地僅百餘戶民居。〔註 49〕南宋時，岩寺因商業繁盛而建鎮。在明成化、弘治以前仍然是「地廣人稀，大樸未雕」，〔註 50〕尚未發展成爲繁榮的商業市鎮。而自嘉靖、隆慶以後，隨著商品經濟的發展，此鎮發展迅速加快，以至「巨室雲集，百堵皆興，比屋鱗次，無尺土之隙，諺所謂寸金地也。」〔註 51〕且「周環萬

〔註 44〕吳松弟：《中國人口史（第三卷）・遼宋金元時期》，復旦大學出版社 2000 年版，第 323 頁。

〔註 45〕〔明〕彭澤、汪舜民：弘治《徽州府志》卷二《食貨一・戶口》。

〔註 46〕〔清〕馬步蟾：道光《徽州府志》卷五《食貨志・賦役》。

〔註 47〕劉和慧、汪慶元：《徽州土地關係》，安徽人民出版社 2005 年版，第 29 頁，第 31 頁。

〔註 48〕葉顯恩：《明清徽州農村社會與佃僕制》，安徽人民出版社 1983 年版，第 32 頁。

〔註 49〕〔清〕佘華瑞：《岩鎮志草》貞集《迂談》。

〔註 50〕〔清〕佘華瑞：《岩鎮志草》貞集《迂談》。

〔註 51〕〔清〕佘華瑞：《岩鎮志草》元集《志草發凡》。

戶，市廛數里，九達之衢，百貨之藪。」〔註 52〕時人稱「新都多萬家之市，
其巨者曰岩鎮」。〔註 53〕休寧的屯溪更是徽州商業市鎮中的佼佼者。屯溪在休
寧縣東三十里，原來僅有一處供臨時交易的草市，至明末清初（約 1645 年前
後），於「邑東三十里屯溪設鎮，轄八百戶」。〔註 54〕從岩寺、屯溪等市鎮的
發展即可看出人口增長在明中葉隨著經濟的發展而激增。

　　及至清代，雖經歷了明末清初戰亂，但徽州人口保持增長的總體趨勢未
變。康熙五十一年（1712）「滋人生丁，永不加賦」，當時確定的丁數為 217489
丁，〔註 55〕再加上老人、婦女、幼童及隱匿不報等人口，徽州人口數至少
能夠達到明代 100 萬水平。雍正時期攤丁入畝的實施，使人口的飛速增長。
〔註 56〕清嘉慶二十五年（1820 年）統計得「徽州人口總數為 247.4839 萬」，
〔註 57〕對於這個數字，有學者認為高估，認為包括在外經商的徽人道光年
間徽州六縣的人口總數約 180 萬人左右。〔註 58〕不過據筆者粗略推算，徽
州清中期人口數 200 萬以上還是比較可信。

　　徽州地區各縣人口分佈呈現不均衡發展：人口增長較快的地區主要是集
中在府治附近歙休盆地一帶，以及有水路連接的徽州西部和南部邊緣地帶。
在宋代，和江西接壤的祁門、婺源兩縣戶口數增長較快。祁門在宋天禧年間
主客戶共計 5921 戶，在宋乾道八年增至 15536 戶；婺源則是由 14614 戶增
至 42864 戶。從宋到明代初期，則主要是歙縣、休寧縣戶數急增。歙縣由宋
乾道八年的 25943 戶增至明洪武二十四年的 40064 戶，休寧則是從 19579
戶增至 36863 戶。〔註 59〕到了明清時期，發展不均衡仍舊繼續，特別是清

〔註 52〕　〔清〕佘華瑞：《岩鎮志草》貞集《迂談》。
〔註 53〕　〔明〕汪道昆：《太函集》卷 32《方在宥傳》。
〔註 54〕　轉引自陳安生：《屯溪老街記（一）》，《徽州社會科學》1998 年第 1 期。
〔註 55〕　〔清〕馬步蟾：道光《徽州府志》卷五《食貨志・賦役》。
〔註 56〕　注：方光祿在《再談「攤丁入畝」對人口增長的促進作用——以徽州族譜資
　　　　　料為中心》（《黃山高等專科學校學報》2002 年第 3 期，第 25～31 頁。）中通
　　　　　過對族譜的分析得出攤丁入畝政策不能促使平均每個家庭生育子女數量增多
　　　　　的結論，認為清朝乾嘉道三朝人口的巨增，除了由於人頭稅取消使得隱匿人
　　　　　口浮出外，人口基數的龐大、農作物品種的豐富、醫藥水平的提高等方面也
　　　　　是促使徽州地區人口增加的原因。
〔註 57〕　《嘉慶重修一統志》卷一百一十二《徽州府》。
〔註 58〕　胡啟楊：《清代徽州人地關係與土地經營》，華中師範大學 2009 碩士論文，第
　　　　　6 頁。
〔註 59〕　〔日〕斯波義信：《宋代徽州地域開發》，《徽州社會經濟史研究譯文集》，黃
　　　　　山書社 1988 年版。

代，以歙商爲主的鹽商和以休寧商爲主的典當商的發展，帶動歙縣、休寧的
人口飛速攀升，〔註 60〕是徽州人口增長最快的兩個縣，歙縣在道光年間統
計有 617111 丁口，〔註 61〕歙縣嘉慶時的人口數雖略有減少，但類比祁門嘉
慶之道光人口增長約爲 3%，〔註 62〕即便歙縣人口增長按照 4%計算，嘉慶
時歙縣也約爲 58 萬人。休寧在清時期人口密度爲最大，也不會少於歙縣人
口。再加上嘉慶時期祁門、黟縣、績溪三縣口數共 926363 口，〔註 63〕再加
上婺源人口數，保守估計，清嘉慶時期徽州人口至少有 220 萬左右。此外，
除了土著，清中後期徽州湧入大量棚民，據辦理撫剿徽州棚民事宜的高廷瑤
估計，約有萬餘人，「棚民之多，以萬計也。」〔註 64〕因此徽州的實際人數
可能更多。

　　人口持續增多，徽州人地關係緊張，按照劉和惠的統計，明洪武四年時
人均耕地爲 2.75 畝，明中葉人均耕地爲 2.6 畝，清道光時期人均耕地降爲 1
畝。〔註 65〕人地關係緊張，導致大量山地破壞性開墾，「大山之所落，力墾
爲田，層累而上，十餘級不盈一畝。」〔註 66〕徽州地區由於地勢及土壤原
因，「高水湍悍，少儲畜，地寡澤而易枯，十日不雨則仰天而呼。一驟雨過，
山漲暴出，其糞壤之苗又蕩然空矣」。〔註 67〕自然災害增多威脅徽州生存空
間，特別是水旱災害。根據吳媛媛統計，明清時期徽州從洪武元年（1368）
到民國十二年（1923）共 555 年間，徽州一府六縣共計發生大小水旱災害
424 次，其中水旱災害次數發生最多在 1479～1589 年 111 年間，共計 136
次之多。〔註 68〕因此，人口的激增導致明中葉以後自然環境的惡化，從而
影響徽人的謀生選擇。

〔註 60〕　唐力行、〔美〕凱瑟・海澤頓：《明清徽州地理、人口探微》，《中國社會經濟
　　　　　史研究》1989 年第 1 期，第 31～38 頁。
〔註 61〕　〔民國〕石國柱、樓文釗等：《歙縣志》卷三《食貨志賦役》。
〔註 62〕　〔清〕周溶等：同治《祁門縣志》卷一三：記載祁門道光間人口數爲 470279，
　　　　　嘉慶時期是 486724。
〔註 63〕　〔清〕周溶等：同治《祁門縣志》卷一三、〔清〕吳甸華：嘉慶《黟縣志》卷
　　　　　九、〔清〕清愷等：嘉慶《績溪縣志》卷三。
〔註 64〕　〔清〕高廷瑤：《宦遊紀略》上卷，光緒九年刻本。
〔註 65〕　劉和惠、汪慶元：《徽州土地關係》，安徽人民出版社 2005 年版，第 38 頁。
〔註 66〕　〔明〕汪尚寧：嘉靖《徽州府志》卷二《風俗》。
〔註 67〕　〔宋〕羅願：淳熙《新安志》卷二《貢賦》。
〔註 68〕　吳媛媛：《明清徽州水旱災害研究》，《安徽史學》2008 年第 4 期，第 78～87
　　　　　頁。

二、儒賈結合

明清徽州，特別是清中葉以後，徽州地區自然生態破壞較之以往日漸加劇。因此徽人要減少災害，保護自己的生存環境，必須要保護山林，減少水土流失，這也意味著墾山為地的耕種模式是事倍功半，徽州發展農業生產愈發舉步維艱。

再加上明清時期農業生產水平低，產量亦有限。根據劉和惠、張愛琴的研究，明代徽州水稻畝產量在 350～400 斤左右。〔註 69〕據江太新、蘇金玉的估計，清代徽州水稻的畝產量當在 328 斤上下。〔註 70〕耕地面積據道光《徽州府志》載，乾隆五十六年時約有二萬五百五十九頃七十三畝，較洪武年間的五千四百四頃八畝增長不少，〔註 71〕但是就龐大的人口基數而言產出仍舊難以果腹。至清中葉，雖有種植玉米等高產作物，但是「自皖民開種包蘆以來，沙土傾瀉溪澗，填塞河流，絕水利之源，為害甚大，六邑均拒之。」〔註 72〕所以一定程度上是控制玉米這樣的高產作物種植的。

生齒日繁，山林不能破壞，耕地面積有限，本土糧食產量有限，遠遠無法滿足需求，唯通過從江西等地運入糧食才得以解決溫飽問題。「以今邑之人眾幾於漢一大郡，所產穀粟不能供百分之一。」〔註 73〕徽州自宋代就是「民以茗漆紙木行江西，仰其米自給。」〔註 74〕明代徽州「大半取於江西、湖廣之稻以足食者也。」〔註 75〕「耕獲三不贍一，即豐年亦仰食江楚，十居六七，勿論歲饑也。」〔註 76〕清初徽州「豐年甚少，大都計一歲所入，不能支十之一。」〔註 77〕徽州六縣無不以缺糧聞。歙縣「產米數不敷民食，而藉外省米糧接濟。」〔註 78〕祁門「即豐年穀不能三之一。」〔註 79〕休寧「邑山多田少，

〔註 69〕 劉和惠、張愛琴：《明代徽州田契研究》，《歷史研究》1983 年第 5 期，第 125～139 頁。

〔註 70〕 江太新、蘇金玉：《論清代徽州地區的畝產》，《中國經濟史研究》1993 第 3 期，第 36～59 頁。

〔註 71〕 〔清〕馬步蟾：道光《徽州府志》卷五《食貨志・賦役》。

〔註 72〕 〔清〕馬步蟾：道光《徽州府志》卷四《營建志二・水利》。

〔註 73〕 〔明〕吳應箕：《樓山堂集》卷十二《江南平物價議》，安徽省圖書館藏。

〔註 74〕 〔宋〕羅願：淳熙《新安志》卷一《風俗》。

〔註 75〕 〔明〕張濤、謝陛：萬曆《歙志・貨殖》，上海圖書館藏。

〔註 76〕 〔清〕廖騰煃：康熙《休寧縣志》卷七《藝文志》。

〔註 77〕 〔清〕顧炎武：《天下郡國利病書》第九冊《鳳寧徽》。

〔註 78〕 〔清〕馬步蟾：道光《徽州府志》卷四《營建志》。

〔註 79〕 〔清〕周溶等：同治《祁門縣志》卷五《風俗》。

粒米是急。」〔註 80〕婺源「以其杉桐之入，易魚稻於饒。」〔註 81〕黟縣「雖遇豐年，猶虞欠收，乞糴鄰封，成為慣例。」〔註 82〕績溪處萬山之中，六縣中獨受多山之累，農業生產條件更為惡劣，糧食缺乏更無論矣。明清時期徽州一方面是人口增長，另一方面是農業生產乏力，徽人個體如何謀生成為現實問題。

在徽州人口與自然環境的多次博弈中，人口如向地就食，必然導致災害急劇增多，最終生存環境將難以為繼。在傳統價值取向中，「士、農」當為四業首選。徽州為「東南鄒魯」，業儒向有傳統，可是業儒對個體的資質稟賦要求甚高，同時科考取士的數量有限，因此容納人口有限。而為農則由於徽州自然條件之限制。因此相較徽州龐大的人口基數，士農之業可解決的就業人數有限。所以在徽州更多的人是從事它業。「郡邑處萬山，如鼠在穴，土瘠田狹，能以生業著於地者，十不獲一。苟無家食，則可立而視其死，其勢不得不散而求衣食於四方，於是乎移民而出，非生而善賈也。」〔註 83〕在徽州，生存為第一要務，傳統士農工商的職業等級已不能限制他們的擇業。因此，士農工商皆為徽人之選擇，擇善者而從之，根據資質「上則讀書，次則為商賈，又次則耕種。」〔註 84〕明清時期，徽人最終十之七八選擇外出經商，在鹽、茶、典當、木材等行業中出類拔萃，成為明清執商界之牛耳的地域性商幫。〔註 85〕但由於受宋元徽州文化生態之慣性及外圍文化生態之影響，徽州對業儒亦極為重視，有的宗族「右儒左賈」，有的「右賈左儒」，還有的「儒賈並重」。〔註 86〕學界對於徽州區域徽商的發展、業儒之成就成果豐富，故不累述。但就總體趨勢而言，儒賈結合之生計文化模式基本形成。

〔註 80〕〔清〕丁廷楗、盧詢：康熙《徽州府志》卷八《蠲賑》。
〔註 81〕〔民國〕葛韻芬、江峰青：《婺源縣志》卷四《疆域》。
〔註 82〕〔民國〕胡存慶：《黟縣鄉土地理》，民國十四年鉛印本，安徽省圖書館藏。
〔註 83〕〔清〕丁廷楗、盧詢：康熙《徽州府志》卷八《蠲賑》。
〔註 84〕〔明〕傅岩：《歙紀》卷五《紀政跡·修備贅言》。
〔註 85〕學者對徽商研究頗多，故不累述。傅衣凌：《明代徽商考》，《江淮論壇》編輯部編：《徽商研究論文集》，安徽人民出版社版 1985 年版，，第 38 頁。〔日〕滕井宏：《新安商人的研究》，《江淮論壇》編輯部編《徽商研究論文集》，安徽人民出版社 1985 年版，第 132 頁。由安徽師範大學徽商研究中心張海鵬、王廷元主編的《徽商研究》，安徽人民出版社 1995 年版。王振忠：《明清徽商與淮揚社會變遷》，三聯書店 1996 年版。王廷元、王世華：《徽州商幫》，安徽人民出版社 2005 年版。
〔註 86〕趙華富：《明清時期徽州的賈儒觀》，《安徽大學學報（哲社版）》2011 年第 6 期，第 125～131 頁。

三、宗族勢力加強

馮天瑜在《中華文化史》中提出「文化生態學是以人類在創造文化的過程中與天然環境及人造環境的相互關係爲對象的一門學科，其使命是把握文化生成與文化環境的調適及內在聯繫」。〔註 87〕在此基礎上，他將文化生態劃分爲三個層次，即自然環境、社會經濟環境和社會制度環境，指出：「文化生態三層次彼此之間不斷通過人類的社會實踐（首先是生產勞動）進行物質及能量的交換，構成一個渾然的整體，同時，它們又分別通過複雜的渠道，經由種種介質對觀念世界施加影響。」〔註 88〕由此可見，區域文化生態系統的形成完善是多層次因素交相作用下的產物，而不僅僅是對自然環境適應的結果。作爲文化生態內容一個組成部分，自然人文環境的變化首先影響徽人個體的謀生方式，外出就食成爲大多數徽人之選擇。在此基礎上，徽州文化生態構建中需要一個組織，能夠團結徽人力量出外謀事，能夠保證人力、物力的回流，能夠振興儒業，能夠擔負保護自然生態的重任，還能管理地方事務。明清時期，在徽州只有以血緣爲基礎宗族組織能夠承擔這一重任。

明清時期徽州宗族成爲主導社會發展的社會組織主要是基於以下幾點原因：

首先，宗族組織在徽州之所以有發展之空間，有其特定的歷史淵源。在明清前徽州宗族發展即具備一定規模。由於自然環境相對閉塞，移民而來的世家大族多保持原有規模，所以徽州「家多古舊，之六朝唐宋以來，千百年世系，比比皆是。」〔註 89〕趙吉士也提到「新安各姓，聚族而居。絕無一雜姓摻入者，其風最爲近古。出入齒讓，姓各有宗祠統之。歲時伏臘，一姓村中，千丁皆集，祭用文公《家禮》，彬彬合度。父老曾謂，新安有數種風俗勝於他邑：千年之冢，不動一抔；千丁之族，未嘗散處；千載譜系，絲毫不紊。」〔註 90〕按照《新安名族志》的記載，如方氏、汪氏等大宗在南北朝時期就初具規模，而其他的如孫氏、謝氏、畢氏等姓氏在唐宋時期亦基本成型，所以發展到明清時期，宗族發展在外在形式上更多的是大宗族之裂變再發

〔註87〕 馮天瑜、何曉明等：《中華文化史——上編：中華文化生態》，上海人民出版社 1990 年版，第 9 頁。
〔註88〕 馮天瑜、何曉明等：《中華文化史——上編：中華文化生態》，上海人民出版社 1990 年版，第 18 頁。
〔註89〕 〔清〕許承堯：《歙事閒談》卷十八《歙風俗禮教考》，黃山書社 2001 年版，第 601 頁。
〔註90〕 〔清〕趙吉士：《寄園寄所寄》卷十一《泛葉寄・故老雜記》。

展。同時徽人普遍接受宗族觀念。婺源號稱爲「文公闕里」，所以「讀朱子之書，服朱子之教，秉朱子之禮，以鄒魯之風自待，而以鄒魯之風傳之子若孫也。」〔註91〕「凡六經傳注，諸子百家之書，非經朱子論定者，父兄不以爲教，子弟不以爲學也。」〔註92〕所以在徽人的思想裏，對朱子《家禮》中所規定的一系列儀式有思想基礎，極具認同感，這使得明清時期爲強化宗族力量推行一系列的禮儀儀式能夠被踐行。所以，明清宗族力量強化有一定基礎的。

其次，國家對於以血緣爲基礎的宗族組織的發展也較爲支持，一方面是對於民間祭祖禮制等宗族發展過程中外在形式的認可。宗法制度自西周形成發展，祭祀即有嚴格規定，《禮記・王制》中提到祭祀祖先「天子七廟，諸侯五廟，大夫三廟，士一廟，庶人祭於寢。」雖至宋元時期早已由貴族階層逐層下移，但仍舊嚴格規定，只有一定級別官員才可立祠祭祀先祖，不能逾矩，因此民間多爲墓祭，即便「庶人祭於寢，今之正廳是也。」〔註93〕明嘉靖十五年（公元 1536 年），禮部尚書夏言奏請「定功臣配享」、「天下臣民多至人得祭始祖」、「天下臣工建立家廟」。〔註94〕隨後明世宗「詔天下臣民祭始祖」。清康熙時期頒佈《聖諭十六條》，其中要求天下臣民「篤宗族以昭雍穆」，延續明朝鼓勵宗族發展的趨勢。政府對民間祭祀禮制的放寬爲徽州宗族的發展提供了良好的外部環境及發展空間。另一方面則體現在對宗族權利實質性的認可。明清時期徽州官府對於基層社會的控制很大程度是通過宗族進行的，宗族對社區及族內事務的管理與控制的功能，也即通常所說的宗族的社會自治功能有日益強化的趨勢。〔註95〕對於宗族的族規家法或是對糾紛矛盾的處理，官府都給予了相當大的空間。如明嘉靖二十八年（1549 年）歙縣知縣鄒大績在歙縣《潭渡孝里黃氏族譜》〔註96〕中徽州知府段氏均承認宗族在地方

〔註91〕 〔清〕吳翟：《茗洲吳氏家典》卷一《家規八十條》，黃山書社 2006 年版，第 18～19 頁。
〔註92〕 〔明〕趙汸：《東山存稿》卷四《商山書院學田記》，影印《文淵閣四庫全書》本，上海古籍出版社 1987 年版。
〔註93〕 〔宋〕程顥、程頤：《二程集》《河南程氏遺書》，中華書局 2004 年版，第 286 頁。
〔註94〕 〔明〕夏言：《夏桂洲文集》卷十一，《四庫存目叢書》影崇禎刻本，齊魯書社 1997 年版。
〔註95〕 陳瑞：《明清時期徽州宗族對社會問題的控制》，《中國農史》2007 年第 4 期，第 102 頁。
〔註96〕 〔明〕《潭渡孝里黃氏族譜》卷四《家訓》。

上權利，同時「有梗議撓約者，呈究」等記載，表明官府對族規家法的認可。〔註 97〕可見，官府對於宗族在基層社會中實施的實質性管理是予以承認的。明清時期國家政策影響也是徽州宗族力量強化的外因。同時宗族在賦役征派中成爲國家與小家庭之間的中介角色，按時足量完成國家的賦役征派，這樣的中介角色也使得國家給宗族更大的發展空間。

第三，新安理學的發展爲徽州宗族提供理論支持。新安理學是朱子學的重要分支之一，在南宋形成學派後，在元代得到進一步的發展，在明初達到鼎盛時期。一直到清朝中葉，因皖派經學的興起，新安理學才結束了長達七百餘年的發展歷史。主要由徽州籍理學家爲主幹組成。新安理學在徽州宗族社會的發展過程中發揮了重要的作用。新安理學所倡導的倫理觀，宋元明清時期，新安理學是徽州宗族制訂族規和祖訓的理論依據；朱熹的《文公家禮》以及新安理學家的有關禮學著作，是徽州宗族活動的指南性經典；絕大部分的新安理學家熱心於宗族活動成爲徽州宗族社會發展的有力推動者。〔註 98〕

第四，徽州地區宗族力量強化最根本的動力是現實需要。徽人的生存環境十分惡劣，單打獨鬥可能僅有少部分精英可以脫穎而出，謀得發展，而對於整個群體而言，必須相互協同才有可能獲得共同發展。同時，區域自然生態要維持可持續模式，環境要得到保護都必須仰給群體力量。因此，區域社會的發展需要一個強有力的組織能夠積聚群體力量，明清時期的基層行政組織顯然無法承擔起這一重任，以血緣爲紐帶的宗族組織成爲實現這一目標的最有利形式。

因此，無論是基於宗族發展淵源、外圍文化生態環境以及新安理學的理論支持，還是現實需要，徽州宗族組織在明清取得長足發展，通過祠堂的修建及族譜的修訂，強化族人對宗族的認可；通過族規家法的執行，將族人的行爲進行規範；通過將族產所出投入到宗族慈善、教育等公益事業方面，進一步加強族人的心理歸屬；族人間相互提攜，爲族人進一步發展提供便利。明清時期徽州宗族在社會方方面面發揮作用。

綜上，人文地理的變化，促使徽人多外出就食，進一步延伸至宗族組織壯大。一方面宗族自上而下的有效管理，以實現對資源的有效分配，同時推動區域的可持續發展；另一方面還要族人對宗族組織自下而上的擁護，能夠

〔註97〕趙華富：《徽州宗族研究》，安徽大學出版社 2004 年版第 84 頁、第 419 頁。
〔註98〕周曉光：《新安理學與徽州宗族社會》，《安徽師範大學學報（人文社科版）》，2001 年第 1 期，第 26 頁。

外出就食仍舊可以對宗族及社會反哺，推動宗族及區域的可持續發展。這樣的合力最終推動文化生態系統中的內核形成，即被族人接受並踐行的主流價值觀的構建。

四、主流價值觀構建及其大眾化

（一）區域主流價值觀構建

主流價值觀是區域乃至國家和民族長期秉承的一整套根本原則，是大多數成員都認可的價值觀念。它從深層次穩定而又恒久地影響著個體和群體的思想觀念與價值取向。在區域文化生態系統中，自然人文環境影響到人們的謀生方式、社會組織形式，這些因素又推動系統中心的價值觀念的形成，進而對人們的行為選擇產生影響。主流價值觀的形成一方面不能脫離外圍文化生態的價值觀體系，同時亦與區域獨特性相關聯。社會成員價值觀的形成則很大程度上與其所處的社會文化背景相關。

1367 年十月朱元璋北伐伊始，提出在「驅逐胡虜，恢復中華」即結束元朝統治的同時，要「立綱陳紀，救濟斯民」，〔註99〕也就是把恢復封建綱常，建立封建秩序作為其最主要政治的任務之一。在創建新王朝後，通過行政管理、法律規章、學校教育、科舉等方面的制度建設，強化專制，加強中央集權。同時，在思想層面也相應構建了一整套價值體系，其主流價值觀是建立在小農經濟基礎之上，以維護皇權統治為目的；「仁義禮智信」為規範人和社會的道德基礎、「忠孝節義」為行為準則；以國家為價值認定主體；「士農工商」的等級排序為價值取向；以「修身、齊家、治國、平天下」為價值追求及實現的主流價值觀。明中葉以降，雖有王陽明「心學」興起、商品經濟發展等因素對中國價值體系產生衝擊，但是佔據明清價值體系主導地位的仍舊是這一主流價值觀。張居正時期也曾試圖順應晚明商品經濟發展等因素而調整該時期的主流價值觀：即以皇權政治為核心，以農商並重為發展方向，以遵守成憲、誠心順上為行為準則。可是在中國這麼大範圍內推行，由於商品經濟影響範圍窄、價值標準單一，發展模式脆弱等因素，使得其構想最終未能實現。〔註100〕清朝也基本沿襲明初的主流價值觀。因此在明清時期雖有新

〔註99〕《明太祖實錄》卷二五。

〔註100〕於樹貴：《張居正悲劇與明代核心價值觀》，《道德與文明》2009 第 1 期，第 9～10 頁。.

的因素產生，但是在國家範圍內尚未推動主流價值觀之演遷。不過在局部區域，發展了異於國家的區域主流價值觀。

徽州區域受自身地理人文環境影響，主流價值觀的構建不能僅僅是國家價值觀的簡單複製。兩者的構建基礎不同，國家的主流價值觀是建立在小農經濟基礎之上，遵循「士農工商」的等級排序及針對士階層的「修身齊家治國平天下」的單一價值追求，而徽州區域農業經濟發展受限，爲生存只能發展以商業爲主的外向型經濟。這一變化，要求區域主流價值觀的構建要有新的內容，以期突破傳統的價值取向，爲個體提供價值實現的路徑，同時保證區域強大的向心力，最終實現區域、主體、個體的全面可持續發展，這是構建徽州主流價值觀主要任務。徽州主流價值觀由以下幾方面構成：

1. 朱子家禮爲徽州主流價值觀的基礎

國家主流價值觀雖不能完全適用徽州區域，但徽州區域主流價值觀的建構必須求同存異，求同是能夠在皇權社會中得以生存發展的前提。程朱理學是明清時期官方意識形態主流，且「我新安爲朱子桑梓之邦，則宜讀朱子之書，服朱子之教，秉朱子之禮，以鄒魯之風自待，而以鄒魯之風傳子若孫也。」〔註101〕因此在主流價值觀體系構建中，其基礎必然是對朱子學說進一步的繼承發揚。

對於朱子學說的承繼，在徽州突出表現在對朱子《家禮》的遵從及踐行中。學者於此多有述及，徽州宗族中通過族規家法的規制，依據《家禮》進行制度設計和制度建設，無論是對於冠、婚、喪、祭四禮儀式的規定，亦或是對於「忠孝節義」行爲的具體化，都體現出明清徽州主流價值觀的構建基礎是程朱理學及朱子「家禮」。〔註102〕朱子「家禮」的推崇，使得區域主流價

〔註101〕〔清〕吳翟：《茗洲吳氏家典》卷一《家規八十條》，黃山書社 2006 年版，第 18～19 頁。

〔註102〕對徽州宗族中家禮的具體體現的研究成果主要有：趙華富：《徽州宗族研究》，安徽大學出版社 2004 年版，第 362～383 頁。陳瑞：《朱熹〈家禮〉與明清徽州宗族以禮治族的實踐》，《史學月刊》2007 年第 3 期，第 86～93 頁。張體云：《論朱熹與徽州宗族文化之間的關係》，《學術界》2011 學者專論，第 134～139 頁。葉顯恩：《明清徽州農村社會與佃僕制》，安徽人民出版社 1983 年版。高壽仙：《徽州文化》，遼寧教育出版社 1993 年版。唐力行：《徽州宗族社會》，安徽人民出版社 2005 年版。周曉光：《新安理學》，安徽人民出版社 2005 年版。常建華：《宗族志》，上海人民出版社 1998 年版。常建華：《明代宗族研究》，上海人民出版社 2005 年版。粟品孝：《文本與行爲：朱熹〈家禮〉與其家禮活動》，《安徽師範大學學報》2004 年第

值觀與國家主流價值觀有共同的理論基礎，從而爲國家所接受，求同之外，區域發展因前述特點必須要構建異於國家體系的價值取向。

2. 樹立「四民皆本業」的價值取向

明清時期，商品經濟發達，民間雖有「士農工商，各執一業」〔註103〕的說辭，但是中國以農業爲主的經濟形態無重大突破，因此在主流價值觀中無從體現。徽州區域由於人多地少這一突出矛盾，區域發展的首要問題就是必須打破士農工商的傳統職業價值認定，解放思想，才有可能進一步發展。因此提出「士農工商皆爲本業」，〔註104〕突破了傳統意義上的士農工商之等級排序，並進一步指出：「生業者，民所賴以常生之業也。《書》之所謂『厚生』，文正之所謂『治生』，其事非一，而所以居其業者有四，固貴乎專，尤貴乎精，惟專而精，生道植矣。士而讀期於有成，農而耕期於有秋，工執藝期於必售，商通貨財期於多獲，此四民之業，各宜治之以生者也。上而賦於公，退而恤其私，夫是之謂良民。出乎四民之外而蕩以嬉者，非良民也，宜加戒諭。」〔註105〕「人生斯世，士農工商各執一業。吾邑地狹人稠，無田可耕，故人多逐末，奔走江湖，車馬舳艫幾半天下。爲族人者，縱莫能上之讀書爲士，下之力田爲農，至於爲工爲商，守分安生，何所不可？」〔註106〕績溪許氏《正德十三年惇敍堂舊家規十條》規定：「子弟七歲以上則入小學，從師讀書習禮，收其放心，養其德性，使知孝悌、忠信、禮義、廉恥之事。其聰明者，使之業儒，其〔期〕於有成以光大門閭。其庸下者，亦教之以農工商賈，各事生業，不得游手好閒。」〔註107〕取而代之的是提出「四民」皆本業，要「四民皆勤」，族中子弟「上則讀書，次則爲商賈，又次則耕種。」〔註108〕這種忽視四民之別，側重勤勉、良莠與否，突破了傳統價值等級排

1 期，第 99～105 頁。

〔註103〕〔明〕馮應京：《月令廣義》卷二《歲令二·授時》。

〔註104〕新安《磺上程氏宗譜》卷首《家禁第十》，轉引自王昌宜：《明清徽州的職業教育》，《安徽大學學報》2006 年第 1 期，第 113 頁。

〔註105〕〔清〕《重修古歙東門許氏宗譜》卷八《許氏家規·各治生業》，1737 年（乾隆二年）刊本，安徽省圖書館藏。

〔註106〕〔明〕《歙西岩鎮百忍程氏本宗信譜》卷十一，明刊本，安徽大學徽學研究中心藏。

〔註107〕〔清〕《績溪縣南關惇敍堂（許氏）宗譜》卷九，清光緒十五年本，國家圖書館藏。

〔註108〕〔明〕傅岩：《歙紀》卷五《紀政跡·修備贅言》。

序的束縛，使得徽人在自身價值認定及職業選擇中具有更多的判定標準。因此在徽州，文士如汪道昆提出「商何負於農」，〔註109〕歙商許大興也認爲「賈何負於耕」。〔註110〕所以才出現文學家歸有光所說，當時徽州「雖士大夫之家，皆以畜賈遊於四方」〔註111〕之景象。「讀書好，營商好，效好便好」楹聯更是民間對這一思想的有益旁注。但是，在傳統社會中，工、商的地位低，在國家範疇內很難實現其價值，獲得認可。因此，要推廣這一價值取向，還必須提供價值實現路徑。

3. 強化以血緣爲基礎的宗族價值認定體系

所謂價值觀，它是主體對客體價值的認識和評價所持的基本觀點，如果客體與主體一致，能夠滿足主體的某種需要，客體就具有正價值，反之，就是負價值。〔註112〕明清時期，中國的主流價值觀仍不離內聖外王，修身齊家治國平天下，這是個人——家——國的價值體系，強調的是國家爲主體、以個人爲客體進行價值認定，將個人價值實現與其對國家的貢獻聯繫起來，遵循士農工商的等級排序。因此以國家爲主體的價值認定體系很難給予工商階層以適當的認定，這顯然不適合以四民皆本業爲價值取向的徽州地區。故而在不悖於國家主流價值觀的基礎上，區域價值認定主體除國家外還須添加，必須是個體認同的中堅力量，才能夠承擔價值認定主體的職責。宗族成爲價值認定主體在徽州區域中是不二選擇。

當宗族成爲價值認定主體時，個體的價值實現不僅以國家爲評定主體，同時將個體的價值實現置於宗族的考評之下，即不管處於士農工商任何階層，其價值還可以通過宗族對其的評定，也就是對宗族的貢獻度得以實現。因此在徽州區域主流價值觀的建構中最爲核心的是提供價值實現的路徑，即將「亢宗」作爲個體的價值追求。「亢宗」原爲光耀門楣、光宗耀祖之意。徽州宗族評判是否「亢宗」除了本意外，還包括個體行爲是否有利於宗族利益，從而將個體自身的發展與宗族的發展緊密相連，個體價值的實現不僅可以是對國家的貢獻，還可以體現在對宗族發展的貢獻上。所以，「課耕貿易，

〔註109〕〔明〕汪道昆：《太函集》卷六十五《明處士休寧程長公墓表》，《四庫存目》集部 117～119，齊魯書社 1997 年版。

〔註110〕〔明〕新安《歙北許氏東支世譜》卷八，安徽省圖書館藏。

〔註111〕〔明〕歸有光：《震川先生集》卷十三《白庵程翁八十壽序》，上海古籍出版社 2007 年版。

〔註112〕李德順：《新價值論》云南人民出版社 2004 年版，第 30 頁。

爭先亢宗」，「非儒術無以亢吾宗」、〔註113〕「非詩書無以顯親」，〔註114〕「宗族之大，子孫賢也；子孫之賢，能讀書也。能讀書則能識字，匪特可以取科第、耀祖宗。即使未仕，亦能達世故、通事體，而挺立於鄉邦，以亢厥宗矣。」〔註115〕「吾家仲季守明經，他日必大我宗事，顧我方事錐刀之末，何以——亢宗？誠願操奇贏，爲吾門內治祠事。」〔註116〕關於亢宗的記載不絕於族譜、個人文集中。並且通過宣講、獎罰等一系列手段將其內化爲個體的心理認同，進而外化到行動中。唐力行也認爲在徽人的行爲中，不管賈還是儒，宗族利益都是他們的最高利益，其實更準確的說，在徽人的價值觀中，宗族利益爲最高，不管從事什麼職業，亢宗成爲區域個體的價值追求。〔註117〕因此，無論士農工商，國家和宗族都可以通過個體對主體的貢獻而進行價值判定，國家鮮于認可的工、商階層可以通過宗族來進行價值認定，個體價值可以通過對宗族及區域的貢獻得以留名於族譜、地方志、牌坊上，從而激勵個體尤其是工、商階層在各行業中拼搏以期獲得宗族的認可，進而實現個人價值。

在國家主流價值觀的基礎上，徽州區域生存發展必須要發展宗族組織，因此，明清時期徽州圍繞宗族進一步發展建構具有地域特色的主流價值觀：即在維護皇權統治基礎上，將「仁義禮智信」具體到以朱子「家禮」爲其行爲準則；將宗族引入爲價值認定主體，提出「四業皆本業」；將以「修身齊家治國平天下」的價值追求具體到「亢宗」的價值追求和價值實現。這一具有區域特色的主流價值觀的樹立，有利於鼓勵區域多元化發展，徽人無論士農工商其自身價值都可能實現，因之徽人能多向選擇，從而推動徽州區域經濟以及徽人多元化發展，明清時期的徽州有文進士1136人，〔註118〕有執商界之翹楚的徽商，有「不爲良相則爲良醫」的新安醫家，更有許多製作精美三雕、墨、硯卻默默無聞的工匠。同時，由於徽州主導外向性經濟，無論人口、錢

〔註113〕〔明〕汪道昆：《太函集》卷六十七《汪公暨安人鄭氏合葬墓碑》，《四庫存目》集部117～119，齊魯書社1997年版。
〔註114〕〔清〕吳吉祐：《豐南志》第五冊，民國稿本。
〔註115〕《歙西岩鎮百忍程氏本宗信譜》卷十一《族規》，明刊本，安徽大學徽學研究中心藏。
〔註116〕〔明〕汪道昆：《太函集》卷七十二《溪南吳氏祠堂記》，《四庫存目》集部117～119，齊魯書社1997年版。
〔註117〕唐力行：《徽州宗族社會》，安徽人民出版社2005年版，第205頁。
〔註118〕李琳琦：《明清徽州進士數量、分佈特點及其原因分析》，《安徽師範大學學報（人社版）》，2001第1期，第33頁。

財、貨品呈現流動態勢，但主流價值觀的樹立使這樣的流動有了方向，宗族組織對他們產生向心力，無論是人口、現金的流動，最終都流向宗族。徽州地理條件不利於農業發展，但是具有區域特點的主流價值觀的樹立，使得區域及個體有更爲寬鬆的發展環境，推動了徽州區域全面繁榮。

（二）徽州區域主流價值觀大眾化的主要途徑

在中國古代傳統文化生態中，不管是主流價值觀還是文化符號更多的呈現爲精英文化，但是在徽州文化生態中，一定意義上實現精英文化向大眾文化的過渡。由於自然環境和人口增長使得區域主流價值觀不能夠完全複製外圍精英階層的主流價值觀，微調後的主流價值觀更多的將普通大眾納入到認定體系中。但是這一價值觀念只有當廣大徽人認同並成爲價值共識及文化傳統，甚至是沉澱爲心理習慣以後，才對區域文化生態產生影響。因此，在區域內部形成一套較爲系統且具有普遍意義的大眾化路徑，主要從以下幾個方面去實施：

1. 構建層級引導機制，對民眾實行價值引導

區域主流價值觀能夠被人們所認同，一套自上而下的引導機制必不可少。國家官方認可、區域社會強化才能夠對民眾產生積極引導作用。

（1）身教示範，上行下效

主流價值觀的樹立往往通過官方及相關人物的示範作用感化影響民眾，從而內化爲民眾的自我意識，進一步再把主流價值觀推廣到區域共同體中去。因此，身教示範有兩個層次，一方面是作爲管理者的官方的態度，另一方面是基層鄉紳的示範作用。

官方的態度很大程度上引導普通民眾的行爲選擇。光宗耀祖的價值認定體系能夠內化爲徽人的自我意識，與官方對徽州宗族的存在及發展給予較大的空間是分不開的。所以，徽人對宗族不僅是血緣認同，還是根植於官方對宗族的認可之上的。如前所述，明清時期，官方對於宗族的發展給予了一定空間，不僅國家推動家廟及祭祀儀式在民間發展，同時基層官員對於宗族中的族規家法也予以承認。由此宗族能夠在徽州發展強盛，有強大的凝聚力，國家的認可是一個重要的因素。

除了官方對宗族的認可以外，在徽州地區對民眾影響力大的還有地方鄉紳以及宗族中德高望重者。區域社會中，社會風氣及主流價值觀的形成一定程度上得益於鄉紳的推動。徽州社會中，村落中的德高望重者往往會被推選爲宗族

的族長，他們是明清時期徽州宗族的統治者及制度制定執行者，〔註119〕無疑他們是「亢宗」價值核心的推動者和示範者。除了族長以外，地方鄉紳在徽州社會中多是通過文會等社會組織對宗族產生影響，所以在對徽州地區進行社會調查的時候，有些宗族的老人提到宗族中沒有族長，只有紳士。〔註120〕地方有識之士及德高望重者進入到宗族的管理體系中，成爲對民眾最爲直觀的價值示範者，他們以身作則，爲宗族發展盡心盡力，從而推動主流價值觀在徽人中的普及。除此以外，在徽州一個榜樣，就是族中先人的道德示範，陳瑞在其文章中已經詳述，不細論。〔註121〕所以在徽州文化生態系統中，主流價值觀的樹立與官方給予的空間相關，同時區域中族長及鄉紳這些影響力大的人物的示範作用，才能在民眾心中強化對宗族的認同。

（2）褒善懲惡，勸誡愚劣

古人云：「立法施教，莫大於賞罰。」〔註122〕因此對民眾進行價值引導，政府及鄉紳的示範作用能夠爲民眾指明方向。在實際操作過程中，還必須將行爲具體化，因此褒善懲惡也是必須的。對符合主流價值觀的行爲加以褒獎，對違反規範的行爲嚴懲，能夠有效激勵民眾行爲模式向主流價值觀所要求的轉變。徽州族眾進行激勵時，是通過以幾個方面來實現：

第一，通過族規中對具體行爲的規定明確賞罰。族規是宗族對族眾行爲最直接的規定，並且規定往往較爲具體，易於操作而成爲徽人行事直接的指導。通過對資料整理及學者研究不難發現，在族規中，「忠孝節義禮」作爲價值體系的基礎，在家規中佔據了大量篇幅，大到君臣、父子、夫妻、主僕等綱常關係的維持，小到女子閨門行爲都有相應規定。在此基礎上，族規中強調「四民當勤」，強調「士農工商，所業雖別，是皆本職也」的新四民觀。學者著述頗豐，在此不作詳述。〔註123〕

第二，通過實體符號對符合宗族利益的行爲大加表彰予以強化。宗族通過祠堂、牌坊等一系列的建築符號傳遞主流價值觀。宗族的祠堂作爲宗族的

〔註119〕陳瑞：《清代徽州族長權力簡論》，《安徽史學》2008 年第 4 期，第 95～101 頁。
〔註120〕趙華富：《徽州宗族研究》，安徽大學出版社 2004 年版，第 83 頁。
〔註121〕陳瑞：《明清時期徽州族譜的控制功能》，《安徽大學學報》2007 年第 1 期，第 102 頁。
〔註122〕劉晝：《劉子·賞罰》。
〔註123〕陳瑞：《明清時期徽州宗族對族人的職業控制》，《安徽大學學報》2007 年第 4 期，第 116～120 頁。趙華富：《徽州宗族研究》，安徽大學出版社 2004 年版。王昌宜：《明清徽州的職業教育》，安徽大學 2001 年碩士論文。

實體權利符號，在這個地方實施宗族的懲戒權力，內化族人對族規家法的認可及遵從。並且在祠堂中有禮生帶領族眾實施各項儀式無疑強化族眾的血緣認同及凝聚力。宗族祠堂起到強化宗法思想及宗族觀念、緩和宗族內部矛盾加強宗族團結、強化宗族管理等方面作用，從而強化宗族對族眾的控制。〔註124〕牌坊是另一個在徽州有很強文化含義的實體建築。徽州區域至今都保存了大量的牌坊，學者從建築、文化傳播、教化等方面對其進行研究，牌坊主要集中在對於「忠孝節義」行為的旌表上，希望達到「鄉里爭以為榮，愚民咸知勸善」的教化效果。〔註 125〕用具象的實體符號構建以宗族為主體的權力空間，從而進一步內化徽州社會倡導的價值觀。

　　第三，在地方志及族規編撰中強化對符合價值觀的行為褒獎，以實施積極地價值引導。明清兩朝，徽州地方正統官修志書（不包括專志，私志）約五十部左右，其中記載了大量的歷史文化人物。以道光《徽州府志》為例，記載人物大約為兩萬五千餘人，設立儒林、文苑、忠義、宦業、武略、孝友、義行、隱逸、列女、方技等項，其中明清兩朝的人物立傳數字從多到少排列如下表所示：

表 1-2　道光《徽州府志》旌表人物類別表

項目	列女	孝友	義行	宦業	文苑	隱逸	方技	儒林	義行
人數	20344	1299	1247	569	387	279	183	152	90

　　從表 1-2 可見，除列女以外，孝友、義行分列 2、3，這著重表彰遵行倫理道德規範的、對家庭、宗族及區域社會提供物質或精神上幫助的義行，其中尤為關注的是方技人物的記載，雖人數位列宦業、文苑這樣傳統士階層的人數之後，但反映了徽州四民皆等的價值取向，肯定了這個群體對區域社會的作用。通過在地方志中對人物的旌表，給予徽人價值引導，促使他們在行動時做出更符合徽州價值體系的選擇。

　　地方志之外，族譜也是宗族用於價值引導的重要載體。明中葉以來，宗族的譜牒修纂在內容和體例上都有了變化，更側重於對釐正社會風俗，鞏固宗族統治。前述族規直接規定是一個方面，還表現在對於人物之褒揚。歙縣

〔註124〕趙華富：《徽州宗族研究》，安徽大學出版社 2004 年版，第 193～196 頁。
〔註125〕〔清〕徐棟：《保甲書》卷二。轉引自王傳滿：《明清徽州節烈婦女的牌坊旌表》，《文山學院學報》2010 年第 6 期，第 43 頁。

方氏的規定具有一定代表性，對族中人物的嘉獎意在「懿行宿望必書，重彰善也」，指出「勤勞祖廟、收族歸宗、振興祀事，則詳書之，尚典型而嘉茂績也」，同時「學而入政，名登金榜，閨闥挺秀，巾幗完人，並爲家國所重，宗祊之光。茲譜分支分門以下未續，後圖不及盡載，統作科第錄、節孝志，用彰既往，以勵後來。」〔註126〕可見宗族首要表彰之人爲興宗耀族、熱心族事的人。陳瑞認爲徽州族譜通過對族眾中特定人物的表彰以加強宗族的軟控制。〔註127〕在族譜中記載有利於宗族之人能夠有效引導族人的心理預期，進而產生積極的行爲選擇。

綜上，宗族制訂族規家法，並通過一系列實體符號及文字符號的構建，成功的介入爲價值認定主體，客體個人的價值實現與否很大程度上是視其對宗族的貢獻，符合宗族利益者視爲成功，無論在實體及文字符號中都能夠得以頌揚，並被族中後人所瞻仰，從而給予工商階層實現自身價值的可能路徑，另一方面個體也可以通過自身努力獲取在外圍中無法得到的社會認同及較高的社會地位，因此無不對這一價值認定體系趨之若鶩。

（3）鄉約文會，醇化民風

鄉約是宋代興起、明代中葉至清代前期得到官府鼓勵和推行的一種村民自治的教化組織。明嘉靖初開始大規模推行鄉約制度，嘉靖四十四年（公元1565年）徽州全府推行鄉約條例，將宗族編約，宣講六諭。常建華及卞利在對徽州進行研究的時候，都不約而同的指出徽州鄉約的發展與宗族之間互相促進。〔註128〕鄉約主要還是以宗族爲單位，如歙縣知縣鄒大績頒佈「歙縣爲立宗法以敦風化事」的告示，要求宗族實行鄉約。具體做法是：「每一鄉舉公正有實行、素信於鄉人如宗長副者一二人或三五人，呈立爲鄉約長，以勸善懲惡，率皆其主之，一如宗之法。每月朔望，會於公所，書紀過、彰善二簿一憑稽考，本職自行戒免。」〔註129〕宗族推舉族人爲鄉約長，經官府批准主持族內勸善懲惡之事。歙縣知縣建議可推舉如宗長等宗族負責人充當

〔註126〕〔乾隆〕《歙淳方氏柳山眞應廟會宗統譜》卷一《凡例》。

〔註127〕陳瑞：《明清時期徽州族譜的控制功能》，《安徽大學學報》2007年第1期，第99～105頁。

〔註128〕常建華：《明代徽州的宗族鄉約化》，《中國史研究》2003年第3期，第135～152頁。卞利：《明清時期徽州的鄉約簡論》，《安徽大學學報》2002年第6期，第34～40頁。

〔註129〕黃元豹重編《潭渡孝里黃氏族譜》卷三《家訓》「附嘉靖二十八年五月十七日邑父母鄒公大續示稿」，安徽博物館藏雍正九年刻本。

鄉約長，直接導致鄉約宗族化，且成立目的是以改變尊卑長幼秩序、家庭和宗族倫理道德失範的社會風氣，進一步通過鄉約調整宗族內部關係。

徽州社會中文會也發揮了重要作用。文會多是由地方鄉紳構成，以勵行教化、移風易俗爲其主要目的的，文會雖然是民間社會組織，但其宗族性顯而易見，不僅人員多爲同宗，而且宗族「凡遇諸大禮節，即便邀請紳衿，折中斟酌。此文會之役，有裨祠事。」〔註130〕宗族與文會互爲輔翼，將宗族倡導的價值理念進一步推廣到社會各階層。鄉約與文會成爲徽州宗族的有益補充，調動不同群體，將徽州宗族價值觀通過各種途徑宣揚。

2. 構建多層級教育體系，對民眾實施價值灌輸

徽州主流價值觀大眾化的過程中，傳統儒學教育影響深刻，從府學、縣學到書院、私塾、家塾、鄉塾體系層層設置，以宋明理學爲基礎進行蒙學、科考教育，學者述論頗多，不贅述。〔註131〕除了教育模式以外，明清兩朝對思想灌輸起到作用的還有宣講制度。儒學教育與民間宣講形成徽州文化生態系統基本價值灌輸框架。

（1）官方語境下的聖諭宣講

聖諭宣講是貫穿明、清兩朝的社會教育運動。在明代，宣講的內容是明太祖「聖諭六言」即「孝順父母、尊敬長上、和睦鄉里、教訓子孫、各安生理、毋作非爲」；在清代，宣講的是康熙「聖諭十六條」和雍正「聖諭廣訓」。即「敦孝悌以重人倫；篤宗族以昭雍穆；和鄉黨以息爭訟；重農桑以足衣食；尚節儉以惜財用；隆學校以端士習；黜異端以崇正學；講法律以儆愚頑；明禮讓以厚風俗；務本業以定民志；訓子弟以禁非爲；息誣告以全良善；戒匿匪以免株連；完錢糧以省催科；聯保甲以弭盜賊聯；解仇忿以重生命。」從內容不難看出，提倡綱常名教，崇重儒學道統爲其核心。

推廣過程是官府採取強制性措施，要求考試生員必須默書，並且用宣講的方式由官方推行到地方府州縣，每月朔望或初二及十六日宣講兩次。徽州地方也不例外。據記載：「嘉靖四十四年知縣郁蘭奉府何東序鄉約條例，令城市坊里相遞者爲一約，鄉村或一圖一族爲一約，舉年高有德一人爲約正，二人爲約副，通禮文數人爲約贊，童子十餘人歌詩，縉紳家居請使主約。擇

〔註130〕〔清〕吳吉祜：《豐南志》卷九《藝文志》，民國稿本。

〔註131〕徽州教育研究中，文章繁多，安徽師範大學的李琳琦先生就徽州教育所出的兩本專著爲集大成者。李琳琦：《徽州教育》，安徽人民出版社 2005 年版；《徽商與明清徽州教育》，湖北教育出版社 2003 年版。

寺觀祠舍爲約所，上奉聖諭牌，立遷善改惡簿。至期設香案，約正率約人各
整衣冠赴所，肅班行禮畢設坐，童子歌詩鳴鼓，宣講孝順父母六條，有善過
彰聞者，約正副舉而書之，以示勸誡，每月宣講六次。」〔註132〕清代亦如
此，如道光二十三年（1843年），夏炘出任婺源縣教諭，他指出：「婺邑山水
深厚，風俗淳樸，民間最重講約之典，凡四鄉宣講《聖諭廣訓》，兩教官輪
流分往，數載以來，僻壤荒區，無不周歷，官民熟習，每至一村，父老子弟
咸有殷殷維繫之意。」〔註133〕通過教育及宣講，成功的將國家意識形態滲
透到地方的各個角落，其中倡導的倫理綱常亦構建了徽州文化生態價值體系
最基礎的部分。在此基礎上，徽州進行宗族教諭，以實現宗族對族眾思想灌
輸，強化宗族的價值認定主體的地位。

（2）宗族教諭

此處的宗族教諭，並非是宗族開設的私塾儒學教育，而是宗族內部就其
族規家法對族眾進行的宣講，也是宗族內部體系的意識滲透，從而保障族人
對宗族的心理認可及行爲上的歸順。宗族的族規家法必須爲族眾所知曉才有
可能遵守，因此宗族大多會定期在祠堂宣講族規家法。宗族不同，時間不一，
有的定於元旦，有的定於春秋二祭，有的定於月朔。如績溪縣華陽邵氏宗族
《新增祠規》規定：祠規者，所以整齊一族之法也。然徒法不能自行，宜做
王孟箕《宗約儀節》，每季定期由斯文、族長督率子弟赴祠，擇讀書少年善講
解者一人，將祠規宣講一遍，並講解訓俗遺規一二條。〔註134〕族規宣講之外，
在徽州切實推行的職業教育也是其四民平等價值觀的踐行。從思想上樹立四
民平等的職業觀，加強對子弟的職業道德教育，還通過族人的言傳身教以及
商業書籍傳授進行職業知識和技能培訓、商業知識和技能培訓。〔註135〕

另外，有一點必須要提到，在教育、宣講和宗族教諭中，儒生及禮生作
爲主要文化傳播主體是不可或缺的一環。正是由於這些文化、道德傳播者的
存在，使得徽州的價值觀念大眾化於普通民眾間。通過儒家教育、道德宣講、
宗族教諭，有意識、連續地將區域主流價值觀根植於個體思想中。

〔註132〕〔清〕清愷等：乾隆《績溪縣志》卷三《學校志・鄉約附》。
〔註133〕〔清〕夏炘：《景紫堂文集》卷六《十六條附律易解敘》。轉引自王振忠：《清
　　　　代前期徽州民間的日常生活》，《明清以來長江流域社會發展史論》，武漢大學
　　　　出版社2006年版，第14頁。
〔註134〕〔清〕《績溪華陽邵氏宗譜》卷首，光緒三十三年刊本，安徽省圖書館藏。
〔註135〕王昌宜：《徽州宗族教育》，2001年安徽大學碩士論文。

3. 提供切實保障加強族人對宗族價值認定主體地位的認可

宗族獲得族眾的認可，思想灌輸、明確賞罰僅是一部分，依據西方經濟學理論，人是理性人，趨利避害是本能，更容易被利益所驅動，因此，宗族之所以被族人所認可，還在於宗族爲族眾的生存、發展提供切實的保障。

首先是宗族對族人教育的重視。「讀書非徒以取科名，當知做人爲本」，〔註136〕宗族也多是秉持「詩書所以明聖賢之道，本不可不重。況一族子弟，無論將來讀書成名，即農工商賈亦須稍讀書本，略知禮儀」〔註137〕的觀點，對族中子弟的教育非常重視。各宗族多設有義學、義塾、書屋，許多經濟實力雄厚的宗族還興建書院、文會（文社）等地，規範家庭早期教育和宗族蒙學教育、對宗族子弟的學業進行嚴格的考核並予以獎懲。〔註138〕同時在族田中設「學田」，學田產出僅供學校支出及資助族中貧苦弟子研學。宗族對教育中重視及投入，使得徽州的販夫走卒都具備較高的文化素養，有一定的文化積澱，從而在職業領域中具備更強的競爭力。

其次，宗族爲族人提供切實保障。一方面是扶助族中弱勢族人。「宗族以互助團體幫助成員解決物質生活問題」。〔註139〕徽州宗族的族產多設有義田，各族細緻規定雖不相同，但義田之所出用於救助鰥寡孤獨及貧苦族人亦無二至，防止因「水火、盜賊、疾病、死喪」〔註140〕等不可抗力致族人無法生存。另一方面還爲流寓於外的徽人穩固其留在本土的小家庭。士人、商人外出奮力打拼，對在家中的父母妻小難以照顧周全，家中主要依靠婦女扶養老人，操持家務，撫育子女，因此宗族加強對婦女的控制成爲穩定小家庭、讓徽人無所顧慮地在外闖蕩的關鍵。這就需要從外在制度及內在價值觀兩方面加以引導。徽州的族規家法中有大量關於「節」的規定，對婦女的行爲方式都予以詳細具體的規定。同時，對婦女無論是從小的教育中還是各種旌表中，強化主流價值觀中「節」的部分，並內化爲婦女自身的價值判斷，成爲她們踐

〔註136〕〔民國〕吳克俊、許復等：《黟縣四志》卷十四《雜誌‧胡在幹先生傳》。

〔註137〕〔清〕《績溪周坑仙石周氏〔善述堂〕宗譜》卷二，清宣統本，安徽大學徽學研究中心藏。

〔註138〕李琳琦：《明清徽州宗族與徽州教育發展》，《安徽師範大學學報》2003 年第 5 期，第 504～509 頁。

〔註139〕馮爾康、常建華等：《中國宗族社會》，浙江人民出版社 1994 年版，第 21 頁。唐力行：《明清以來徽州區域社會經濟研究》，安徽大學出版社 1999 年版，第 288－289 頁。

〔註140〕〔明〕歙縣《重修古歙城東許氏世譜》卷七，安徽省圖書館藏。

行一生的價值追求，徽州區域林立的貞節牌坊，族譜、地方志中人數眾多的貞女記載都是婦女追求自身價值的最好證明。也正是這樣的價值追求，使得婦女雖獨守空房，卻謹守婦道，爲外出徽人提供穩定的後方。

最後宗族以血緣爲基礎的自然屬性，使得徽人在從商之初多得族人提攜。「族中子弟不能讀書，又無田可耕，勢不得不從事商賈。族眾或提攜之，或從他親友處推薦之，令有恆業，可以糊口，勿使游手好閒，致生禍患。」〔註141〕唐力行認爲宗族通過聯姻、資金支持、血緣控制等方式對徽商經營活動的支持。〔註142〕此外，《一統路程圖記》、《士商類要》、《江湖繪畫路程》、《徽州至廣東路程》等商書的發現也是族人間相互支持的最好例證。如《徽州至廣東路程》詳述了旅途所經城鎮村莊 550 餘處，對各城鎮村莊之間的距離以及何處可乘舟、何處當起旱、何處有關卡、何處不安全等等都作了具體的記錄。信息的互通降低了宗族後人經商的交易成本，有利於他們更快的進入到商業經營中。

4. 利用民間文藝，對民眾施行價值薰陶

日本學者田仲一成在他的《明清的戲曲——江南宗族社會的表象》一書中那番頗有深意的論斷：「明清的傳奇戲曲具有作爲江南宗族社會組織理念的表象的特徵，」〔註143〕徽州的戲曲也兼具同樣功能。徽人多從商，雖爲儒商，但對於演劇這樣的藝術表達形式更易接受，清道光時期徽州商人舒遵剛就說「人皆讀四子書，及長習爲商賈，置不復問，有暇則觀演義說部。」〔註144〕

「徽俗最喜搭臺觀戲」，不僅日間唱戲，夜間亦經常是燈燭高照，伶人登臺，夜闌方散。唱戲、看戲雖屬民間娛樂休閒活動，但是「聲、樂之入人也深，其化人也速」。〔註145〕尤其是「自朱子而後，爲士者多明義理，稱爲『東南鄒魯』。」〔註146〕在這樣一個儒家傳統思想根深蒂固之地，地方守令非常重視通過戲曲這類「寓教於樂」的藝術形式來實現道德禮教的教化功能。他們認爲：「照得美人蔓草，思本無邪；優孟衣冠，義譎存諫；鄭濫淫

〔註141〕〔清〕吳翟：《茗洲吳氏家典》卷一《家規八十條》，黃山書社 2006 年版，第 18～19 頁。

〔註142〕唐力行：《徽州宗族社會》，人民出版社 2005 年版，第 149～178 頁。

〔註143〕〔日〕田仲一成：《明清的戲曲——江南宗族社會的表象》，雲貴彬、王文勳譯，北京廣播學院出版社 2004 年版，第 331 頁。

〔註144〕〔清〕謝永泰、程鴻詔：同治《黟縣三志》卷十五《藝文志·舒君遵剛傳》。

〔註145〕《荀子·樂論》。

〔註146〕〔明〕彭澤、汪舜民：弘治《徽州府治》卷一《風俗》。

志，宋燕溺志，蓋聲音與政相通。河西善謳，齊右善歌。惟戲曲感人最易，挨厥初哉，義兼勸誡。」〔註 147〕包括在徽州所盛行的目連戲，也是對忠孝節義的積極宣傳。可見，在規定的範疇內戲以「載道」，起到傳播主流價值觀的作用。

在徽州戲曲表演中，從組織上看，多是以宗族為組織者，陳元貴、樊昀等都對此做了專門的分析，〔註 148〕從內容上看，不管是儺戲、伏嶺舞、目連戲，均表現出明顯的價值取向，限定在鼓吹宗族秩序、維護宗族道德的範圍內，通過這樣的演劇及儀式，傳達對「己」和「他人」、個人和社會、私和公、人和超人、世俗和神界關係的界定的信息。〔註 149〕通過參加或者觀看劇目，個體進一步將自我定位融入到宗族組織中，被劇中倡導的價值觀所潛移默化，並外化為行為選擇。

明清徽州社會通過價值引導、構建層級教育體系以及日常生活中的文娛活動等，將以忠孝節義為基礎、宗族為主體的價值體系灌輸予民眾，主流價值觀轉化為民眾內心認同並踐行，實現主流價值觀的大眾化。

明清徽州區域人口激增，土地由於地質等原因可耕面積增加不多，農業生產無法解決人口生計及口糧。因此徽人多採取外出經商的謀生方式，形成獨特徽商文化。同時宗族力量在國家及區域合力下得以強化，成為徽州文化生態中重要的組織形式。在此基礎上構建具有區域特色的主流價值觀。

徽州區域在國家主流價值觀的基礎上發展以朱子「家禮」為其行為準則；國家、宗族為價值認定主體；「四業皆本業」的價值取向；以「亢宗」為價值追求和價值實現。為士農工商各階層提供個體價值實現途徑。

主流價值觀能夠產生作用更重要的是能夠被個體認知、接受、內化、踐行，圍繞於此，徽州區域主要從幾個方面著手：通過鄉紳示範、褒善抑惡、鄉約文會多方面對個體實施價值引導；傳統儒學教育與宣講、宗族教諭；宗族提供切實保障及民間文娛等多種方式進行價值灌輸及薰陶，逐步完成主流價值觀的大眾化，個體將個體價值定位和價值實現與宗族緊密結合在一起，

〔註 147〕〔清〕劉汝驥：《陶覽公牘》卷一《示諭·禁演淫戲示》。
〔註 148〕陳元貴、魏雪苑：《明清徽州宗族演劇的人類學分析》，《中國戲曲學院學報》2010 年第 3 期，第 99～102 頁。樊昀：《使用與功能——皖南目連戲的變與不變——以祁門兩個村落為例》，《合肥學院學報》2008 年第 1 期，第 66～70 頁。
〔註 149〕王銘銘：《社會人類學與中國研究》，廣西師範大學出版社 2005 年版，第 145 頁。

亢宗成爲價值追求，完成了徽州文化生態系統中核心部分地構建。在此基礎上，推動徽州文化生態系統良性循環，從而實現徽文化全面繁榮。

第三節 明清徽州文化生態系統運轉

正如美國新進化論學派認爲，文化是一種技術、社會結構和觀念的綜合構成，通過調適達到與自然環境和諧共處的目的。明清徽州文化生態演化過程可以看出，徽州地理人文環境決定徽州內固水土、外求生計的區域發展模式，宗族、徽商、徽匠等力量壯大，在承襲傳統朱子家禮的基礎上構建徽州區域核心價值體系，並通過一系列措施使其內化爲徽人自覺行爲選擇。在這個文化生態系統中各要素相互依存，共同作用，構成文化生態系統運轉的內生動力，推動其良性循環，創造繁榮的徽文化。

一、個體四業皆勤

「四民平等」的價值取向解放徽人思想，給予個體發展空間。在徽州區域中，業儒、科考仍爲首選。「族中子弟有器宇不凡、資稟聰慧而無力從師者，當收而教之，或附之家塾，或助以膏火。培植得一個、兩個好人，作將來模楷，此是族黨之望、祖宗之光，其關係匪小。」〔註150〕據學者統計：明清之際徽州文進士1136人，武進士共計167人，僅清代徽州本籍和寄籍考中的狀元就有19名，〔註151〕取得矚目的成就。不過相較徽州龐大的人口基數，這一數字僅是杯水車薪，在其背後還有無法金榜題名的眾多儒生，甚而資質「庸常」的人更是無緣科考，因此，在徽州，更多的人是從事它業。「人生斯世，士農工商各執一業。吾邑地狹人稠，無田可耕，故人多逐末，奔走江湖，車馬舳艫幾半天下。爲族人者，縱莫能上之讀書爲士，下之力田爲農，至於爲工爲商，守分安生，何所不可？」〔註152〕「士勤詩書，農勤稼穡，工勤造作，商勤經營」，「凡吾門子弟，士、農、工、商，各勤其業……

〔註150〕〔清〕吳翟：《茗洲吳氏家典》卷一《家規八十條》，黃山書社2006年版，第18～19頁。
〔註151〕李琳琦：《明清徽州進士數量、分佈特點及其原因分析》，《安徽師範大學學報（人文社科版）》2001年第1期，第33頁。
〔註152〕〔明〕《歙西岩鎮百忍程氏本宗信譜》卷十一，明刊本，安徽大學徽學研究中心藏。

苟或疏違，有家法在。」〔註153〕所以在徽州「商賈爲第一等生業，科第反在次著」〔註154〕之說。民謠「前世不修，生在徽州，十三四歲，往外一丟」是大多數徽人的眞實寫照。十之七八徽人從事工、商業，可以從後人總結的徽文化內容即可看出端倪：新安理學、新安醫學、新安畫派、徽派篆刻、徽派版畫、徽派樸學、徽州教育、徽州戲曲、徽州刻書、徽州三雕、徽州科技、徽州民間工藝、徽州茶道、徽菜，等等〔註155〕凡此種種都取得卓越的成就。科考之外，理學家、樸學家等儒生亦各成一派，精美「三雕」傳世的雕工，「不爲良相，則爲良醫」清代至清末湧現著名醫學家543人，其中汪機被譽爲明代四大醫家之一，吳謙被譽爲清代四大醫家之一的新安醫家，有獲謝肇淛讚譽的刻工，「今杭刻不足稱矣！金陵、新安、吳興三地剞劂之精者，不下宋版，楚、蜀之刻皆尋常耳。」〔註156〕徽州刻工，畫家、版畫工、文房四寶技藝的工人，甚至還有遍佈大江南北的徽菜館的徽廚。在傳統農業社會，出現大量不以農業爲生的人士在區域發展中尙不多見，正是「四民平等」的價值取向解放徽人思想，改變傳統擇業觀，進行多樣的職業選擇，解決了的區域發展中最基本的溫飽問題，才有進一步發展之餘地。

　　四業皆等的價值取向成爲徽人解放思想外出就食的思想動力，宗族不僅在本土維持家庭的穩固，也爲徽人踐行這一價值取向提供盡可能的扶助。可見徽人在發展過程中受惠宗族頗多，一定意義上有回報宗族的動因，再加上區域主流價值觀中「亢宗」爲自身價值追求及實現的途徑，因此徽人反哺宗族及區域社會是文化生態得以良性循環的關鍵。

二、宗族及區域可持續發展

　　「亢宗」的價值追求及實現使得徽人自發反哺宗族及區域社會。明清時期中國仍以農業經濟爲主體，人口流動較爲凝固，仍遵循「安土重遷」的傳統理念。徽州區域文化生態中由於地理人文條件所限，徽人多外出就食，「鑽天洞庭遍地徽」，足跡遍佈「滇、黔、閩、粵、豫、晉、燕、秦，貿遷無弗至

〔註153〕〔明〕《休寧范氏族譜》卷六《譜祠·怡樂堂家規》，明萬曆二十八年本，安徽省圖書館藏。

〔註154〕〔明〕凌濛初：《二刻拍案驚奇》卷三十七，上海古籍出版社1983年版。

〔註155〕《徽州文化全書》（20卷本），安徽人民出版社2005年版。

〔註156〕〔明〕謝肇淛：《五雜組》卷十三《事部一》。

焉，淮、浙、楚、漢，其邇焉者矣。」〔註157〕最終發展爲「執商界之翹楚」
的地域性商幫。文化生態中個體及資金具備很強的流動性，如何形成雙向互
動，實現人力、物力回流是實現區域持續發展、文化生態系統良性循環的關
鍵。

　　如前所述，對於取得商業成功的商人階層在國家文化生態系統中很難獲
得認可，以布衣結交天子的也僅江春一人。因此個體自身價值的實現多是仰
賴於宗族主體對其的認定，「亢宗」成爲其價值追求，即個體價值認定是根
據其對宗族發展的貢獻度來判定的。同時由於他們在發展之初多得益於宗族
的支持，因此雖然身在外，可是徽州宗族及社會對他們產生強大的向心力，
他們在取得一定成就後會自發回報宗族及區域社會。因此，在地方志記載中
徽商捐資修建道路、橋樑、書院的義行比比皆是。宗族修建祠堂，纂修譜牒，
購買族田、扶助族人也多是徽商慷慨解囊，關於徽商對區域社會、宗族發展
的研究成果頗多，不詳述。在個體→宗族→區域社會的回流路徑中，個體尤
其是工商階層的自我價值得以實現，宗族、區域社會受益於此，實現可持續
發展，這也是徽州文化生態形成良性循環的關鍵。

三、人與自然和諧共存

　　如上述，在主流價值觀影響下個體多外出就食，宗族對個體也盡可能提
供援助，徽人因勢利導獲取成功後，將資金回流宗族及區域社會以實現自身
價值。在主流價值觀、宗族、徽人的互動中，對於徽州社會產生兩個直接影
響，一方面是徽人不需向土就食即可謀生且實現自身價值，另一方面是宗族
在徽人的反哺中不斷強化自己的權威及勢力，兩方面相結合使得自然環境得
以保護，這也是明清徽州文化生態系統構建之初文化適應過程中的最基本動
力。

　　自然生態的可持續發展需要一個強有力的組織來維護。明中後期，隨著
宗族力量強化，在對徽州自然環境的保護中責無旁貸，擔當主要角色。徽州
宗族的族規中多有關於保護山林的規定。面對清中葉棚民亂開採造成生態環
境惡化的境況，宗族提出包括驅禁棚民、成立養山會保護山林、呈官封禁、
調整產業種植結構等方式加以保護。關傳友提出當徽州生態環境惡化時，徽

〔註157〕〔清〕許承堯：《歙事閒談》卷十八《歙風俗禮教考》，黃山書社 2001 年版，
　　　　第 601 頁。

州宗族爲了保護環境採取封山育林、嚴厲禁止採礦及墾種和捕魚、植樹興林和祭祀神靈等措施，有效的保護了徽州自然生態。〔註158〕同時個體外出就食客觀上減少對於山林的破壞性開墾，間接保護了自然環境。吳媛媛對明清徽州社會的水旱災害的次數進行了統計，1368 至 1923 這個時間段均分爲五段，每段 110 年，統計其水災害次數如下圖所示：〔註159〕

圖 1-4　1368～1923 年間徽州水旱災次數統計圖

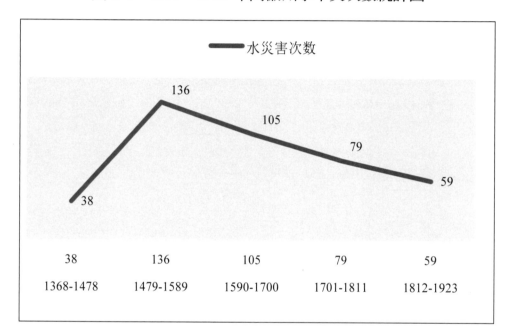

從圖 1-4 可以很容易看出，明後期及至清代，整個水旱災害的次數呈現下降之勢，再加上因年代久遠有可能產生的數據誤差，因此實際情況在明代水旱災害的數量還要多一些。徽州文化生態在明中後期通過主流價值觀構建，宗族主體地位確立，個體爲實現價值而進行的反哺這一系列良性循環互動，實現對自然環境的有效保護，從而保證地區的可持續發展。

至此，徽州文化生態系統中各要素實現有效互動，從而推動系統良性循環，徽州區域社會實現可持續發展。

〔註158〕關傳友：《論清代徽州社會對生態環境的保護》，《南京林業大學學報（人文社科版）》2010 年第 2 期，第 39～49 頁。
〔註159〕吳媛媛：《明清徽州水旱災害研究》，《安徽史學》2008 年第 4 期，第 87 頁。

四、明清徽州文化生態系統運轉特點

明清時期徽州區域在自身人文地理條件的基礎上，個體發展與宗族緊密聯繫，並形成具有區域特色的主流價值觀，同時主流價值觀、個體、宗族、自然環境幾個要素雙向互動，最終個體得以施展才能，宗族得以強化，主流價值觀得以踐行，自然環境得以保護，推動區域文化全面繁榮。在對徽州文化生態進行透視時，可見其有以下三個特點：

（一）徽州文化生態系統呈良性循環

文化生態學將文化形成、變遷置於區域人文自然維度中加以多層次考察，從系統論角度進行考慮，在區域中形成的文化生態系統能夠呈良性循環往往有利於區域社會發展。如何判定各要素之間是否形成良性循環，筆者認為文化生態系統運行過程中要滿足以下三個條件：首先，是自然生態與文化選擇相適應。如果認為人類文化僅是對自然的適應，並將上層建築範疇中的價值觀、風俗及與之相適應的政治制度理所當然的認為是對自然簡單適應的話，則過於機械化。文化形成、變遷一定程度上受區域地理人文條件影響，但是文化最終的發展方向並不受制於自然生態。只有當文化選擇與自然生態能夠共存雙贏時，形成可持續發展，我們認為這樣的文化選擇與環境相適應，這是文化生態系統良性循環的基石。其次，文化生態系統內部各要素形成良性互動，僅有文化選擇與自然生態適應是不夠的，還需要在一個文化生態系統產生良性循環，各要素相互關聯、互為依託、事物之間組成一個循環促進鏈條，並形成合力推動區域社會和諧發展。最終，系統內部各要素在彼此的推動下有充分的發展空間，個體、組織都可以充分實現自身價值。當區域文化生態滿足上述三個條件的話，我們認為這個文化生態系統呈良性循環。依據於此我們來看看明清徽州文化生態。

首先，明清徽州文化生態中自然生態與文化選擇相適應。徽州的自然環境相對惡劣，人口增加直接加重自然的負擔，在此基礎上，可供選擇的文化模式有多種：徽人可以選擇發展梯田農耕經濟，待水土流失、環境惡化不再適合居住以後移居他鄉；也可以乾脆選擇逃避模式，外出謀生並舉家搬遷，移居他處，且徽州本是移民社會，遷居他處也是有文化傳統心理的；還可以採取極端的大規模控制人口生產的模式等。可是徽州文化選擇最終是個體外出謀生方式，強化宗族勢力，微調主流價值觀，形成資源回流，促使區域中自然與文化的可持續發展，這是形成徽州文化生態良性循環的基石。

其次，明清徽州文化生態中自然生態、個體、宗族、主流價值觀等要素呈良性互動。在良性互動的各要素之間的關係是有緊密、顯現或潛存之別。自然與個體的作用是最為直接的，個體的生存方式在生產力較為簡單的情況下受制於自然條件。徽州地質條件不適合農業耕種，特別是隨著人口的急劇增長，大部分個體不得不摒棄安土重遷的文化傳統，外出謀生，個體的生存方式是對自然的樸素適應。很難看出自然與社會組織或更深層次的價值觀念之間的直接聯繫。可是如前文所論述，在這樣的生計文化模式下，區域強化宗族組織，微調主流價值觀，衍生一系列物質非物質文化符號，相互依存、相互促進。由於個體得到發展，宗族力量強化，主流價值觀得以踐行，最終無須農耕模式就獲得區域持續發展，自然也得到保護，區域社會中各要素實現共贏。

最後，良性循環的系統中各要素實現共贏。一方面，徽州本土耕地面積據道光《徽州府志》載，乾隆五十六年約有二萬五百五十九頃七十三畝，較洪武年間的五千四百四頃八畝數量上雖增長不少，可是與徽州 12880 平方公里的區域面積而言，古今單位換算，那麼耕地約占整體面積的千分之一，徽州經歷了雍正攤丁入畝後人口大爆炸，沒有形成破壞性發展，林地得到保護，這是文化選擇與自然生態良性互動的結果。另一方面，徽州地區的文化選擇使個人得以發揮才能、社會組織實現有效管理、有共同認可的主流價值觀，各要素之間良性循環，才有新安宗族、徽商、新安理學、新安醫學、新安畫派、徽派篆刻、徽派版畫、徽派樸學、徽州教育、徽州戲曲、徽州刻書、徽州三雕、徽州科技、徽州民間工藝等文化碩果，區域社會實現可持續發展。

綜上，判斷區域文化生態是否處於良性循環的三個條件徽州文化生態都具備，因此認為徽州文化生態運轉是呈良性循環。

（二）徽州文化生態呈動態平衡

文化生態系統是存在時間和空間框架中，一個動態的有機體，其內部通過局部吐故納新，使文化生態呈相對穩定，我們認為其實現動態平衡。文化生態系統良性循環是運轉良性互動的話，那麼系統的動態平衡則是通過內部調整達到相對穩定。當其中有要素發生變動或有來自外界的因素干擾時，系統有自我修復功能，或產生強烈的排異反映。但是如果出現劇烈變動，基於徽州文化生態各要素之間關係的遠近疏密以及慣性作用，自我調整不一定能起作用，並且要素之間變動的不同步性，會有反應滯後的情況出現，則可能

導致系統失衡。因此，文化生態系統的運行，往往循最初構建→低層次平衡→失衡→更高層次平衡→再次失衡這樣一個不斷自我修復完善的軌跡，推動區域社會的進步。最終的結果有可能是區域文化生態總是可以自我完善，區域向前發展，也可能失衡後無法恢復，最終人類搬離此地，這個發展流程終結，隨之而來是新的區域文化生態的構建。

徽州文化生態古屬越文化圈，武勁之風盛，隨著三次大規模世家大族遷入，武勁之風轉向文雅，至明初，明太祖鼓勵墾荒，徽屬各地大量「墾荒」貼文的發現，〔註160〕可以看出其時徽州基本承襲國家文化生態模式，以農耕為主，徽人「讀書力田，間事商賈」，遵行國家價值體系，民風較為純樸。此時的徽州文化生態，呈現相對穩定狀態。

隨著人口增長，人地矛盾突出，特別明弘治時期鹽法改革，大開徽州業賈之風，「業賈者十七八」，〔註161〕社會貧富分化加劇，金錢本位主義日漸風行，〔註162〕賭博、攀比等社會問題出現，原有穩定被打破，呈失衡狀態。正是在這樣的情況下，宗族加強其影響力，同期修譜、建祠堂等強化宗族勢力的行為達到高潮，並對國家主流價值觀進行微調，採取多種手段使其大眾化，經過一系列的修復，自然、個體、宗族、主流價值觀之間的互動處於一個相對平穩的態勢，徽州文化生態形成新的動態平衡。其間明清朝代更替雖有一定影響，通過內部調整均沒有打破這一平衡之勢。

一直延續到清中葉，來自安慶地區的棚民遷入是對當時系統一次大的衝擊。清中期後，隨著棚民的湧入，不僅墾荒破壞山林，造成自然災害增多，同時棚民的生活習慣、開採方式都成為徽州文化生態的異端，特別其破壞性開礦及開墾，致使環境急劇惡化，在這樣的情況下，運行良好的系統產生強烈的排異，從而使得作為移民社會的徽州，在清中葉後對外來移民表現了極大的不包容，土著與棚民之間衝突加劇，地方政府及宗族鄉紳不斷上書，最終採用強權將他們驅逐出境告一段落，這是文化生態系統中對於出現可能打破平衡的因素的排斥。經過這樣的自我調整，勉力使徽州文化生態恢復平衡。

〔註160〕參見王鈺欣、周紹泉主編：《徽州千年契約文書》（宋元明編）卷一，花山文藝出版社 1991 年版。

〔註161〕〔明〕汪道昆《太函集》卷一六《阜成篇》，《四庫存目》集部 117～119，齊魯書社 1997 年版。

〔註162〕卞利：《明清徽州社會》，安徽大學出版社 2004 年版，第 2～17 頁。

由此可見，徽州文化生態通過重塑、修復、排異等方式，使系統各要素調整以適應不斷變化的局面，當出現大的變動，通過內部微調難以實現平衡時，就意味著更高層次的重塑。徽州文化生態通過這樣的演遷過程，使得個體、文化、區域自唐宋以來一直持續發展。

（三）不同層級文化生態的和諧互動

文化生態有國家文化生態，區域文化生態的層級之分。如同日本的宗教哲學家池田大作認為，任何一種動物、植物、小蟲，不論它們多麼微小而不惹人注目，但它們本身都是一個小小的宇宙。國家文化生態內部包容了眾多的區域文化生態，區域文化生態的分界多是基於同質的自然環境或相似的文化心理，並不一定基於行政區劃。以徽州為例，上層文化生態為國家文化生態，平級的文化生態有江浙文化生態，下層的文化生態可以是屬下六邑如歙縣文化生態。

圖 1-5　文化生態層級圖

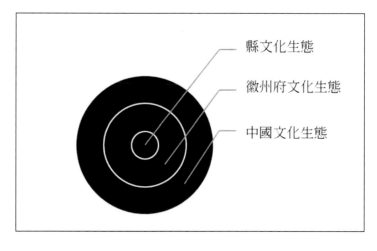

明清時期中央集權加劇，對地方的控制加強，注重對民眾思想管束，在這樣的背景下，徽州文化生態要獲得發展的空間，必須要保持與國家文化生態的同向同質，這是徽州文化生態在演化過程中自覺遵行的原則。因此區域主流價值觀構建和施行過程中，雖然由於區域特點決定了與國家不同的價值取向，但是無論在對朱子家禮的貫行及光宗耀祖的價值追求都仍舊是國家主流價值觀應有之義，並且區域在實施中格外強化這一部分，以期獲得認可。

徽州六邑如再深究亦各具特色，歙事閒談載：〔註163〕

> 郡分三俗，附郭爲歙，歙之西北，與休寧之東，俗富厚而備於
> 禮，衣縫齊整，緣飾文貌，爲獨勝。休西爲祁，西南爲婺，俗好儒
> 而矜議論，財賦稍絀，習樸誠，比者亦漸增飾矣。休北爲黟，地窄
> 民少，纖儉類祁、婺，然能勤稼穡，操織紉，有古遺風焉。歙東南
> 二鄉，比西北爲儉樸，而於績則較侈矣。績俗極儉，而安守本分，
> 爲諸邑所不及。語云：「惟有績溪眞老實」，非謷言也。

雖是對歙縣風俗的論述，可是其間不乏對其他幾邑的評述。六邑中以
休、歙經濟相對發達，婺源文風昌盛，經濟發展速度不一，所從事的行業也
有區別：婺源人多茶、木商，歙縣人多鹽商，績溪人多菜館業，休寧人多典
當商，祁門、黟縣人以經營布匹、雜貨爲多。「六邑之語不能相通，而一邑
中四鄉又復差別，」〔註164〕筆者田野調查時，現今六邑之語仍舊有很大差
別，不同區域的人用普通話才得以交流。雖是如此，可是在文化生態研究中，
六邑面臨共同的自然環境，徽人謀生手段類似，宗族勢力發達，遵行相同的
主流價值觀，可見自然環境與文化類型基本相同，六邑雖有一定差異性，仍
可看做共屬徽州文化生態。這也是筆者在徽州文化生態研究過程中並未予以
細分的原因。

不同層級文化生態中存在相互關係。這種關係大致可以分成兩類，亦即
內部關係（社群的關係）和外部關係。〔註165〕在國家、徽州、六邑這樣的層
級中可視爲內部關係，雖各層級有一定差異性，但在基本價值觀及行爲準則
同向，相互之間不相悖，系統內部沒有形成矛盾衝突，可以共生同長，可視
爲一體化。而且由於多樣的文化形式，更是豐富了文化生態，增加其活力。
這正是一體化和多樣性在文化生態中的體現。

文化生態不僅存在層級關係，同層級的相處模式也影響文化生態演化。
同層級的文化生態之間的關係相對獨立或者是聯繫緊密。徽州雖地處大山之
間，但是明清時期徽州的外向型經濟使得徽州與外界聯繫緊密。「滇、黔、

〔註163〕〔清〕許承堯：《歙事閒談》卷十八《歙風俗禮教考》，黃山書社2001年版，
第601頁。

〔註164〕〔清〕許承堯：《歙事閒談》卷十八《歙風俗禮教考》，黃山書社2001年版，
第607頁。

〔註165〕高丙中：《關於文化生態失衡與文化生態建設的思考》，《雲南師範大學學報》
2012年第1期，第77頁。

閩、粵、豫、晉、燕、秦，貿遷無弗至焉，淮、浙、楚、漢，其邇焉者矣。」
〔註166〕對外聯繫緊密，尤其是明清商業經濟發達的長江中下游，更是「無
徽不成鎮」，徽人聚集頗多，與徽州往來密切，因此有「小徽州」「大徽州」
之稱，這些區域文化生態有相互影響，在一些建築形式、方言、衣著等方面
相互滲透，在文化生態演化過程中必然會有影響。

圖 1-6　平行文化生態圖

由此，無論是在層級還是平級的文化生態區域中，明清徽州文化生態都
與其保持和諧互動，獲得了發展空間，但是外界的異動對於區域文化生態也
會有影響。

小　結

明清徽州文化生態建立在人多地少這一人文環境基礎上，徽人通過農業
無法謀生，多外出經商就食。為保證區域社會的持續發展，宗族勢力強化。
在新安理學家知識精英的主導下，構建徽州文化生態主流價值觀，以朱子家
禮為基礎，四民平等為價值取向，「亢宗」為價值追求和實現，並通過一系列
措施大眾化為徽人的自發選擇。明清徽州文化生態系統中自然環境、徽人個
體、宗族、價值觀之間形成有效互動，實現發揮徽人才能、強化宗族、保護
自然的目的，各要素相互作用，形成良性循環文化生態。徽州文化生態系統
中保持良性循環，實現動態平衡，與國家及其他區域的文化生態保持和諧互
動，這些促使明清徽州文化生態的繁榮。

〔註166〕〔清〕許承堯：《歙事閒談》卷十八《歙風俗禮教考》，黃山書社 2001 年版，
　　　　　第 603 頁。

第二章　咸同兵燹與晚清徽州 文化生態的失衡

　　晚清始於 1840 年之鴉片戰爭，從道光二十年（1840）起，直到宣統三年末（1912 年初）清帝遜位為止，前後共計 72 年。七十年間國家處於新陳代謝、多方博弈的局面。徽州雖偏隅山區，亦裹挾進國家演遷之洪流。且晚清伊始，即遭戰禍，打破徽州文化生態之平衡。

第一節　太平軍入徽

　　徽州處群山之間，相對閉塞，自古「世不中兵革」，〔註1〕「從來無兵戈資略之慘」，〔註2〕為理想的避亂之所，幾次大的移民均是外界戰亂而避禍至徽州的。晚清這一世外桃源成為戰略要地。「蓋自咸豐三年失安慶以後，至同治三年復江寧，以前此十二年間，徽之人民幾無日無時不在風聲鶴唳，憔悴憂傷之中。」〔註3〕即自咸豐三年（1853）二月太平軍首次進入徽州直至同治三年（1864）太平天國運動失敗 12 年間，徽州成為太平軍與清軍激戰的主戰場之一。績溪人胡在渭在《徽難哀音》中詳細記載太平軍入徽之大事：〔註4〕

　　　　咸豐四年　甲寅

〔註1〕〔明〕王世貞：《弇州山人四部稿》卷六十一《贈程君五十敘》。
〔註2〕〔明〕李喬岱：《萬曆休寧縣志》《重修休寧縣志序》。
〔註3〕胡在渭：《徽難哀音》序，民國十二年油印本，安徽省圖書館藏。
〔註4〕胡在渭：《徽難哀音》《擾徽大事》，民國十二年油印本，安徽省圖書館藏。

正月二十三日未刻，太平軍由石埭竄入祁門，城邑令唐公殉難，城旋復。

咸豐五年　乙卯

正月二十七日，太平軍自羊棧嶺臨黟縣。二月初六日，休寧失守。二月十三日，徽州府城與歙縣城皆失守，歙令廉公，縣丞張公益殉難。二月二十三夜，徽歙兩城太平軍遂遁。休寧亦復。太平軍由黟縣竄婺源。二月二十八日，婺源失守。三月十五日，婺源太平軍由德興竄廣信，城復。四月初七日，廣信太平軍復竄婺源縣城。五月，張芾奉命來徽，總理徽池等處防剿善後事務。

咸豐六年　丙辰

三月初八日，太平軍自景德鎮竄入婺源，城陷。三月十一日，婺源太平軍度五嶺，穿休寧，城復。八月二十五日，太平軍由德興海口等處竄入婺源，城陷。守備徐勇，千總胡鴻飛陣亡。八月二十八日，婺源太平軍度五嶺，竄休寧，城復。

咸豐七年　丁巳

二月十九日，太平軍自景德鎮竄入婺源，城陷。二月二十七日，婺源縣城太平軍退。七月初六日，太平軍自樂平竄入婺源，畢太守大鈺，戰於湯塢，陣亡，城陷，焚縣治及民居數百家。九月初四日，婺源縣城太平軍退。

咸豐八年　戊午

八月初一日，太平軍自海口入婺源縣城，深構固壘，為固守計。

咸豐九年　己未

二月初一日，婺源縣城太平軍盡焚民居而遁，西竄浮梁。

咸豐十年　庚申

二月初一日巳刻，太平軍由翠嶺入績溪城，是夜五更，退旌德縣城。二月初四日辰刻，太平軍又竄到績溪縣城。二月十一日天明，績溪縣城太平軍退過翠嶺。六月十一日，欽差大臣兩江總督曾公國藩渡江，駐軍祁門。有李亮度來駐徽郡，接辦徽防，有董某來守叢山關。八月十九日，太平軍入叢山關，績溪失守。八月二十五日，徽州府城失守，旋竄據休寧。十月太平軍忠王李秀成率眾由羊棧嶺

竄入黟縣，將以窺祁門。十月二十日，官兵迎剿，黟縣太平軍敗退，城復。十一月初一日德興太平軍竄入婺源，城陷。十一月初三日，婺源太平軍竄開化，城復。十一月十八日，寧國太平軍由徽州休寧竄入婺源，城陷。十一月二十五日，婺源太平軍退浮梁，城復。

咸豐十一年　辛酉

正月二十七日，太平軍侍王李世賢率眾由休寧圖竄江西，前後分犯婺源約十八股，城陷。二月初九日，婺源太平軍竄樂平，城復。二月十一日，休寧縣城收復。三月十九日，太平軍自樂平竄入婺源，城陷，縣丞署知縣申協陣被執，不屈，投河以殉。三月二十三日，婺源縣城太平軍退華埠。五月，太平軍以曾大臣由祁門移營東流，糾眾潛陷黟縣，圖窺祁門。五月初四日，黟縣城收復。五月十二日，徽州府城之太平軍竄績溪出嶺而去。五月二十二日，太平軍由德興竄入婺源縣城，五月二十三日，婺源縣城太平軍無故夜驚，盡逃出城。十二月初五日，太平軍輔王楊輔清部由淳安竄入績溪縣城。

同治元年　壬戌

三月初一日，績溪太平軍退。十月初三日，旌德太平軍突陷祁門。十月初十日，祁門太平軍竄石埭太平一路，城復。十月二十四日早晨，太平軍由寧國竄入績溪縣城，旋收復。

同治二年

三月十七日，竄居黟縣之太平軍潰敗，城復。七月，黟縣失守，太平軍旋敗。

同治三年　甲子

正月初六日，太平軍侍王李世賢勾結堵王及廣德餘黨，由寧國竄入績溪，城陷。正月初九日，績溪縣城收復。

戰亂初起，徽州人士「習於承平日久，不知兵革之事。聞賊蹤日近，皆愕眙不知所何為」，〔註 5〕幾乎沒有有效防禦。地方守官或臨陣脫逃，如咸豐三年二月太平軍進逼績溪縣，知縣方殿謨臨陣逃脫；〔註 6〕或戰死沙場，如咸

〔註 5〕〔清〕許承堯：《歙事閒談》卷十九《黃茨蓀〈鳳山日記〉》，黃山書社 2001年版，第 637 頁。
〔註 6〕績溪縣地方志編纂委員會：《績溪縣志·大事記》，黃山書社 1998 年版，第 20 頁。

豐四年太平軍正式入徽，祁門知縣唐治和巡檢司鍾普塘在與太平軍交戰時戰死；〔註7〕或城陷自殺，如咸豐五年太平軍兵犯徽州府城，府城陷，歙縣知縣廉驥自殺。〔註8〕太平軍西征的步伐幾乎未受阻礙。由於「徽處浙上游，爲浙之西路門戶，若有疏虞，順流而下，以達於杭，實有建瓴之勢。入徽之境，率皆崇山峻嶺，能保徽州，方能保浙」，〔註9〕戰略地位非常重要，必須要加強防備。戰爭中後期在徽州戰場上防禦太平軍的主要是兩個部分，一個是地方舉辦的以武裝自保爲目的的團練，還有一個是以徽防軍和湘軍爲主的官兵。雙方在徽州你來我往，互有攻防。

徽州下轄六個縣先後多次被太平軍攻佔，根據《太平軍兵爭期內皖省府州縣經過兵事年月表》〔註10〕統計，黟縣、績溪縣各被攻佔 15 次，祁門縣、婺源縣各被攻佔 11 次，休寧縣爲 10 次，歙縣（府城）爲 4 次。在如此拉鋸戰中對徽州的破壞可想而知。以咸豐十年、十一年的大會戰爲例，雙方聚集不下數十萬人，〔註11〕曾國藩在祁門駐紮大營，雙方激烈爭鬥，《徽難全志》中對其有詳細記載：

> 楚軍初到，未知地利，經已血戰，仍在戰場之中交鋒對敵之候，眾寡不敵，賊已進城，城中遂陷。賊又四面圍來，李公只得走之。賊踞府城，歙、休、績三縣均是賊巢，殺人、放火、打擄，擾之不堪。三縣之賊，停有三時之久。有錢者搬往江之左右，無錢者不能逃出，多已餓死，填溝壑者無算，亦是三縣難民之劫數也。……十月十九日，賊走羊棧嶺到黟城。賊頭忠王統帶有三萬之眾，在城中打館。賊四鄉打擄、殺人、放火。念三日，鮑、張、宋、唐四統帶同出隊至黟城，合攻進剿，殺賊六七百之多，民亦死去百餘。〔註12〕

除了這樣的大規模遭遇戰以外，更多的是朝發夕回的劫掠，如黟縣，由

〔註7〕 〔清〕周溶等：同治《祁門縣志》卷三十六《雜誌·記兵》。
〔註8〕 〔民國〕石國柱、樓文釗等：《歙縣志》卷三《武備志·兵事》。
〔註9〕 〔清〕王茂蔭：《王侍郎奏議》，《請將徽州暫隸浙江折（咸豐四年四月初六日）》，上海古籍出版社 1995 年版，第 106 頁。
〔註10〕 安徽通志館編纂：《安徽通志稿·大事記》，成文出版社有限公司印行，民國二十三年鉛印本。
〔註11〕 徐川一：《太平天國安徽省史稿》，安徽人民出版社 1991 年版，第 282～293頁。
〔註12〕 《徽難全志》，安徽省博物館藏。

於與太平軍只有一山之隔，因此「七、八兩年，賊到黟縣數次，均走各嶺來打擄，當即回轉而去，」這樣記載多見於《徽難全志》的記載中，到城中「無信無義，放火、殺人、打擄三者當先」，「被賊遭害者過於他縣，百姓不能活生。」〔註 13〕正常的社會生活秩序完全被破壞，往日寧靜的徽州戰火不斷。長達十幾年的鹹同兵燹給徽州文化生態造成了不可彌補的損失。

第二節 徽州人口銳減

自咸豐三年失安慶，至同治三年復江寧，此十二年間，徽人「歷經兵難及大雪、大疫而前後死亡者，雖未至於靡有孑遺，其得慶生存者，蓋矣僅矣此。」〔註 14〕《清稗類鈔》中也有類似的記載：「同治壬戌，粵寇難作，江南幾無孑遺，徽、寧、池、太等郡男丁百無一二。」〔註 15〕同治三年，曾國藩奉旨實地查明災情後向朝廷奏稱道：「據查核，皖南徽、寧、廣等屬兵戈之後，繼以凶年，百姓死亡殆盡，白骨遍野，此受害最重者也。」「徽池寧國等處屬，黃茅白骨，或竟日不逢一人。」〔註 16〕

從晚清徽州人口變遷圖 2-1 可以看出，乾嘉道時期徽州六邑人口總數約為 240 萬左右，到了咸豐年間，除婺源、休寧外其他四邑人口也僅為 60 萬左右，休寧、婺源雖無具體數據，但在地方志中提到休寧是人百存一，婺源則是「遭咸豐兵燹，十室九空。」〔註 17〕結合光緒三十年的人口數據，根據晚清時中國人口 1851～1880 年均增長率為-5.4‰，1881～1911 年的年人口平均增長率為 6.6‰大致推算，〔註 18〕休寧咸同年間估為 10 萬左右，婺源估為 8 萬左右，兩邑人口在咸豐時不超過 18 萬。則徽州咸豐時期人口數估為 78 萬左右應不至與實際情況有太多出入。戰禍給徽州造成直接人口損失近三分之二。至光緒三十年，六邑人口土著也僅為 73 萬左右，與清中葉人口水平相去甚遠。

〔註 13〕 《徽難全志》，安徽博物館藏。
〔註 14〕 胡在渭：《徽難哀音》序，民國十二年油印本，安徽省圖書館藏。
〔註 15〕 〔清〕徐珂：《清稗類鈔》第十五冊《婚姻類》，中華書局 1986 年版。
〔註 16〕 〔清〕曾國藩：《曾文正公全集》卷二十一《豁免皖省錢漕糧摺》，嶽麓書社 1986 年版。
〔註 17〕 〔民國〕萬韻芬、江峰青：《重修婺源縣志》序。
〔註 18〕 駱毅：《清朝人口數字的再估算》，《經濟科學》1998 第 6 期，第 120～128 頁。

圖 2-1　晚清徽州人口圖〔註19〕

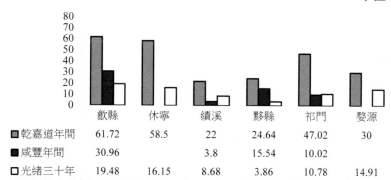

單位：萬

	歙縣	休寧	績溪	黟縣	祁門	婺源
■乾嘉道年間	61.72	58.5	22	24.64	47.02	30
■咸豐年間	30.96		3.8	15.54	10.02	
□光緒三十年	19.48	16.15	8.68	3.86	10.78	14.91

　　徽州人口驟減，究其原因，「寇亂時，死於兵者幾何，人死於疫者幾何，人被擄未歸及逃亡在外者有幾何？」〔註20〕或流域它鄉，或死於非命。徽州成爲戰場後，境內居民有離鄉避禍者，戰後「回裏里各戶僅十分之一二」。〔註21〕筆者在瀏覽晚清族譜時，這一時間流域於外的族人雖然有，相較記載中連篇累牘的「殉難」者，總體比例很小。流域於外造成的人口減少僅爲少數。多數徽人「聞寇入境，戀家而不謀遠徙，坐以待斃，老幼男丁非殺則擄。」〔註22〕如績溪仁里程氏族譜中，歷咸同時期的十一世、十二世無人外遷，族人近多半殉難。〔註23〕因此，死於非命應該是人口驟減的主要原因。

〔註19〕數據來源：〔清〕馮煦、陳師禮：《皖政輯要》卷十五《民政科・戶籍》，黃山書社 2005 年版，第 793 頁。歙縣地方志編纂委員會：《歙縣志》第三編《人口》，黃山書社 1995 年版，第 115 頁。〔清〕朱雲錦：《皖省志略》；績溪縣地方志編纂委員會編：《績溪縣志・大事記》，黃山書社 1998 年版，第 128 頁。〔民國〕吳克俊、許復等：《黟縣四志》卷 9《政事志・戶口》。〔清〕周溶等：同治《祁門縣志》卷十三《戶口》。〔民國〕葛韻芬、江峰青：《重修婺源縣志》卷九《食貨一・戶口》。另：《皖省志略》載嘉慶時婺源人口爲 55.36 萬，載乾隆時人口爲 14.41 萬，筆者認爲 55.36 萬高估了，因此取折中數字，休寧、婺源咸豐年間人口數據佚失。

〔註20〕〔清〕《績溪仁里程繼序堂專續世系譜》序，清光緒三十三年刻本，安徽省圖書館藏。

〔註21〕黃山地方志編纂委員會：《黃山市志》第十七編《人口》，黃山書社 1992 年版，第 692 頁。

〔註22〕〔清〕徐珂：《清稗類鈔》第十五冊《婚姻類》，中華書局 1986 年版。

〔註23〕〔清〕《績溪仁里程繼序堂專續世系譜》序，光緒三十三年刻本，安徽省圖書館藏。

死亡率如此高，主要以下三方面因素造成：

一、戰場殺戮

咸豐兵燹在徽州區域歷時 12 年之久，戰爭造成的平民傷亡肯定是無可避免的。平民在戰爭中被無辜殺戮，「殺人則剖腹抽腸」〔註 24〕之兇殘畫面時有出現。不過深究其間，發現「見賊遇害者，才十之二三耳。」〔註 25〕戰爭雖然很殘酷，但是直接在戰場上死亡的有限，並且在佔領之初太平軍為了安撫百姓，「貼偽告示安民……假仁假義，不殺百姓，不燒民房，不打擾，只殺官兵劫庫而已」，〔註 26〕沒有進行大規模的殺戮。以詳細記載咸豐兵燹戰爭經過的《徽難全書》為例，書中記載太平軍與官兵或團練之間數百次大小戰鬥，提到傷及平民時多描述死去「數百人」、「百餘人」，再無更多的數量詞。可推測真正在戰場上被殺戮的平民只占整個減少人口很小的份額。

二、自然災害、饑荒和瘟疫

頻發的自然災害、饑荒、瘟疫是導致徽人死亡率高的主要元兇。「庚申之亂，徽人之遇刀兵而死者，才十之二三，而辛酉五月寇退之後，以疾疫亡者十之六七，家室流亡，百無一存。」〔註 27〕如績溪「自咸豐十年二月至同治三年正月，人民之歷兵難及大雪，（十一年十二月二十七日起厚五六尺）、大疫（同治元年七月），而前後死亡者，雖未至靡有孑遺，其得慶生存者，蓋亦僅矣。」〔註 28〕

清中葉以來棚民開墾種植包穀或開礦燒灰，對徽州自然生態造成破壞，宗族、士紳和官府採取激烈手段將其驅逐，可是仍有一些棚民遺留在山中「搭棚棲居，任意開墾栽種苞蘆，……甚至山土被其鋤鬆，因雨而沙泥下卸，以致田畜壓積。」〔註 29〕環境惡化，水土流失嚴重，這一時段裏自然災害頻發。

〔註 24〕〔清〕許承堯：《歙事閒談》卷三十一《休寧縣眾紳士公稟曾督師》，黃山書社 2001 年版，第 1128 頁。

〔註 25〕胡在渭：《徽難哀音》，民國十二年油印本，安徽省圖書館藏。

〔註 26〕《徽難全志》，安徽省博物館藏。

〔註 27〕黃賓虹：《黃賓虹文集（雜著編）》，《任耕感言・豐塢墾復仁德莊義田始末》，上海書畫出版社 1999 年版，第 476～490 頁。

〔註 28〕〔民國〕汪稼云：《績溪鄉土歷史》第四章《武備・兵事四》，民國十九年，安徽省圖書館藏。

〔註 29〕《清咸豐五年九月祁門縣正堂為嚴飭稽查事照得祁邑各鄉告示抄白》，安徽大

以祁門爲例：

表 2-1　祁門咸同兵燹十二年間自然災害表〔註30〕

年　代	災異類型	慘　狀
咸豐三年（1852）	大雪，雨豆	
咸豐四年（1853）	雨豆	青黃不一
咸豐五年（1855）	水災	蛟水陡發，蕩民居，壞田畝
咸豐六年（1856）	大旱	歲饑
同治七年（1858）	大水	東南兩鄉尤慘
咸豐十一年（1861）	大雪深四尺	鳥獸凍死無數，花果竹木多枯
同治元年（1862）	水災	西鄉蛟，山崩橋蹋，砂積田廬
同治二年（1863）	久旱	歲大饑，居民多菜色

　　由表 2-1 可知，祁門十二年間鮮有風調雨順的時候。咸豐十一年，不僅祁門，績溪、休寧都連降大雪，且雪深 4～8 尺。〔註31〕徽州自古缺糧，豐裕之年尚須外運糧食接濟，何況現在自然災害頻發。由於長江中下游本屬戰區，自身難保，如浙江在兵後亦是「人物周耗，墳土荒蕪，彌望白骨黃矛，炊煙斷絕，先據春耕之期，民間農器毀棄殆盡，耕牛百無一存，穀豆雜糧種粒無從購覓。」〔註32〕並且兩軍對峙中掐斷糧路是重要的戰略手段，如 1861年時湘軍駐紮祁門，被太平軍截斷糧路，不僅曾國藩大營「糧運三十日不至」，〔註33〕「祁、黟、休三縣之米糧全無，接濟已斷。」〔註34〕因此，能夠從外運入徽州救援的糧食十分有限，平民百姓幾乎無糧可食。

　　饑荒成爲徽人逃過戰火後面臨的困境，「凍餓而死者不計其數」，〔註35〕這與上文中戰爭中死亡數百餘人的記載形成強烈對比。能有野菜即是幸運，《徽難哀音》中描述饑荒時的《挑野菜》、《一飯難》等民謠即形象說明時人

學徽學研究中心藏。
〔註30〕方修教：《祁門地區八百年自然災害輯錄》，方家瑜：《歷史上祁門人口變遷》，《祁門文史資料》徽州新華印刷廠印 1985 年版，第 93 頁、第 100 頁。
〔註31〕績溪縣地方志編纂委員會：《績溪縣志・大事記》，黃山書社 1998 年版，第 128頁。休寧縣地方志編纂委員會：《休寧縣志・大事記》，安徽教育出版社出版 1990 年版，第 19 頁。
〔註32〕胡在渭：《徽難哀音》序，民國十二年油印本，安徽省圖書館藏。
〔註33〕王闓運：《湘軍志》，嶽麓出版社 1983 年版，第 59 頁。
〔註34〕〔清〕曾國藩：《曾國藩全集・家書一》，嶽麓書社 1986 年版，第 658 頁。
〔註35〕《徽難全志》，安徽省博物館藏。

面臨饑荒時的窘境。〔註36〕到了後來，「草根皆盡，則食所親之肉」〔註37〕，「口糧極缺，則到處皆然。……皖南百姓則皆人食人矣。」〔註38〕黃賓虹亦回憶「績溪近涇太之鄉村，有至於食人者。」〔註39〕績溪人曹向辰用黑色幽默描繪這一人間慘劇：「攫尋人肉刳在手，人肉未食身已頹，己身之肉人掣走，嗟嗟大亂已若斯，」可見在徽州「飢餓而斃者亦不可勝計」。〔註40〕

瘟疫也是人口驟降一大誘因。由於戰爭連年，死於戰火中官、民、寇無數，屍體在戰時也很難得到妥善安置，浮屍路邊者比比皆是，雖有行義之人去掩埋，歙縣徐景軾因「邑自被兵後，死亡相枕，藉請於府縣集資為掩骼埋胔之舉。癸亥至戊辰，共掩暴露屍骨四千六百餘，露朽棺七千二百餘，髑髏碎骨以數千計。」〔註41〕也有施義行於「太平軍退後屍骸遍野，獨捐資掩埋數十冢」的，〔註42〕但在戰火頻發之時此種義舉僅是杯水車薪。「屍骸腐朽，蒸鬱積為瘟氣」，〔註43〕同治元年（1862 年）八九月間，清軍及民眾染疫大批死亡。「清軍鮑超兵營患者萬餘人，日死數十人。」〔註44〕瘟疫橫行「兩月以

〔註36〕《挑野菜》：「春風吹綠郊原草，野菜陳根生枯槁，世亂年荒恒苦饑，何處傾身營一飽，東家女兒不採藍，西家少婦不祀蠶，朝朝結伴出門去，三三兩兩攜筥藍，晚歸得菜和根煮，瓦罐生香勝炊黍，可憐無米難做羹，婦難兒啼翁不語。」《一飯難》：「未幾洪楊起義，太平軍又江西入徽，清官吏聞風先逃，城中無主，秩序遂亂，居民咸出城避亂，汪亦攜眷傭工出北城，顧平日養尊履厚，一旦奔走崎嶇山路，未半日已憊不能興，憩坐路旁，而謠言四起，草木皆兵，傭工家眷不暇相顧，各自逃生，遂遺汪一人，……當出城時，傭工雖有乾糧，然即走散，高山叢林，從何尋覓，只得忍餓。以待少頃，一農人來，亦避難者，包袱中有米果，汪見之取懷中金條一，市其米果，農人初欣然，繼忽躊躇不允……農人曰「不然，黃金在承平之時，固極寶貴，在茲亂世，無從兌換，則與廢鐵等耳，而且藏之稍一不慎，為強梁所見，適因此以買禍。更何況賊兵在境，糧食來源既絕，現有者已被搜刮一空，求食之難，何異登天，有此米果，尚可延一二日之性命，苟市於汝，吾何所得食？」
〔註37〕〔民國〕石國柱、樓文釗等：《歙縣志》卷三《武備志兵事》。
〔註38〕〔清〕曾國藩：《曾國藩全集‧家書二》，嶽麓書社 1986 年版，第 814 頁。
〔註39〕黃賓虹：《黃賓虹文集（雜著編）》，《任耕感言‧豐塢墾復仁德莊義田始末》，上海書畫出版社 1999 年版，第 476～490 頁。
〔註40〕胡在渭：《徽難哀音》《寇災行》，民國十二年油印本，安徽省圖書館藏。
〔註41〕徐景軾：《草心閣自訂年譜》，薛振芳：《清代徽人年譜合刊》，黃山書社 2006 年版，第 798 頁。
〔註42〕〔民國〕石國柱、樓文釗等：《歙縣志》卷九《人物志義行》。
〔註43〕《徽難全志》，安徽省博物館藏。
〔註44〕休寧縣地方志編纂委員會：《休寧縣志》《大事記》，安徽教育出版社出版 1990 年版，第 19 頁。

來，兵民疫死者二三萬人，行路者面帶病容，十居八九」。〔註45〕可見「斯時徽民不死於兵刃，即死於饑與疫，孑遺亦無幾。」〔註46〕

三、自　殺

　　徽州咸豐時期死亡率高還有一個原因是殺身成仁的儒生和捨身守節的婦女人數尤眾。遍覽咸豐兵燹時的記載，「闔門盡忠」「滿門節義」字眼不絕於文獻。徽州為程朱故里，忠孝節義是其價值體系中核心部分，值此劇變，舍生取義的徽人更是前赴後繼。光緒二十八年《兩江忠義錄》中記載安徽一門殉難共有一千四百三十三家，九千五百七十四口，請旌官紳四千七百八十九人，請旌團丁二萬三千八百二十四名，請旌士民六萬二千四百三十七人，請旌婦女四萬九千四百三十六口。」〔註47〕雖是安徽省的統計人數，但是徽州地區應不在少數。《祁門紀變錄》中詳細記載了祁門「自咸豐四年正月至同治元年三月止，死難官紳耆士民婦女悉為載入」，〔註48〕中載殉難官紳 8 人，殉難士民 323 人在祁地遇難，殉難婦女 123 人。且記載的均是「較章著者耳。其他遺漏何限，婦女死烈則尤多，不可勝記矣。」〔註49〕且「新安女子志節高，六萬餘人慘禍遭，可惜無人多作傳，貞魂何處不悲號。」〔註50〕

　　由於上述之原因，兵燹後「鄉村處處寂寥，田蕪屋漏，人稀路塞，景狀難描。蓋向所謂人煙稠密之處，而今合一村之人丁，不及當日之一戶。」〔註51〕本土經濟幾乎停滯，「同治八年（1869），兵災、瘟疫後，縣境人煙稀疏，田地荒廢。官方進行田畝插簽登記，剔荒徵熟，誰插簽，誰完稅，歸誰所有，全縣插簽田不到一萬畝。」〔註52〕在黟縣，由於勞力不足，田地大量荒蕪，只得「召

〔註45〕　〔清〕曾國藩：《曾國藩全集・家書二》，嶽麓書社 1986 年，第 997 頁。
〔註46〕　〔民國〕石國柱、樓文釗等：《歙縣志》卷三《武備志兵事》。
〔註47〕　〔清〕馮煦、陳師禮：《皖政輯要》卷十八《民政科・風教二》，黃山書社 2005 年版，第 151 頁。
〔註48〕　〔清〕倪恕良：《祁門紀變錄》序，清同治二年重刊本，安徽省圖書館藏。
〔註49〕　〔清〕許承堯：《歙事閒談》卷四《柯鉞》，黃山書社 2001 年版，第 130 頁。
〔註50〕　胡在渭：《徽難哀音》《題程氏六烈婦傳（歙縣江友燮）》，民國十二年油印本，安徽省圖書館藏。
〔註51〕　胡在渭：《徽難哀音》《難犬（績溪胡晉柱）》，民國十二年油印本，安徽省圖書館藏。
〔註52〕　續溪縣地方志編纂委員會：《績溪縣志》大事記，黃山書社 1998 年版，第 20 頁。

籍外之民墾植，議三年獲不責納」。〔註53〕

　　即便能幸免於難的徽人亦步履維艱。兵荒馬亂之際農業生產時斷時續，天災人禍使得農業歉收，且由於太平天國佔領時期「民貨皆其貨，民田皆其田。誅求猛如虎，蝗過無稍捐」，〔註54〕再加上太平軍所到之處「殺人、放火、打擄」、「放火燒去房屋十餘間」、「燒去房屋百十間」，〔註55〕房屋毀損嚴重，民多無處可居，「六邑先後失陷，搜山殺害，百千年脂膏一洗而空」，〔註56〕損失慘重，「自咸豐三年始到徽郡六縣，至同治三年終，共十二年，所遭房屋百姓金銀各物等不計其數，亦是數百年一大劫也。」〔註57〕徽人主要從事的商業亦遭受巨創。在張海鵬、王廷元所著《徽商研究》中，詳細剖析咸豐兵燹對徽商及徽州本土經濟的影響：由於徽商活動區域多是戰區，因此徽商木材、典當、茶葉等項目無不凋零；徽州本土被太平軍和湘軍輪番掠奪，商人資本，全郡窖藏為之一空；政府增加茶葉稅並開徵釐金，徽商被迫賑餉和捐助團練。故不累述。

　　咸同兵燹是徽州文化生態一個重要的轉折點。其後徽州雖然經歷了幾十年的休養生息，但直到清末仍沒有恢復至戰前水平。徽人生業深受其害，個體作為區域文化生態中最基本的構成單位，其數量之銳減必然影響文化生態演遷。

第三節　宗族勢力減弱

　　戰禍對宗族影響直接表現為人口減少與器物毀損，宗族作為徽州文化生態系統中價值認定主體之一、區域社會的主要管理組織，人口減少、器物毀損必然影響宗族的正常運作，從而打破文化生態系統內良性循環。

一、規模縮小、架構鬆動

　　徽州是宗族社會，聚族而居是主要居住模式，兵燹使得族中人口損失慘重，如祁門「郭村原有『千灶萬丁』，戰後只剩下『百灶千口』；賢村原有『百

〔註53〕〔民國〕吳克俊、許復等：《黟縣四志》卷九《政事志・田地》。
〔註54〕黃德華：《瑣尾吟》，《江浙豫皖太平天國史料選編》，江蘇人民出版社 1983 年版，第 314 頁。
〔註55〕《徽難全志》，安徽省博物館藏。
〔註56〕〔清〕程方壺：《徽州勸興農務支會啓》，安徽省圖書館藏。
〔註57〕《徽難全志》，安徽省博物館藏。

灶千丁』，戰後只剩下男女不到百人；龍門沈家灣原有 360 人，戰後只回鄉 8 人」。〔註58〕歙人程可山在自記中提到「料由此流離遷轉，里居被毀，家口喪亡七八。」〔註59〕人是宗族的基本組成單位，族人的非正常減員，使得宗族規模縮小，內部架構鬆動，徽州宗法制度的核心昭穆世系因架構的鬆動亦混亂。

徽州宗族呈現的是家庭→房→支祠→宗祠的層級結構，兵燹時人口銳減造成宗族規模縮小，宗族中基本的家庭數量減少：有夫妻均殉難的，如歙縣程國棟之妻汪氏，在丈夫與賊在巷戰中殉難後「自縊以殉」，〔註60〕黟縣李能謹與賊搏鬥殉難，其配王氏「見夫死於難，痛不欲生，絕粒不食，月餘而卒。」〔註61〕這樣的例子無論是地方志還是族譜的記載中比比皆是；還有父子殉難，甚至一門殉難的，如績溪人汪震甲，「咸豐十年賊至，一門二十五口殉難」，〔註62〕績溪余氏「我族劫難之後尤無經理之人，自二十九世惠字輩以下歿於兵難者十居其九」，〔註63〕更有「二親三處骨，四世一身肩」之哀歎。〔註64〕

宗族是在小家庭的基礎上發展而來的，經歷至少百年五世以後才有可能形成宗族，由於兵燹人口銳減使得無後家庭增多，如歙縣程可山這一房中「大、三姪婦，八九孫皆病。翠女甲（裕珂乳名）難以望起。……千之弟、八九孫皆病歿。旋得鮑寄琴，知姪裕琮亦歿。又得仲庠信，知孫男女九人皆歿。」其友歙人吳禮宗在亂中去世後，程可山日記中載「徽郡遭賊兵火後，繼以凍餓病疫。予與禮宗家最慘，而禮宗又慘於予。禮宗死，其家遂無人，傷哉！」〔註65〕還有如祁門絳橋鮑氏「自咸豐甲寅孤丁刔去，遂無繼續。」〔註66〕無後則意味中

〔註58〕 《清同治元年祁門縣沙堤村葉光榮等上報被燒民房稟狀及知縣批文抄白》，安徽大學徽學研究中心館藏。

〔註59〕 〔清〕汪宗沂：《程可山先生年譜》，薛貞芳：《清代徽人年譜合刊》，黃山書社 2006 年版，第 680 頁。

〔註60〕 〔民國〕石國柱、樓文剑等：《歙縣志》卷七《人物傳・忠節》。

〔註61〕 〔民國〕吳克俊、許復等：《黟縣四志》卷六《人物・忠節》。

〔註62〕 〔清〕光緒《重修安徽通志》卷二百零五《人物・忠節》。

〔註63〕 〔清〕《績溪南關惇敘堂宗譜》卷一《譜例・書法》，清光緒十五年本，國家圖書館藏。

〔註64〕 胡在渭：《徽難哀音》《績溪人胡肇峰亂後書懷斷句》，民國十二年油印本，安徽省圖書館藏。

〔註65〕 〔清〕汪宗沂：《程可山先生年譜》，薛貞芳：《清代徽人年譜合刊》，黃山書社 2006 年版，第 680 頁。

〔註66〕 〔民國〕胡光剑：《祁門縣志氏族考》，民國三十三年排印本，安徽省圖書館藏。

宗族中這一支即無，這樣的家庭增多必然影響宗族的存在基礎。

對於個體家庭出現無後的局面，按照慣例，會從族內選合適的人選立爲子嗣，以保證無子或戶絕的家庭能延續宗族世系、祭祀祖先神靈。由於短時間死亡人數太多，無子或戶絕的比較多，在宗族族人間過繼增多。

以績溪仁里程氏派下支祠繼序堂士雨曾孫立山這房爲例，看看咸同兵燹對宗族結構的影響。立山有五子，歷咸同兵燹的基本集中在十二世、十三世。其中長子一脈僅邦基有一子尚沛出繼邦煜，又邦校出繼尚鵬後承邦基；次子一脈十二世中 12 人 8 人殉難，且與配偶共同殉難的 4 人、十三世中共 8 人，其中一人殉難。十二世中邦校有子六，其中四人出繼，兩人後承，所以在十三世中，有邦校生六子，邦鎮之子尚琪殉難，邦浩生子尚斌，其餘之後皆邦校之子出繼；三子一脈十二世七人中除邦鐸處摘邦校四子尚鶴繼以外，其他均無後，且其中 5 人均是與配偶共同殉難；四子一脈除邦煜從邦基處繼其長子尚沛爲後以外，其餘均無後，且十三世共 6 人均殉難；五子一脈除邦輔、邦耀有後以爲，其餘無後。方便起見，對這一房中的承繼關係列一圖（無後的便不一一列入）：〔註67〕

〔註67〕 〔清〕《續溪仁里程繼序堂專續世系譜》卷四《本係下》，清光緒三十三年刻本，安徽省圖書館藏。

圖2-2　續溪仁里程氏派下支祠繼序堂士雨曾孫立山一房戰亂後過繼圖

　　圖中 ──▶ 為血緣父子關係， ┄┄▶ 為出繼父子， ──▶ 為
出繼方向，名字外實線筐為住傳，虛線框為親生出繼：

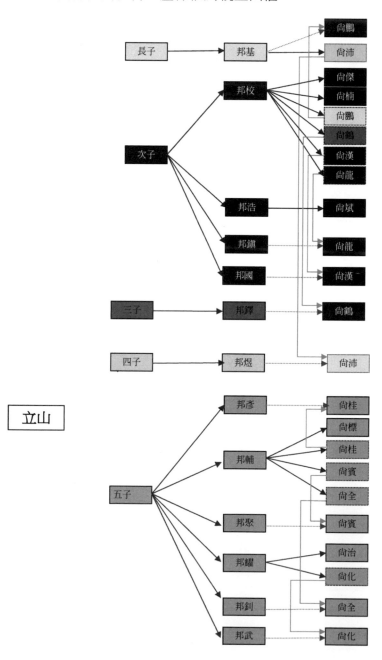

　　由圖 2-2 可知，爲保證個體家庭香火，往往從近親中多子的親戚處出繼，往往一家的孩子出繼到多個家庭，如邦校家的六子中僅留二子住傳，其餘四子皆出繼，五子十二世裏邦輔有四子，除一子住傳外其餘皆出繼，邦耀有三子，其中一子死亡，一子住傳，一子出繼。有的宗族中，由於死亡過多，還有兼祧的現象，即一子雙祧，待其有子後再分承其祧，如果仍然只有一子單傳，「子當歸本支以明線繫」。〔註 68〕

　　宗族中無後家庭增多，直接影響了宗族的結構，宗祧出繼雖然暫時解決了香火問題，但是存在極大的混亂：「至兵後族中繼立，往往糊塗妄繼，有拋親繼疏，志在繼產，有跨祧遠房爲兼祧，有一繼兩家爲兼祧。今理世系概刪改之。間有以兵後人丁稀少從權辦理者，皆不甚越禮，如提起殤丁以繼孫之類。此後殤丁亦不准提，凡拋親繼疏、拋長繼次、一子繼兩家、跨祧遠房，皆不准。至他祠人繼各家，世數訛錯不同，不得入繼，恐顛倒尊卑。」〔註 69〕宗族昭穆等級是其核心，出繼的混亂直接影響到宗族昭穆。有的出繼還會引發糾紛，如婺源「余查氏繼余啓呈八歲子昌宏爲嗣，又繼啓稼子昌寵爲嗣，所有繼產雖議定二人均分，此爲防日後兄弟爭產計，」後因昌宏九歲即殤，其親生父親以宗譜內虛增七歲又捏假名家騏者爲昌宏嗣，以期騙取余查氏的產業。〔註 70〕出繼增多爲宗族增加了不穩定因素。

　　個體家庭經由過繼雖然暫時後繼有人，可是多獨子單傳家庭，面臨無後的風險仍舊很大。尤其是「粵匪而後，戶口凋零，家家俱望添丁，婚嫁年齡較早，久而沿爲習慣。」〔註 71〕還有鴉片的侵蝕，人們身體素質普遍較差，「富厚之家，往往男未及冠，女未及笄，即議婚嫁，筋力未強，疾病叢生。」〔註 72〕「癆瘵病多，人種日弱」。〔註 73〕早婚、鴉片更是增大單傳家庭無後的風險。

〔註 68〕〔民國〕朱承鐸：《新安（休寧）月潭朱氏族譜》卷首《凡例》，民國二十年活字本，安徽省圖書館藏。

〔註 69〕〔清〕《績溪縣南關許余氏惇敘堂宗譜》卷十《宗祠規約·妄行過繼》。轉引自談家勝、郝瑞平：《〈績溪南關惇敘堂宗譜〉的文獻特色及其價值——兼論晚清時期徽州族譜體例與內容的嬗變》，《黃山學院學報》2011 年第 4 期，第 13～18 頁。

〔註 70〕〔清〕劉汝驥：《陶甓公牘》卷四《禮科·婺源縣余查氏控余啓呈霸產一案堂判》。

〔註 71〕〔清〕劉汝驥：《陶甓公牘》卷十二《法制科·績溪民情之習慣·婚嫁之年齡》。

〔註 72〕〔清〕劉汝驥：《陶甓公牘》卷十二《法制科·祁門民情之習慣·婚嫁之年齡》。

〔註 73〕〔清〕劉汝驥：《陶甓公牘》卷十二《法制科·績溪民情之習慣·婚嫁之年齡》。

減員使徽州宗族規模縮小、架構鬆動。原先趙吉士筆下散佈各處的「千丁之族」，兵燹後屈指可數，沿襲數百年、枝繁葉茂的宗族架構隨著無後家庭、獨子家庭大量增加也是岌岌可危。

二、向心力弱、人浮於事

徽州宗族承擔管理區域社會、實施價值認定、爲族人提供堅強後盾等作用，通過主流價值觀的構建，族人也認可宗族的社會職責並切實遵行，同時還極力反哺於宗族，徽州社會得以良性發展。「迨至咸豐之際，頻逢危難，人心離散，所有簿據祭器等物遭寇遺失，零星散落。」〔註 74〕這切實描繪出宗族在實際運轉過程中出現的問題：宗族的向心力削弱，人心離散。族人對宗族的自然認可基礎是血緣關係，父慈子孝、長幼有序是常態，及至戰亂，危難叢生，此時亂象中有百事孝爲先的，如休寧人黃裳，「年七十負母避亂，遇賊將殺母，裳哀號請代」，黟縣人江慶福與弟弟慶社在粵匪掠至所居時，「侍母病不去，皆遇害」。〔註 75〕也有兄弟情深的，如婺源人程有松，「咸豐庚申髮逆犯婺，松與堂兄某被俘拷掠迫索，松念兄無昆季，一旦殞命，如宗祧何話」，最終松死兄還。〔註 76〕亂世中的親情彌足珍貴。可是由於戰亂、饑荒，也出現一些有悖人倫的情況，如戰火中因「亂後死亡散失」，一些幼小的生命夭折，宗族中規定殤亡者不准進主，〔註 77〕因此意味著幼殤之人在陰間不被本族宗祖收錄，只有成婚才能夠有名分得以入主。〔註 78〕因此宗族中出現「幼殤冥配者」。〔註 79〕此外更爲極端的便是前文中提到的親人相食的情況，同治初年大饑，「人將相食」的局面偶有出現，〔註 80〕雖爲非常態事件，可血緣紐帶在危難時的脆弱顯而易見，更是對以血緣爲基礎的綱常倫理底線的絕對挑戰，破壞了族人對血緣的自然信任。戰亂時期違背綱常倫理的事件，對宗族

〔註 74〕 〔民國〕李則綱：《黟縣鶴山李氏宗譜》卷末《添祥公冬至會序》，1917 年刊本，安徽省圖書館藏。
〔註 75〕 〔清〕《光緒重修安徽通志》卷二百三十八《人物志·孝友》。
〔註 76〕 〔民國〕葛韻芬、江峰青：《重修婺源縣志》卷四十《人物十一·義行六》。
〔註 77〕 〔清〕《續溪城西周氏宗譜》卷首二《祠規》，光緒三十一年木活字本，安徽省圖書館藏。
〔註 78〕 林耀華：《義序的宗族研究》，三聯書店 2000 年版，第 150 頁。
〔註 79〕 〔清〕《績溪華陽邵氏宗譜》卷首《新增祠規》，光緒三十三年刊本，安徽省圖書館藏。
〔註 80〕 〔清〕《績溪柳川胡氏宗譜序》卷首《清同治間初修宗譜序》，同治刊本。

存在的倫理基礎產生負面影響。

　　族人對宗族的社會認可基於宗族的管理，以及族譜、祠堂等文化符號的作用。戰亂十二年，自身尚且難保，更何況宗族事務管理，再加上族田荒廢，「粵寇亂族產，簿據被焚，」〔註81〕「族中祀產簿籍俱灰滅」，〔註82〕「宗廟祭器焚燒」，〔註83〕短時間內日常運轉難以為繼，內部事務基本廢弛。不僅如此，具有象徵意義的族譜、祠堂也多毀損。宗族中族譜和宗祠都起到凝聚人心、控制族人、維繫宗族制度的關鍵作用，「家之譜猶國之史，關係匪淺鮮也」，「族譜與統祠相表裏者也，萃一族渙散之祖靈，祀於祠，萃一族存歿之丁數書於譜，所以事人而事鬼者，道胥在乎。」〔註84〕明中期宗族力量加強的時候修譜、建祠堂均是重要的手段。咸豐兵燹時，戰火殃及徽州村落、城鎮各角落，「同治元年壬戌二月二十九日，賊竄西鄉赤嶺入境盤踞十七、八、九都地方，燒民居二百餘家」，〔註85〕一次性就毀民居幾百家，不少祠堂亦難逃被毀厄運，且居民遭兵亂多倉惶逃亡，族譜這樣的身外之物隨身攜帶的極少，不少宗族的族譜、祠堂在兵亂中都有不同程度的毀損。休寧月潭朱氏宗族「會洪楊事起，戶鮮寧居，譜冊既殘，祠宇灰燼」；〔註86〕婺源齊村「祖祠神廟遭寇毀」；〔註87〕歙縣呈村方氏的「祖祠亦毀於火」；〔註88〕績溪宅坦胡氏「自遭兵亂，祠譜無存，總牌亦遺失大半」，甚至百世不遷的神主都被毀，宅坦胡氏宗祠「祠內寢室中間一座，均係百世不遷之主。自遭兵亂，存者寥寥。」〔註89〕無論是祠堂還是族譜都起到有效強化宗法思想和宗法觀念、緩和族內矛盾、加強團結、鞏固宗族統治、強化族譜血緣譜系純潔性的途徑等作用。〔註90〕咸同年間宗族事務中止、祠堂被毀、祭器毀損、族

〔註81〕〔民國〕李則綱：《黟縣鶴山李氏宗譜》卷二《詳公支世系表》，安徽省圖書館藏。
〔註82〕〔民國〕李則綱：《黟縣鶴山李氏宗譜》卷末《李麗春先生傳》，安徽省圖書館藏。
〔註83〕〔民國〕葛韻芬、江峰青：《重修婺源縣志》卷四十二《人物十一·義行八》。
〔註84〕〔清〕倪望重：《祁門倪氏族譜》中冊，光緒二年刻本，安徽省圖書館藏。
〔註85〕〔清〕倪恕良：《祁門紀變錄·寇警》，同治二年重刊本，安徽省圖書館藏。
〔註86〕〔民國〕朱承鐸：《新安（休寧）月潭朱氏族譜》卷首《新序》，民國二十年活字本，安徽省圖書館藏。
〔註87〕〔民國〕葛韻芬、江峰青：《重修婺源縣志》卷四十《人物十一·義行六》。
〔註88〕〔民國〕石國柱、樓文釗等：《歙縣志》卷九《人物志·義行》。
〔註89〕〔民國〕《宅坦胡氏親遜堂奉先錄》，安徽大學徽學研究中心館藏。
〔註90〕趙華富：《宗族研究》，安徽大學出版社2004年版，第192～195頁。陳瑞：《明

譜破損，都削弱宗族凝聚力、向心力。

在此基礎上，少數宗族呈現四零八落的局面，爲避戰禍族人四處流落。如黟縣柏川尤氏，清咸豐二年，其族世居之地因兵燹被焚，族眾各遷他地。〔註91〕祁門倪氏也是如此，從光緒時族譜記載，蘭三公秩下世系派五第二十五世中仕志公支派人楠、人機、人標等 20 人遷移至懷遠縣；人漢、人渙則寓漢口鎮；人傑從父遷，遷至臨渙集；人龍從祖父遷，寓鳳陽縣；人傑從祖父遷，寓鳳陽縣；人賒遷外；人旬從父遷蒙城縣。〔註92〕以往「千丁之族、不曾散處」的場景經歷戰火後不多見。

文化生態是在特定自然生態的基礎上形成的文化體系，在生計文化、社會組織、價值觀念層面，個體都是主要執行者，將抽象的文化具體到社會生活中。咸同兵燹造成的人口銳減，成爲中止徽州文化生態良性循環的第一塊多米諾骨牌。宗族在徽州文化生態系統中發揮主導地位，人口銳減，使宗族的規模縮小、架構鬆動、向心力削弱，對宗族在文化生態中發揮的影響產生一定消極作用。

第四節　觀念傳承局部隔斷

文化是一個持續發展的過程，是通過教育、口耳相承等方式將前人的經驗累積或思想感受傳達給後人，被後人領悟並改進，從而文化能夠被傳承發展。遺傳性是文化生態一個重要的特性，具有區域特色的演化特徵被遺傳下來，並被吸收、發展。明清時期徽州文化生態能夠繁榮，很大程度上是得益於在自然生態基礎上形成自身特色文化以後，通過個體及實體符號等文化載體將信息傳遞，逐層累積的基礎上發展壯大，徽州文化生態才得以在明清時期運轉良好。咸同兵燹對人口、社會的破壞使承載文化基因的載體被毀損或消失，區域文化生態的主要傳播者由於戰亂缺失。文化生態系統的遺傳性遭到破壞。

一、傳播主體減少

徽人在戰禍中除少數外遷，近三分之二人口死於戰禍、疾病、災疫，士

清時期徽州族譜的控制功能》，《安徽大學學報》2007 年第 1 期，第 99～105 頁。
〔註91〕〔清〕《黟縣柏川尤氏支譜》，同治五年刊本，上海圖書館藏。
〔註92〕〔清〕倪望重：《祁門倪氏族譜》世系，光緒二年刻本，安徽省圖書館藏。

農工商各階層均有，儒生是其中一個部分。中國傳統社會的學術體系中，有博學鴻儒發展儒學義理，有入仕爲官經世致用，但是更多的是默默無聞散佈於鄉野的村儒塾師，他們將儒家經典傳授於鄉里蒙童。村裏儒生往往抱道守器，堅執經義，「忠孝節義」是他們行動的準則，行爲端正方直，雖迂腐卻是傳統文化能夠傳衍的主要載體。

　　儒生是有一定道德操守的人，與商人有一定的不同，徽商雖是「賈而好儒」，戰亂時有些商人見利忘義，如「黟人平日素賈於省城，賊據省城而黟人之賈如故，且於賊甚習。」〔註93〕績溪八都上莊人「與賊互市者甚眾」。〔註94〕但儒生對於太平天國這樣以天父上主皇上帝爲名的農民軍，視他們爲離經叛道的妖匪。當太平天國入徽後，面對與自己所堅守的傳統價值觀迥異的太平軍，儒生爲守忠節或與其激烈反抗而亡，或自殺明志，亦有體弱不堪災疫而亡，人數眾多，不可勝紀。如黟縣人李能謹，字樹庭「咸豐辛酉……黟境匪氛甚熾，人多盡室而逃，樹庭心存忠憤，坐待不避，迨賊至，恃勇與之搏鬥，卒，因賊眾，身被利刃十數創，血出如注，遂殉焉」，何朝貴「少業儒，讀書務通大義……嘗讀至殺身成仁，輒唏噓……同治癸亥，賊犯黟，擄掠絕酷，貴忿甚，在家廟中課徒。聞賊至不避，屬聲罵之，卒遇害。」〔註95〕同治黟縣三志中記載的咸同時忠節人物凡幾百人，皆爲守忠義憤而殉難。歙縣棠樾人鮑鍾銓「道光己酉舉人，平居訓子弟以忠孝爲歸，……咸豐十年太平軍陷郡城，後入村，鍾銓率從子縣學生明璆集團禦之，明璆被執憤罵不屈死，鍾銓受傷逾夕殞命，二孫倫報倫春見祖父死，不去遂死其旁……闔家男婦皆曰願死，遂相繼同殉，計一門死義凡三十六人。」〔註96〕民國《歙縣志》卷七《人物・忠節》中記載了 310 人（如帶上隨之殉難的配偶、子孫計有 400 餘人），他們「或從軍辦練，力戰捐軀；或倉卒遇難，臨刃不屈。」〔註97〕祁門謝瑩「爲邑庠生，咸豐四年，聞賊陷城，率子侄正衣冠，見賊責以大義，賊怒，被害極慘。」〔註98〕祁門縣志中載殉難之士民一千多人。婺源人江純封「國學生，家稱素封，慕義好施，……獨至辛酉春，粵寇躪里，竟以罵賊

〔註93〕徐川一：《太平天國安徽省史稿》，安徽人民出版社 1991 年版，第 128 頁。
〔註94〕〔清〕汪士鐸：《乙丙日記》卷二。
〔註95〕〔民國〕吳克俊、許復等：《黟縣四志》卷六《人物・忠節》。
〔註96〕〔民國〕石國柱、樓文釗等：《歙縣志》卷七《人物・忠節》。
〔註97〕〔民國〕石國柱、樓文釗等：《歙縣志》卷七《人物・忠節》。
〔註98〕〔清〕周溶等：同治《祁門縣志》卷二十四《人物志・忠義》。

不屈被害」。〔註99〕光緒《婺源縣志》中卷二十一至卷二十三均是《人物・忠節》，粗略的統計其中絕大多數是咸同兵燹時殉難，大約有千人。休寧人孫日萱爲道光丙午進士，「以目疾歸，時粤逆蔓延，日萱儲穀募勇爲守禦計，五年二月賊由黟縣大至，練勇潰，日萱受重傷，與監生潘昌椿、項凌霄、武生夏鼎死之。」〔註100〕績溪人胡詠芬「府庠生，咸豐十年督團禦賊和尙嶺，被執不屈死」，還有縣庠生江沄江樹勳父子「並禦賊被害。」〔註101〕徽州兵燹時殉難的很多，但是能夠載入地方志的多是進士、舉人、貢生、監生、廩生、庠生這樣的儒生，他們爲全忠孝之義，殺身成仁。

在徽州區域，與儒生相類似的還有禮生。禮生是在徽州各類儀式如祭祀、冠禮、婚喪、祈雨中，主導、安排儀式的進行程序，他們多是村中「通曉儒家禮儀者，他們多才多藝，如會書法、粗通詩詞、聯語，懂相術，爲農人以生辰八字合婚，會陰陽，勘察房屋和墳墓風水，熱心於村中公共事務」〔註102〕的人。王振忠認爲在徽州的鄉村社會中也存在著禮生，可以是有功名之鄉紳，也可以是白丁，但必須知禮。〔註103〕徽州社會中他們很大程度上與儒生重合，也是傳統價值觀的捍衛者。在記載咸同兵燹的文獻中甚少專門提到禮生，唯隻言片語可見，「迨至咸豐之際，頻逢危難，人心離散，所有簿據祭器等物遭寇遺失，零星散落，兼司理者相繼歿謝，以致各款乖張掣肘，」〔註104〕其中司理者應該就是禮生。雖文獻中專門標注出來的很少，但是禮生群體中很大一部分是與儒生重合的。明清宗族制包含宗教、禮儀與語言的表達，它的發展體現了鄉村社會中以禮儀爲主體的意識形態的統一。〔註105〕宗族通過儀式，把個體→家庭→房支→宗族這一層層的社會空間級別聯繫在一個等級化的體系中，從而強化個體對宗族的認同及宗族的威權地位。禮生是保證宗族

〔註99〕〔清〕《婺源縣采輯》《義行》，清鈔本，安徽省圖書館藏。

〔註100〕〔清〕光緒《重修安徽通志》卷二百零五《人物志・忠節》。

〔註101〕〔清〕光緒《重修安徽通志》卷二百零五《人物志・忠節》。

〔註102〕劉永華：《亦禮亦俗——晚清至民國閩西四保禮生的初步分析》，中山大學歷史人類學研究中心、香港科技大學華南研究中心主辦：《歷史人類學學刊》2004年第2卷第2期，第53～82頁。

〔註103〕王振忠：《禮生與儀式——明清以來徽州村落的文化資源》，《明清以來徽州村落社會史研究》，上海人民出版社2011年版，第138～181頁。

〔註104〕〔民國〕李則綱：《黟縣鶴山李氏宗譜》卷末《添祥公冬至會序》，1917年刊本，安徽省圖書館藏。

〔註105〕科大衛、劉志偉：《宗族與地方社會的國家認同》，《歷史研究》2000年第3期，第13頁。

社會中傳統儀式標準化的符號體系和程序的重要一環，他們的缺位必然影響徽州區域主流價值觀的傳承。

在徽州社會中，儒生、禮生通過言傳身教和儀式傳遞區域文化，此外，還有一個重要的價值傳播者，她們在日常生活中潛移默化傳遞文化基因，這就是徽州婦女。傳統社會中女性地位較低，但是在徽州由於明中後期經濟發展，再加上「東南鄒魯」、「十村之家不廢誦讀」的，徽州女性在成長過程中也是深受區域主流價值觀的薰陶，具備一定的文化素養。在徽州家庭模式中，男子多「娶婦數月，則出外或數十年，至有父子邂逅而不相識者。」〔註106〕因此家中多是女子，她們對孩子的價值觀、人生觀影響很大，在對孩子照顧的過程中區域文化基因經由母親或是祖母傳遞給孩童。「至於養育是子，幼則提撕之，長則訓誨之」，〔註107〕胡適在《我的母親》中提到在做人的訓練上：「我的恩師便是我的慈母」。時值咸同兵燹，太平軍入境，徽州女子受程朱理學影響頗深，「節烈」之風盛行，因此不少女子為保貞潔而自殺，如祁門倪氏之二十三世子孫「昭椋，配陳氏，同治癸亥賊入境，陳氏恐受辱，赴水死之。」〔註108〕也有如男子般與太平軍直面而死的，如黟縣文童余光榮妻節婦胡氏即「罵賊慘死」。〔註109〕還有隨夫殉難的亦不在少數。甚至有一門均殉難的，如休寧率溪程氏一門六婦與賊同歸於盡。〔註110〕戰禍中婦女多是自殺，各個年齡層均有，在《祁門紀變錄》中記載殉難婦女共為123人，除9人被害外，另外114人為自殺，有記載年歲的50歲以上50人，10歲至50歲有48人。〔註111〕這些節烈女子，咸同兵燹後多被旌表，她們是區域價值觀的堅定捍衛者，死亡讓她們得以保全忠貞，可在之後一個時間段裏，堅守傳統價值觀的女性在家庭中減少，無疑使幼童傳統價值觀的培養缺少重要的傳播者。

在兵燹中，除了傳統文化傳播者以外，徽州文化生態中技藝傳播者徽州工匠也是多缺失。如歙硯因石質溫潤瑩潔、紋理縝密，雕工精湛，造型渾樸而聞名，為上貢之佳品，可是在兵燹後，「查端陽節、年節兩貢內載歙縣承辦

〔註106〕 顧炎武：《肇域志·江南十一·徽州府》。
〔註107〕 〔清〕《婺源三田李氏宗譜》卷五十一《慈峰李母節孝余孺人七旬壽序》，光緒十一年刊本，安徽省圖書館藏。
〔註108〕 〔清〕倪望重：《祁門倪氏族譜》，光緒二年刻本，安徽省圖書館藏。
〔註109〕 〔清〕謝永泰、程鴻詔：同治《黟縣三志》卷八《人物六·殉難婦女》。
〔註110〕 〔民國〕吳承烜：《休寧率溪程氏六節婦傳序》，《錢業月刊》第七卷第二十號。
〔註111〕 〔清〕倪恕良等：《祁門紀變錄》卷三，清同治二年重刊本，安徽省圖書館藏。

歙硯、琴笥兩品，該縣自遭兵燹，所有例貢歙硯硯式被毀，工匠故絕，迭經招徠，迄無應募之人。」〔註112〕由於硯式毀損、工匠缺失，竟致無硯可上貢，技藝因此失傳。

汪士鐸在《乙丙日記》中述道：「鄉人自守其所謂理而不改……其間婦人又愚於男子，山民又愚於通途之民，惟商賈則巧滑而不爲亂，山民之讀書者不及也。」〔註113〕在其筆端謂之爲愚，可是在徽州文化生態中，這些儒生、禮生、婦女卻是區域主流價值觀大眾化的踐行者，是區域文化基因的主要攜帶者及傳播者。他們素習「四書五經」、以「忠孝節義」爲其行爲準則，婦女雖未讀書，但是也是「忠孝節義」的堅實守護者。特別清末的儒生、禮生、婦女更是深受宋明理學「存天理、滅人欲」的影響，爲了信仰舍生取義視爲身之所歸，這使得在戰亂時如此眾多的人前赴後繼，以身踐義。綜之，在傳統社會中，儒生、禮生、婦女、工匠作爲文化的創造者、傳承者，擔負著傳承傳統文化，傳播核心價值，教化百姓的職責。作爲傳統價值觀傳播的重要主體，主體缺失造成區域文化生態中價值觀乃至區域文化的傳承出現隔斷。

二、傳播載體毀損

美國文化地理學學者卡爾·奧特溫·蘇爾（（Carl Ortwin Sauer）在對文化景觀進行研究時，文化景觀是自然環境、文化傳統、技術手段合力的作用。蘇爾認爲，文化景觀既建立於自然景觀之上，卻又是不同人類文化集團活動的結果。文化景觀具有時間屬性，是一個逐漸形成的過程，在不同的時段和不同的文化集團內，形成不同的文化景觀。每一個文化景觀的發展階段，既是上一個發展階段的結果，又是下一個發展階段的開始和條件。〔註114〕因此，建築作爲典型性文化景觀，也是區域文化生態的樣本之一，其中蘊含的文化因子也是文化生態演遷的基礎。書籍更是思想傳播的重要載體。可是在兵荒馬亂中，徽州建築、書籍均遭破壞。

徽州建築文化景觀極其豐富，包括民居、村落、祠堂、牌坊、書院、橋

〔註112〕〔清〕馮煦、陳師禮：《皖政輯要》卷四十六《禮科·典禮三·呈進方物》，黃山書社 2005 年版，第 441 頁。

〔註113〕〔清〕汪士鐸：《乙丙日記》卷二。

〔註114〕鄧輝：《卡爾·蘇爾的文化生態學理論與實踐》，《地理研究》2003 年 9 月，第 625～634 頁。

樑、戲臺。其中無論是村落、民居還是牌坊無一不反映深厚的徽州文化積澱，作為實體文化符號，將區域倡導的主流價值觀、等級觀念、傳統文化通過建築表達並傳承，也反映了當時徽州工匠的技藝、徽州商人的財富、宗族的主導地位。咸同兵燹中動輒幾十戶、多則幾百戶的燒毀，使得徽州村落、民居、書院、牌坊等受損嚴重，以書院為例，徽州地區有名的書院基本上在咸同時均有毀於兵的記錄：歙縣紫陽書院、斗山書院、問政書院毀於兵；休寧的還古書院、婺源的紫陽書院、福山書院，祁門的東山書院也都是毀於兵；績溪的崎山書院、桂枝書院太平天國時房屋被毀；黟縣的碧陽書院被防軍王夢麟，駐兵院中，拆坯過半。〔註115〕載體的破損，必然影響文化的傳承。

在建築中還有一類特別的建築，即寺廟、道觀、忠祠。明清徽州文化生態中，以血緣為基礎的祖先崇拜是民間信仰的絕對主導地位，這是明清徽州宗族勢力壯大應有之義，為數眾多的祠堂是這一崇拜的映像。在前面宗族中已經提及，不贅述。但是除此之外，在徽州文化生態中還存在多種信仰，雖然許承堯說「徽俗不尚佛、老之教」，〔註116〕可是從徽州地區存在一定數量的寺觀、壇廟可看出，在徽州佛教、道教還是有一定的受眾。咸同兵燹中，太平天國革命是以天父上主皇上帝的名義進行的，太平軍在各地均有破舊立新的傳教舉動。在佔領徽州地區時，傳教固不容易，破舊卻不含糊。因此，各地的宗教性的寺觀、壇廟紛紛被毀。根據地方志記載，歙縣先農壇、厲壇、文昌宮、城隍廟、朱文公祠、昭忠祠、龍王廟、禹王廟、劉猛將軍廟等均遭兵毀。〔註117〕婺源的火神廟、縣城隍廟、關帝廟、劉猛將軍廟、萬壽寺、鳳林寺、靈山寺等被毀。〔註118〕黟縣的東山庵慈濟庵、天尊院等也都毀於兵。〔註119〕黟縣黃德華《紀賊》詩中就寫道：「賊持耶穌教，荒蔑墳典便。古人有功德，廟祀綿萬年。賊獨不矜式，一炬玉石焚。」〔註120〕績溪胡肇峰亂後遊天王寺見諸菩薩金身被粵賊毀壞有感而作：「難後重營一敝軒，五年光景未堪

〔註115〕吳景賢：《安徽書院志》，江蘇教育出版社 1995 年版，第 119～124 頁。

〔註116〕〔清〕許承堯：《歙事閒談》卷十八《歙風俗禮教考》，黃山書社 2001 年版，第 607 頁。

〔註117〕〔民國〕石國柱、樓文釗等：《歙縣志》卷二《秩祀》。

〔註118〕〔民國〕葛韻芬、江峰青：《重修婺源縣志》卷五《建置四·祀典》、《建置九·寺觀》。

〔註119〕〔清〕謝永泰、程鴻詔：同治《黟縣三志》卷十二《雜誌上·寺觀》。

〔註120〕〔清〕黃德華：《鎖兒吟》，《江浙豫皖太平天國史料選編》，江蘇人民出版社 1983 年版，第 314 頁。

言，每處梅嶺癡延坐，不忍歸家見敗園。」〔註121〕宗教場所被毀，民間信仰失去場所，一定意義上影響文化生態多元性。

實體建築之外，兵燹還毀壞了大量典籍。在自然經濟時代，傳播媒介單一，手段簡單，典籍是思想交流、文化承繼的主要渠道。明清徽州由於經濟發展、文化繁榮、刻工技藝精妙等原因，向有藏書之習，不管是以個人為主的私藏，還是以官府、書院、寺觀、宗族為主的公藏，藏品都甚為豐富。清代時有名的藏書家歙人汪梧鳳、方矯，休寧的姚葉、葉良儀，婺源的金均、潘士瀛，績溪的葛士光、黟縣的程雲翔等動輒家中藏書都是成千上萬卷。值此巨變，建築毀損，其中所藏書目更是難保，藏書、字畫多在「咸豐兵後散失，未知其有無在人間也。」〔註122〕「郡邑先哲翰墨與里鄈軼事零紙，公家既乏圖書館，即私人庋藏亦可寶貴。……洪楊之亂，徽地駐兵，散入桐城馬裒園、仁和許遭孫兩家近千餘。其遭邨夫牧豎毀棄者不可計數。」〔註123〕《歙事閒談》中對這一變化形象描繪：「僕之先世多蓄法書名畫，嘉、道以來，家道巾落，往往歸於他氏。然存者尚多。有書一樓，列幾堆積，高五六尺，多有前代古本，而不容取視。又有大小竹木篋十餘，雜貯先世冠履之屬，皆明代之物。……亂後樓中物百無一存。楹書既不能讀，又不知筍中尚有幾許名墨也。」〔註124〕私藏損失慘重，公藏也難以幸免，休寧海陽書院的藏書就盡毀於太平軍。〔註125〕除了藏書以外，不少徽人一生學術成果也在兵燹中盡毀，「當賊勢猖狂之際，吾邑書籍焚棄殆盡」，績溪的枕泉公「歷二十載匯經數易，最後釐為三十二卷。咸豐間已錄諸板，適粵匪竄績溪，先生殉難，板亦被毀。」〔註126〕以婺源為例，因婺源本為朱子故里，研經之風氣較其他幾邑要盛，故損失也大，「胡起交……悉遵家禮，著四書解義若干卷餘，經

〔註121〕 胡在渭：《徽難哀音》《績溪人胡肇峰亂後書懷斷句·回鄉偶書》，民國十二年油印本，安徽省圖書館藏。
〔註122〕 〔清〕許承堯：《歙事閒談》卷三《鄭慕倩畫蘭冊》，黃山書社2001年版，第95頁。
〔註123〕 黃賓虹：《黃賓虹文集（書信編）》，《與許承堯》，上海書畫出版社1999年版，第165頁。
〔註124〕 〔清〕許承堯：《歙事閒談》卷二十《咸豐前歙人收藏之富》，黃山書社2001年版，第708頁。
〔註125〕 吳景賢：《安徽書院志》，江蘇教育出版社1995年版，第119頁。
〔註126〕 〔清〕胡培系：《績溪胡氏所著書目》，清光緒十年世澤樓刊本，安徽省圖書館藏。

兵燹散失」，「詹兄藏……著有四書解鈔西麓山房文集，兵燹後惟解鈔尚存」。〔註127〕「金丙照……著作多毀於兵，僅存學庸集義二卷」，「俞秀甲……晚年考訂禮書綱目，書成，遭兵，散失大半，士林惜之」，「俞熿……著有博聞雜錄毀於兵」，「張道昌……讀書數十年，寒暑無間，里人罕見其面，著作多散逸，其存者又遭兵，士林惜之。」〔註128〕又如「汪清貢生、江灣人……著有勾股韻學及其裒拾墜諸書，因屋經兵燹，遺稿無存。」〔註129〕一生心血毀於戰亂，於個人、社會都是極大的損失。

　　無論建築還是典籍，在兵燹中大量毀損，文化載體的缺失對於徽州文化生態的多樣性以及文化傳承而言都是難以彌補的破壞。

三、社會風氣惡化

　　戰爭中人口、經濟日漸蕭條，賭風卻日盛，嚴重侵蝕社會風氣。徽州本土賭博之風自明中後期以後日盛，在宗族和政府的管理下有所控制。可是「咸豐八年戊午，時閩中花會之禍，大熾於新安。俗稱之曰花燈鼓，家喻戶曉。」〔註130〕花燈會這樣的賭博形式之所以能夠在兵燹時成氣候，全係吳定洲其人。吳定洲本於「道光季年，與其徒為花會之戲，有眾數千，府公率兵役親往擒之，置於獄，而遣其眾。」及至咸同兵燹，一時無人，「諸生言於府公曰：『徽人志氣不齊，又不習戰鬥，無帥之者，莫可使也。必得眾心如吳定洲者，誠貰其罪，使招其舊眾，旬日可數千人，且不費公家之餉。』府公即破械出之獄中，延為上賓。定洲亦感激用命。其黨皆聞風就募。」〔註131〕本意是要吳定洲招募舊黨協力護徽，可是其「不守要隘，而駐祁，黟之市鎮，終日四出，姦淫擄掠，無所不至。又復到處廣開花會，以誘愚民。花會向為休、歙之毒，今更移毒黟、祁。黟、祁之人，始受賊害，今受勇害，又受各勇開花會之害。」〔註132〕「然獲利者十不一見，而破家亡身者往往而有，

〔註127〕〔民國〕葛韻芬、江峰青：《重修婺源縣志》卷三十五《人物八・文苑二》。
〔註128〕〔民國〕葛韻芬、江峰青：《重修婺源縣志》卷三十六《人物・簧彥》。
〔註129〕〔清〕《婺源縣采輯》《義行》，清鈔本，安徽省圖書館藏。
〔註130〕〔清〕許承堯：《歙事閒談》卷三十一《花燈鼓》，黃山書社 2001 年版，第1117 頁。
〔註131〕〔清〕許承堯：《歙事閒談》卷十九《黃次蓀〈鳳山筆記〉》，黃山書社 2001年版，第 638 頁。
〔註132〕〔清〕王茂蔭：《王侍郎奏議》《徽州續捐局擾害折（咸豐四年六月十三日）》，上海古籍出版社 1995 年版，第 109 頁。

徽有俗諺「福建刀兵響，徽寧做戰場」有人曰「此即福建刀兵」，〔註133〕「賊滅無時，民力有盡，遂使外寇不至，而民已有不聊生之勢。」〔註134〕

除此之外，太平天國在徽州六邑均建立過鄉官政權的郡、縣，〔註135〕因此太平軍的一些政策措施也在徽州地區施行，如「禁頭變服」，也就是蓄髮留鬚，回歸漢體，結果時隔不久，在徽州「各屬土匪蓄鬢髮」，到1856年，「雖深山僻壤，髮無不蓄者」。〔註136〕雖是個人鬚髮，卻事關道統，是個人對清政府還是太平天國政府統治認可的表態，堅持不蓄髮的甚至被殺。

戰亂對社會的破壞性不言而喻，徽州在咸同兵燹時，人口、經濟及社會風氣等方方面面都受重創，社會人口銳減，路上只見屍體不見人的慘況時有記載，區域經濟及徽商資本被太平軍與湘軍雙向劫掠，損失慘重，社會風氣由於社會動盪也惡化。當徽州社會切實遭到重創之時，文化生態系統的運行被中斷，原有的動態平衡被打破，面臨失衡的局面。

小 結

晚清以降，第一次鴉片戰爭以慘烈的形式將中國捲入世界體系中，此後國門洞開，器物、技術、制度、思想上也受到前所未有的衝擊，國家文化生態平衡被打破。國家的經濟結構、政治制度、思想觀念都受到衝擊。南京條約的簽訂，通商口岸的開放，中國被裹挾進世界發展洪流中，封閉的小農經濟模式向多種經濟形式並重的方向發展。突變不僅使國家文化生態失衡，種種變化也都一一映像到下層區域文化生態中，產生聯動反應。

徽州文化生態自明弘治以來，呈現動態平衡，其間雖有異動，對系統運行沒有產生根本性的破壞，因此區域社會持續發展，取得顯著成就。晚清伊始，國家文化生態失衡的影響尚未波及至徽州區域。但是自咸豐四年太平軍進入祁門開始，此後十多年的時間徽州一直籠罩在戰爭的陰霾中無法脫身。對徽州文化生態的影響深遠。個體是文化生態最基礎的因素，人口的銳減動搖了整個系統的基礎。同時由個體構成的宗族也出現組織架構不穩，凝聚

〔註133〕胡在渭：《徽難哀音》，民國十二年油印本，安徽省圖書館藏。
〔註134〕〔清〕王茂陰：《王侍郎奏議》,《徽州續捐局擾害折（咸豐四年六月十三日）》，上海古籍出版社1995年版，第109頁。
〔註135〕徐川一：《太平天國安徽省史稿》，安徽人民出版社1991年版，第93頁。
〔註136〕徐川一：《太平天國安徽省史稿》，安徽人民出版社1991年版，第164~165頁。

力、向心力削弱等問題，宗族是徽州文化生態系統運轉的主要組織者和管理者，並且承擔對個體價值認定的重任，宗族勢力在戰爭中被削弱必然影響到對社會的管理。同時，戰爭造成的人口銳減，使得其中承擔文化傳播職責的儒生、禮生及婦女在文化傳承中的缺位，再加上對建築等文化載體的毀損，使得文化生態系統本應具有的遺傳性、多樣性都受到不同程度的隔斷。因此兵燹直接導致徽州文化生態失衡，並且為文化生態下一步演遷增加不確定性。再加上與徽州文化生態關係密切的國家及江浙文化生態發生巨變，使得徽州文化生態在晚清的嬗變更為複雜。

第三章　農商並重的生計文化

　　晚清中國遭遇「千年未有之大變局」，國家文化生態系統相應開啓新一輪的演遷，是一個吐故納新過程。徽州文化生態在此大背景下，因其與外圍文化生態的緊密關係，亦難孑立。兵燹造成的人口銳減改變徽州文化生態構建的原有基石，這一轉變，是否對個體的行爲尤其是謀生方式選擇產生影響，進而對儒賈結合的生計文化有何影響是本章討論的重點。

第一節　生計文化之基礎

　　晚清以前文化生態的構建中人地關係是至爲重要的一環，時至晚清，咸同兵燹造成的人口減員影響人地關係，而人地關係影響晚清徽州生計文化發展方向。

一、人口增長緩慢

　　徽州人口自「洪楊之亂，吾徽受禍最醅。以歙一縣計之，人口損十之七八，廬舍損十之六七。……至今創夷未復，父老言及，猶流涕吞聲。」〔註1〕晚清人口數據根據第二章的推算，咸同時徽州人口大約爲 78 萬人左右，經幾十年的時間，至光緒三十年據《皖政輯要》記載，時徽州土著人口爲738875，寄籍 90191，總人口爲 829066。〔註2〕及至到民國十七年（1928 年），

〔註1〕〔清〕許承堯：《歙事閒談》卷四《宋夢蘭》，黃山書社 2001 年版，第 129 頁。
〔註2〕〔清〕馮煦、陳師禮：《皖政輯要》卷十五《戶籍‧土著‧寄籍》，黃山書社 2005 年版，第 126 頁。

人口才有一定數量的增加，總人口統計爲 984355。〔註 3〕

圖 3-1　徽州清中葉至民國人口走勢圖

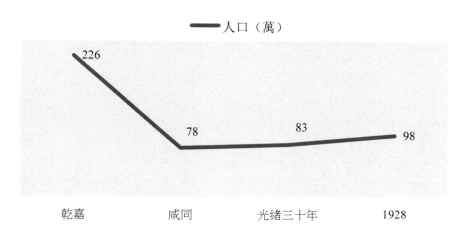

—— 人口（萬）

226　　　　　78　　　　83　　　　98

乾嘉　　　　　咸同　　　　光緒三十年　　　　1928

　　自咸同以來，雖在其後幾十年時間中，徽州再無大的兵戈戰事，但是人口數量至清末增長速度不快。如果只統計土著人口的話徽州人口爲負增長，即便加上客民，徽州 1862 年至 1904 年的人口平均年增長率也僅爲 1.5‰，遠遠低於同時期全國人口 6.6‰ 的年均增長率。〔註 4〕及至到民國十七年（1928 年）人口統計爲 984355 人，以光緒三十年爲基礎其年均增長率爲 7.2‰，低於乾嘉鼎盛年間人口約 10‰ 的增長率。六邑中各邑人口增長快慢不均，宣統二年婺源統計人口爲 217943 人，〔註 5〕比光緒三十年時增長約 67000 人左右，年均增長率爲 6.53‰；歙縣在民國二十年統計總人數 282638 人，〔註 6〕雖較清末的 194800 人增長不少，不過年均增長率僅爲 1.34‰；黟縣民國十四年時人口約 8 萬，〔註 7〕較光緒三十年年均增長 3.77‰；而休寧則是「住民戶口鮮有增加……迄至今日（1934 年）尚不及明清兩代之數。」

〔註 3〕　安徽省徽州地區地方志編纂委員會：《徽州地方簡志》十三《社會·人口》，
　　　　黃山書社 1989 年版，第 464 頁。
〔註 4〕　駱毅：《清朝人口數字的再估算》，《經濟科學》1998 第 6 期，第 120～128 頁。
〔註 5〕　〔清〕劉汝驥：《陶甓公牘》卷三《戶科·婺源縣魏令正泓申送覆查戶口數總
　　　　表批》。
〔註 6〕　國民黨政府建設委員會經濟調查所：《中國經濟志（安徽省歙縣休寧）》，該所
　　　　1935 年刊，歙縣第 5～9 頁。
〔註 7〕　〔民國〕胡存慶：《黟縣鄉土地理》，民國十四年鉛印本，安徽省圖書館藏。

民國二十六年的休寧戶口調查的人數是 173096 人，〔註 8〕確實較清末 161500 增長不多。晚清徽州人口一直增長乏力，較乾嘉鼎盛時期人口相去甚遠。一般而言，如無大的如瘟疫、戰禍、天災等不可抗力，人口生產 30 年為一世，咸同至清末 60 年的時間中人口增長緩慢，其後人口增長率有一定回升，不僅遠沒達到清中葉增長速度，也比不上同期中國的人口增長率。民國《歙縣志》中分析人口增長緩慢原因主要是：「因生計關係遷徙、死亡，戶口有減無增」，〔註 9〕這個說法反映一部分原因，同時，徽州晚清人口增長乏力還有兩個因素需要考慮：

（一）徽人身體素質低下影響人口生產

　　晚清徽州婚娶趨勢影響人口體質及增長數量。六邑普遍婚齡偏低，徽州「粵匪而後，戶口凋零，家家俱望添丁，婚嫁年齡較早，久而沿為習慣。」〔註 10〕歙縣「富民饒於貲則婚嫁早，往往在弱冠前」，〔註 11〕休寧「古者男子三十而娶，女人二十而嫁。今不能援是例也，⋯⋯大率以女年十六，男年二十左右為率」，〔註 12〕婺源「就婺邑經緯度及社會情狀計，婚嫁年齡，男子應以廿四五歲，女子應以二十歲為適當，乃鄉俗聯姻多尚同齒婚嫁，期在十七八歲為多」，〔註 13〕祁門「富厚之家，往往男未及冠，女未及笄，即議婚嫁」，〔註 14〕黟縣「男子三十而娶，女子二十而嫁，今黟俗男女婚嫁皆在十七八歲。」〔註 15〕從清末的統計看，六邑婚齡基本都較之以往提前。還未成年即結婚生子，易導致後代「筋力未強，疾病叢生」，〔註 16〕且「癆瘵病多，人種日弱」，〔註 17〕影響人口質量，非長久之計。故清末民國初有的宗族特規定不宜早婚，「古者男子三十而娶，女子二十而嫁，近世嫁娶多早，此中有關男女壽夭及子孫體氣之強弱，現律亦有早婚之禁，願我族人各體此

〔註 8〕　國民黨政府建設委員會經濟調查所：《中國經濟志（安徽省歙縣休寧）》，該所 1935 年刊，休寧第 7 頁。
〔註 9〕　〔民國〕石國柱、樓文釗等：《歙縣志》卷三《食貨·賦役》。
〔註 10〕　〔清〕劉汝驥：《陶甓公牘》卷十二《法制科·績溪民情之習慣·婚嫁之年齡》。
〔註 11〕　〔清〕劉汝驥：《陶甓公牘》卷十二《法制科·歙縣民情之習慣·婚嫁之年齡》。
〔註 12〕　〔清〕劉汝驥：《陶甓公牘》卷十二《法制科·休寧民情之習慣·婚嫁之年齡》。
〔註 13〕　〔清〕劉汝驥：《陶甓公牘》卷十二《法制科·婺源民情之習慣·婚嫁之年齡》。
〔註 14〕　〔清〕劉汝驥：《陶甓公牘》卷十二《法制科·祁門民情之習慣·婚嫁之年齡》。
〔註 15〕　〔清〕劉汝驥：《陶甓公牘》卷十二《法制科·黟縣民情之習慣·婚嫁之年齡》。
〔註 16〕　〔清〕劉汝驥：《陶甓公牘》卷十二《法制科·祁門民情之習慣·婚嫁之年齡》。
〔註 17〕　〔清〕劉汝驥：《陶甓公牘》卷十二《法制科·績溪民情之習慣·婚嫁之年齡》。

意斟酌適中行之。」〔註 18〕「子弟年二十至三十，爲家長者方可與畢婚。」
〔註 19〕

在徽州婚娶中嫌貧愛富的情況越演越烈，歙縣婚嫁年齡調查時，「貧者遲至二三十歲不等」，婺源則「鄉曲貧民年逾三十，配偶未諧者又在在皆有。」特別是晚清鴉片流毒使上癮者幾乎窮全家之財來吸鴉片，這樣的家庭在嫁娶市場上格外處於劣勢，在婚嫁中無人願嫁，「吸煙懶作之孤壯，無村蔑有，老大徒傷之。」〔註 20〕貧者晚婚甚至不婚，使得「由經濟困難，其果將使戶口消滅」〔註 21〕的局面出現，影響人口增長速度。徽州婚嫁中的早婚、晚婚、不婚現象影響人口質量及數量。

如果說婚娶模式對人口質量和數量的影響還不普遍的話，晚清鴉片之流毒，對人口身體素質及後代延續的影響不言而喻「今日又興鴉片仗，殺人如草不聞聲」「耗財耗民兼耗國」。〔註 22〕更何況「徽人出外經商，傳染內地，鴉片未除，紙煙又至，嗎啡紅藥流毒愈深」，〔註 23〕與外界的緊密關係，方便鴉片、紙煙等對人身健康危害且極容易上癮的物品流入徽州本土，造成「徽俗不論貧富，吃煙者十人而六七，面黧骨削，舉目皆是」的惡果。〔註 24〕「婺人嗜之者亦多，自士夫以及負販細民已然成癖，雖窮僻山居，無他市肆，而煙僚隨在皆有。」〔註 25〕歙縣「地方開設鴉片煙館最易藏污納垢，而無知愚民日往購食，漸至上癮成疾，失業廢時。壯者或流而爲匪，弱者且因而斃命，是煙館之爲害實有罄筆所不能書。」〔註 26〕績溪上莊村在太平天國後剩餘的丁口不過 1200 人左右，根據《胡適口述自傳》的記載，劫後餘生的人中，竟有 200 人染有煙癖，「鴉片鬼的墮落，實有甚於一般游手好閒的懶漢。他

〔註 18〕 〔民國〕李則綱：《黟縣鶴山李氏宗譜》卷末《家典·鶴山李氏家典序》，1917年刊本，安徽省圖書館藏。

〔註 19〕 〔清〕《婺源三田李氏宗譜》《家規》，光緒十一年刊本，安徽省圖書館藏。

〔註 20〕 〔清〕劉汝驥：《陶甓公牘》卷十二《法制科·休寧民情之習慣·婚嫁之年齡》。

〔註 21〕 〔清〕劉汝驥：《陶甓公牘》卷十二《法制科·婺源民情之習慣·婚嫁之年齡》。

〔註 22〕 《鴉片戰恨洋煙之害人也》，《安徽俗話報》第二期，光緒三十年三月十五日發行。

〔註 23〕 〔民國〕《徽州鄉土地理》第二章《人文地理·風俗》，民國十一年油印本，安徽省圖書館藏。

〔註 24〕 〔清〕劉汝驥：《陶甓公牘》卷十《稟詳·徽州府稟地方情形文》。

〔註 25〕 〔清〕董鍾琪等：《婺源鄉土志》第六章《風俗》，光緒三十四年木活字本，安徽省圖書館藏。

〔註 26〕 《光緒二十四年歙縣縣衙準開煙館印照》，《千年契約文書》第三卷，花山文藝出版社 1994 年版，第 317 頁。

們終年耕耘所獲，還不足以償付煙債」。〔註27〕官府雖然採取相應禁煙措施，如減價售藥，限期戒煙等，可是傚果甚微，「有嗜好者帖然如故也」。〔註28〕而且吸食者就算戒絕，「能力之驟長非生聚十年，邑之元氣何由復也。」〔註29〕因此汪開宗認爲「吾國生計問題種種受外人腚削，而腚削之最酷者，莫如鴉片，其他洋貨不過攫吾財而已，鴉片則並吾民生產力。」〔註30〕這一生產力不僅是物質生產，還包括人口生產。

（二）人口流動對徽州人口數量的影響

晚清徽州人口數量從數據上看變動不大，相對凝固。在實際社會生活中，晚清徽州人口流動頻繁。人口流動使得我們在考慮徽州人地關係的時候，需要考察究竟常住徽州的人口有多少。目前數據所反映的徽州人口土著約 73 萬，客民 10 萬左右，但實際上常住徽州人口應該是少於 83 萬。

徽州經歷過咸同兵燹後，人口損失慘重，農業凋敝。「同治八年（1869），兵災、瘟疫後，縣境人煙稀疏，田地荒廢。官方進行田畝插簽登記，剔荒徵熟，誰插簽，誰完稅，歸誰所有，全縣插簽田不到一萬畝。」〔註31〕農業直接影響到政府的財政收入，人口的突變使得政府只有通過招徠外來人口塡補缺額。同治初年，安徽巡撫唐訓方發佈「興辦市墾告示，」〔註32〕招徠客民、開荒屯墾。規定對墾民三年後徵收正租，「召籍外之民墾植，議三年獲不責納。」〔註33〕於是外籍客民湧入，至清光緒三十年，在徽州謀食的客民有 90191 人。〔註34〕

一方面是流入之客民，另一方面則是土著流出。晚清徽人旅外人數不

〔註27〕 胡適、唐德剛：《胡適口述自傳》，華東師範大學出版社 1993 年版，第 11 頁。

〔註28〕 〔清〕劉汝驥：《陶甄公牘》卷十二《法制科·績溪民情之習慣·績溪紳士辦事之習慣》。

〔註29〕 〔清〕劉汝驥：《陶甄公牘》卷十二《法制科·婺源民情之習慣·生產者不生產者之分數》。

〔註30〕 〔清〕劉汝驥：《陶甄公牘》卷十二《法制科·婺源民情之習慣·生產者不生產者之分數》。

〔註31〕 績溪縣地方志編纂委員會：《績溪縣志》《大事記》，黃山書社 1998 年版，第 20 頁。

〔註32〕 李文治：《中國近代農業史資料》第一輯，三聯書店 1957 年版，第 849～850 頁。

〔註33〕 〔民國〕吳克俊、許復等：《黟縣四志》卷九《政事志·田地》。

〔註34〕 〔清〕馮煦、陳師禮：《皖政輯要》卷十五《戶籍·土著·寄籍》，黃山書社 2005 年版，第 126 頁。

少，有外出經商幾年一歸的，有避禍他鄉的，黟縣「中部西南部，村落棋布，今則小小村居，遷徙逃亡，亦復不少矣。」〔註35〕對於徽州到外地經商的人口很難有一個確切的統計，現以休寧爲例做一估算：筆者現有一份 1928 年左右的休寧戶口調查，其中男 100488 人，女 83211 人，總計 183699 人，其中十五歲以下男女 54241 人，〔註36〕其中男女比例約爲 1.2：1，可約估算在十五歲以下的男子約有 29671，占男子數量的 30%左右，因在二十年間人口的男女比例以及年齡構成無重大事故不會發生特別大的變化，故將上述比例用於 1904 年統計的休寧人口中。1904 年休寧縣男子 86333 人，女子 75237 人，總計 161570 人，〔註37〕則十五歲以上男子約爲 60433 人。徽俗是十三四歲往外一丟，成年男子十之七八流域在外經商，至宣統元年，「就今日而論，北鄉之龍源、北山、東鄉之十五六，八都南鄉之臨溪及高梘以上諸族大半商於漢口，或來年一歸，或隔二三年一歸，視水陸之遠近而定。」〔註38〕可估算在晚清「捨田土荒蕪」亦要外出經商的休寧人約爲一半左右，即晚清休寧約有 30217 多的人口外出經商，一年或幾年才回來一次，占休寧總人口數的 18%。以此類推，光緒三十年徽州土著人口爲 738875，其 18%爲 132998 人，但是休寧在晚清是徽州經商風氣盛的縣，祁門同期外出經商的才十之二，〔註39〕因此綜合下來，估算晚清徽州流出人口約爲 10 萬人左右，與流入徽州的客民人數大致相當。因此總的看來徽州常住人口其實與數據統計土著人口數量約等，故筆者在談到徽州人口時多採用的是 738875 這一數據。

總之，晚清徽州人口一方面由於婚齡小、鴉片流毒等原因，造成人口增長緩慢。在對晚清徽州文化生態探究時，特別是考察人地關係時，統計常住徽州的人口數更爲客觀。數據記載土著 73 萬人，這其中有部分常年不在徽州，除了 73 萬人以外，徽州本土還有近十萬人的客民在徽州謀食，外出經商的徽州土著與寄籍客戶人數基本持平，因此，流域於外的徽人與流入徽州的客民基本持平，實際在徽州本土生活的人口數粗估爲 73 萬人。在徽州本土占七分

〔註35〕〔民國〕胡存慶：《黟縣鄉土地理》，民國十四年鉛印本，安徽省圖書館藏。

〔註36〕《國內經濟休寧戶口調查》，《銀行月刊》第八卷，第 4 頁。

〔註37〕〔清〕馮煦、陳師禮：《皖政輯要》卷十五《戶籍・土著・寄籍》，黃山書社 2005 年版，第 126 頁。

〔註38〕〔清〕劉汝驥：《陶甓公牘》卷十二《法制科・休寧民情之習慣・住居之流動固定》。

〔註39〕〔清〕劉汝驥：《陶甓公牘》卷十二《法制科・祁門民情之習慣・職業趨重之點》。

之一的人口爲外來客民，這是晚清徽州文化生態演遷中所不容忽視的。

二、人地關係緩解

在明清徽州文化生態中，徽人的行爲選擇、宗族的發展、主流價值觀的構建都根植於徽州人多地少的自然人文條件，這可以說是明清徽州文化生態構建的基石。進入晚清，由於咸同兵燹，徽州人口發生劇烈變動，因此在對晚清徽州文化生態深究時有必要對晚清徽州人地關係做一分析。

晚清徽州自然生態環境相對來說處於一個較爲穩定的階段，有數據顯示，1812 至 1923 年 110 年間有記載的水旱災害僅 59 次，〔註40〕是 1479 年以來每 110 年爲一個單位比較，水旱災害次數最少的一個時間段，平均每十年發生 5～6 次。因此徽州耕地面積晚清時期與乾嘉道相差無幾，都是 2055973 畝。在農業社會中，人口與土地的比例作爲衡量普通生活的「溫飽常數」，以此判斷人口問題，清代這一比例大致定爲 1：4，即人均四畝土地方可維持生計，南方自然條件優越，至少人均三畝土地可維持生計。〔註41〕按照劉和惠的統計，明洪武四年時徽州人均耕地爲 2.75 畝，明中葉人均耕地爲 2.6 畝，清道光時人均耕地降爲 1 畝。〔註42〕均低於學者認爲的至少要三畝才可維持生計的水平。及至晚清，我們再來看看這一數據是否有變化：

表 3-1　晚清徽州六邑人均耕地數〔註43〕

	歙縣	休寧	績溪	婺源	黟縣	祁門	總計
耕地（畝）	490618	480296	203850	503099	164049	214059	2055973
人口	194857	161570	86865	149155	38607	107821	738875
平均（畝）	2.51	2.97	2.34	3.37	4.24	1.98	2.78

從表 3-1 統計看，晚清徽州總體人均耕地面積基本與明初持平，較清道

〔註40〕吳媛媛：《明清徽州水旱災害研究》，《安徽史學》2008 年第 4 期，第 87 頁。
〔註41〕羅爾綱：《太平天國革命前的人口壓迫問題》，載《中國社會經濟史集刊》第 8 卷第 1 期，國立中央研究院社會研究所 1949 年版。戴逸：《簡明清史》第二冊，中國人民大學出版社 2006 年版，第 347－348 頁。
〔註42〕劉和惠、汪慶元：《徽州土地關係》，安徽人民出版社 2005 年版，第 38 頁。
〔註43〕〔清〕馮煦、陳師禮：《皖政輯要》卷二十二《度支科·田賦·田額》，卷十五《民政科·戶籍》，黃山書社 2005 年版，第 176 頁、第 126 頁。注：清制一頃爲 100 畝。在人口數量統計中，如上分析，徽州人口流出與流入的大致持平，故總人口數量採用的是徽州土著數量計算。

光人均一畝的耕地面積而言是成倍增長。其中休寧、婺源、黟縣三邑人均耕地數接近可以維繫生計的人均 3 畝的水平，應該說就耕地面積而言徽州人地關係得到極大緩解。而且農戶實際種植的土地數，應大於耕地面積。民國歙縣統計數據中，論及這一情況：「耕地分配全縣耕地，荒熟共計四十九萬零六百十八畝，若以農戶四萬七千八百餘戶計算，平均每戶約有耕地十畝零。故以現有耕地計算，農民所有耕地，實不充裕。但事實農民除統計上所有耕地外，其已開墾無糧者，不知多少，林山茶地之無稅捐者，又不知若干。故農民所得耕地雖少，但山地則三四倍之。」〔註44〕這一說法有一定代表性，如祁門，雖然人均土地較少，可實際上祁門務農的有十之五，大部分是在山地種植茶葉，而山地面積是沒有統計入上面耕地面積中的。因此徽州實際利用的土地面積應該比統計為多，人均土地量應該再高一些。

「徽州六邑人煙稠密，兵燹以前瘠土山地皆墾種雜糧，無所謂荒產。」隨著人口的減少，原先人多地少的局面有很大程度的緩解，因此在耕種時農戶對土地也有了選擇，貧瘠的地棄之不耕，肥沃的則不問出處的去耕種。「庚申之難死亡過半，以致山塢高埠瘠土田地，歙邑東西兩鄉蕪者不少，他縣諒亦有之……至今四十年，生齒日繁，民情日惰，有水澆灌良田均已墾種成熟，山塢高埠瘠薄田地仍有荒蕪，無人過問」，荒山亦無人去植樹「兵燹之後，無樹木荒山十居三四，其故因山主離山業遠，難以照應，左近游手好閒之人偷竊盜砍不能興養成林，倘捕獲人贓，本可送官究治，小民不敢入公門多事，致竊犯明目張膽盜砍光山而後已，僻地深山彼此各有山場，公同禁約或者無人盜砍，而城鎮大路十數里遼近，荒山最多，本會擬相助山主憑該管捕保稟明立案公同禁約。」〔註45〕

綜上，晚清徽州由於人口驟然減少近三分之二，造成大量的土地拋荒，政府雖然招徠客民增加勞動力，但是客民與徽人中外出經商的人相差不多，幾可相抵，在這樣的背景下，徽州人地關係有極大改善，人均 2.78 畝的水平已恢復至明初的水平。農戶也因此對所耕地有所選擇，至清末，仍有一些熟地撂荒，瘠薄的山地無人種植。整體看來，與明清文化生態構建息息相關的人地關係有一定的改善，由於原有文化生態系統在兵燹中失衡，晚清文化生

〔註44〕 國民黨政府建設委員會經濟調查所：《中國經濟志（安徽省歙縣休寧）》，該所
　　　　1935 年刊，歙縣第 49 頁。
〔註45〕 〔清〕程方壺：《徽州勸興農務支會啓》，安徽省圖書館藏。

態構建中人地關係的改善，首先會對個體產生直接影響，進而影響到徽州文化生態中生計文化。

第二節　農商並重之趨勢

晚清徽州地理環境相對平穩，兵燹造成的人口銳減客觀上改善了人地緊張的局面。明清時期徽人外出經商最原始的動力就是由於人多地少，不外出無法生存，這一局面的改善，直接對個體產生影響，具體的反映就是個體的謀生選擇，當大多數人都做類似的選擇是就形成群體生計文化，在此基礎上，才有衍生的制度文化、價值體系等。對晚清徽州個體謀生方式考察時，主要集中在徽人的「四業」選擇上。〔註46〕

一、六邑擇業總覽

「四業」選擇晚清六邑徽人從事的職業在晚清徽州知府劉汝驥的六縣民情調查中留下了寶貴的資料，如下表：

表 3-2　六邑徽人擇業一覽表

	晚　清〔註47〕		明至清中期	
	生產者、不生產者之分數	職業趨重之點	風　俗	出　處
歙縣	歙除東鄉民氣未復外，以南鄉為最勤，北鄉次之，西鄉又次之。南鄉多山而少田，苞蘆、漆、茶菊、珠蘭花出數頗多，胼胝作苦，婦女且	歙民向以讀書為榮，以當兵為恥，又輕農而重商，商業昔以鹽典為大宗，近則以茶業為命脈，此外鄉人	田少民稠，商賈居十之七。	民國《歙縣志》卷一《風土》

〔註46〕　注：晚清劇烈的社會變動，社會流動加速，新興職業興起，傳統四民身份等級逐漸被具有近代意義的職業功能結構所取代，有學者認為用市民群體取代，分為商人資本家、知識界群體、工人群體、無業者（鄭大華、彭定一：《社會結構變遷與近代文化轉型》，四川人民出版社 2008 年版，第 355 頁。李明偉：《清末民初中國城市社會階層研究》，社會科學文獻出版社 2005 年版，第 529 頁。本文中仍延續四民之身份劃分，一方面新興職業劃分多是在 20 世紀初以後地方志及文獻中出現，之前的文獻中鮮有記載，尤其在徽州文獻中亦不多見，因此採用傳統的四民之職業選擇。另一方面徽州晚清以來新興經濟無大的發展，新興職業雖有出現，但不形成社會主流，因此徽人之職業選擇多集中在「四業」範圍內，故無採用新界定之需要。

〔註47〕　〔清〕劉汝驥：《陶甓公牘》卷十二《法制科·六邑民情調查》。

	然，矧在男子，故無曠土、無閒民。北鄉茶梨稱是，西鄉則捨禾稼少生活，故荒田隙地視他處爲多，合一邑平均計之生產者什之八，不生產者什之二。	服田力穡，有唐宋之遺風焉。		
休寧	大河濱西門頭約有數百輩白役乞者之散居，一不生產者類也，如打腳肚東西行約有數百輩……以三十三都之民而默爲估量，於是命曰不生產者十分之一。	屯溪、率口、黎陽、陽湖一市茶之區也，朱明節屆男婦壯幼業此者以數萬計，……此外經商遠出者白嶽浙江。	民鮮力田而多貨殖。	道光《休寧縣志》卷一《疆域·風俗》
婺源	地既不便交通，民又無大資本，生計蕭條，人浮於事，就表面計之生產者十之八，就裏面察之能完全其生產力者不過八分之三。	婺自朱子後政界學界代有偉人，鄉人榮之，生子皆欲讀書，必不堪造就者始遣之從事商途，若農若工則更厭棄鄙夷。	不善服賈，十家之村，不廢誦讀，士多食貧，不得已爲里塾師，資束脩以自給。	光緒《婺源縣志》卷三《疆域六·風俗》
祁門	城一都東鄉居民大率以經商爲生產，西南北各鄉居民大率以種植爲生產，就一邑而統計之爲士者約十分之一，爲工商者約十分之二，爲農者約十分之五，其不生產者約及二分。	祁田高亢，快牛利剡不得用，歲入甚薄，粉蕨葛佐食，故鄉民趨重在農，天將曙，舉家爨火致力於山場。	農者十之三……他則行賈四方，恃子錢爲恆產。	同治《祁門縣志》卷五《輿地志·風俗》
黟縣	黟民耐勞苦，善聚積，其地素鮮游民。	黟多山，田土剛不化，農人終歲勤劬供不給求，故商重於農，男子自髫齡時即出外學商，其經商各埠者頗能占優勝地位。	自古以來，俗重貿易，男子成童，即服賈四方，視農工爲賤業，勞力而不可謀積蓄。	民國《黟縣鄉土地理》
績溪	生產者約十分之三，不生產者約十分之七，故生計日即於貧，父母愛惜男女，視若掌珍，孩提時既無家庭教育，長謀職業輒廢半途，於是不士不商不工不農之人，無所事事，漸趨於煙賭兩途，此吾績內容也。	除無職業者若干人，農約三十，商約三十，士約一十，工則百分中不過數人焉。從前業工藝者最多，今則他邑之縫工木工竹工磚工及種種工匠轉謀衣食於績。	農居什之八九……而田疇不逮於婺源，貿遷不逮於歙休。	嘉慶《績溪縣志》卷一《風俗》

由表 3-2 可見，絕大多數徽人辛苦謀食。雖然說「編查戶口法未實行生產者與不生產者之分數，從何而定就？」〔註48〕但是按照傳統只要不是從事娼、優、隸、卒、丐等賤業，不閒遊，亦都可算是生產者。從六邑情況看來，黟縣人最爲勤勞；歙縣、休寧、祁門中除了十之一二以外，也都能各謀其事；婺源、績溪在調查中被認爲人浮於事，生產者才爲十分之三左右。婺源因是朱子故里，明清即「不善服賈，十家之村，不廢誦讀，士多食貧，不得已爲里塾師，資束脩以自給。」〔註49〕但在晚清「求富、自強」的背景中，新式學堂的開辦，讀書人空有滿腹經綸，尤顯無用，所以才會建議「令讀書者皆捨空文而注重實業」，〔註50〕故而在這樣的統計者眼中，生產者僅爲十之三也就可以理解。績溪則歸因於教育不當造成大量無業游民，煙、賭盛行，民無鬥志，另外還指出績溪兵燹後工匠缺乏，「商無工則運動皆生，貨農無工則植物無熟貨，績人未明其理，故所趨在商而店鋪時聞倒閉，所重在農而田畝半即荒蕪，是其弊不在無商無農而在無工。」〔註51〕無工造成商、農不興，才使得生產者較少。

六邑執業側重不同。歙縣明清時「田少民稠，商賈居十之七」，〔註52〕輕農重商，隨著道光鹽法改革後，鹽業經營的壟斷權漸失，再加上太平天國的影響，鹽商日衰。晚清以來歙人主要圍繞茶葉的種植及貿易爲主，歙之南鄉、北鄉勤於稼穡，往日輕農的局面有所改善。明清休寧以商業爲主，晚清亦基本沿襲，在本土的多是通過洋莊來進行茶葉貿易，亦有不少外出貿易；農、工幾乎不事，「直視同傳舍田土荒蕪，既讓安慶人以入墾矣，工匠缺乏又召江西人以伐木燒炭矣。」〔註53〕通過招徠客民爲工、爲農以塡補地方本土人士的外流。婺源除了經營木材與茶葉以外，爲農爲塾師是其主要方式。祁門明清時「農者十之三……他則行賈四方，恃子錢爲恆產」，〔註54〕晚清

〔註48〕〔清〕劉汝驥：《陶甓公牘》卷十二《法制科‧休寧民情之習慣‧生產與不生產者數》。

〔註49〕〔清〕吳鶚、汪正元：光緒《婺源縣志》卷三《疆域六‧風俗》。

〔註50〕〔清〕劉汝驥：《陶甓公牘》卷十二《法制科‧婺源民情之習慣‧職業趨重之點》。

〔註51〕〔清〕劉汝驥：《陶甓公牘》卷十二《法制科‧績溪民情之習慣‧職業趨重之點》。

〔註52〕〔民國〕石國柱、樓文釗：《歙縣志》卷一《風土》。

〔註53〕〔清〕劉汝驥：《陶甓公牘》卷十二《法制科‧休寧民情之習慣‧職業趨重之點》。

〔註54〕〔清〕周溶等：同治《祁門縣志》卷五《輿地志‧風俗》。

則爲士者約十分之一，爲工商者約十分之二，爲農者約十分之五，爲農爲工者有顯著增加，這應該是得益於祁門紅茶及綠茶的加工和生產。黟縣「自古以來，……俗重貿易，男子成童，即服賈四方，視農工爲賤業，勞力而不可謀積蓄。」〔註55〕晚清人均耕地從數據統計上看成倍增長，不過黟人仍多是外出經商爲主。績溪明清時「農居什之八九……而田疇不逮於婺源，貿遷不逮於歙休。」〔註56〕且爲工者甚多，晚清農約三十，商約三十，士約一十，工則百分中不過數人焉，爲農、工者減少，但外出爲商的人數增多。

從上面各邑的分析中可以看出，各邑人士從事士農工商的比重較之明清有的呈延續之勢，如休寧、黟縣；有的農業比重加大，如歙縣、祁門；還有婺源、績溪則是男子中士商多而農工少。徽人謀生行爲選擇有系統的慣性、新興產業的出現等原因造成。下面我們來具體探究徽州四業之發展態勢。

二、士風不振

徽州因是程朱故里，格外重視誦讀，「十家之村，不廢誦讀」，徽人從業多遵循「徽俗訓子，上則讀書，次則爲商賈，又次則耕種。」〔註57〕讀書向爲徽人之首選。晚清徽人業儒者幾何，不妨做個大致的統計：

表 3-3　晚清徽州六邑受學者統計

	受學者比例〔註58〕	學堂學生〔註59〕 （光緒三十二年）			
		師範學堂	中學	小學	女學
歙縣（府城）	所識字者約百分之七惟深淺不同	28	104	356	12
休寧	調查戶口與調查學齡兒童尚未有效			65	
婺源	男女學生祇一千四百零八名，姑就識字人數約計之，男界百分之七，女界百分之一。	32		291	20

〔註55〕〔民國〕胡存慶：《黟縣鄉土地理》，民國十四年鉛印本，安徽省圖書館藏。
〔註56〕〔清〕清愷等：嘉慶《績溪縣志》卷一《風俗》。
〔註57〕〔明〕傅巖：《歙紀》卷五《紀政跡·修備贅言》。
〔註58〕〔清〕劉汝驥：《陶甓公牘》卷十二《法制科·六邑民情調查》。
〔註59〕〔清〕馮煦、陳師禮：《皖政輯要》卷五十二《學科·學堂》，黃山書社2005年版，第497頁。

祁門	大約士商子弟受學者約居十分之九農工子弟受學者不過十之三四		72	
黟縣	黟之能受學者大約百人中有六七十人以上之譜。		238	
績溪	能認識字能解釋即爲受學，績民百人中當有九十人，以狹義言之必解識字義或能閱俗話報紙而後爲受學，則績民百人中僅有六十人。	24	233	

表 3-3 中的數據均是來源於清末的文獻統計，《陶甓公牘》統計的是六邑中大致的識字人數，《皖政輯要》則是統計光緒三十二年左右在新式學堂中就學的人數。相較當時的人口基數而言，學堂中就學的人數遠遠低於估算的受學者比例，造成差距的原因在於除了新式學堂以外，還存在大量的家塾或私塾，如歙縣「舊日家塾及蒙童私塾亦有千餘」，〔註60〕「村落必有蒙塾……據光緒三十四年勸學所報告公私學堂共五十八處，男女學生祇一千四百零八名，然如城西明倫小學校生徒廿餘人，而報告稱五十五人，則人數容有未實，各處私塾未列報告者尚多。」〔註61〕甚至「官立學堂招之不來，從無額滿之日，甚至各都私貼錢文始勉強來學，尤屬無從索解比較。」〔註62〕因此，學堂中就學人數遠遠少於私塾人數，受學者比例較學堂人數爲多也就可以成立。從數據中看，文風「績溪、婺源爲最，歙縣、黟縣次之，」〔註63〕這樣的論斷基本準確。

咸同兵燹以來，徽州「戶口雕殘，馳驅載道終日不見一人，村舍爲墟荊榛礙路，學久已無聞，文風迴非昔比。」〔註64〕休寧清末調查時亦說「兵燹至今，元氣未復」。〔註65〕文風凋敝的原因有二：

其一、私塾教育質量堪憂，是學風不盛的主要原因。咸同兵燹中儒生爲全忠義，捨身求仁之人不少，中國鄉村社會中儒生多是私塾中的塾師，是傳統文化的重要傳播者，他們的缺失，必然導致文風日衰。雖然清末私塾改良，清末新式學堂設立，但是私塾及私塾中就學比例仍舊相當高，塾師素質參差

〔註60〕 〔清〕劉汝驥：《陶甓公牘》卷十二《法制科·歙縣民情之習慣·受學者比例》。
〔註61〕 〔清〕劉汝驥：《陶甓公牘》卷十二《法制科·婺源民情之習慣·受學者比例》。
〔註62〕 〔清〕劉汝驥：《陶甓公牘》卷五《學科·祁門縣趙令元熙詳勸學章程批》。
〔註63〕 《安徽學政大理寺卿徐政祥跪奏》，《申報》1898 年 9 月 1 日，第十四版。
〔註64〕 《左宗棠片》，《申報》1872 年 7 月 28 日，第五版。
〔註65〕 〔清〕劉汝驥：《陶甓公牘》卷十二《法制科·休寧民情之習慣·受學者比例》。

不齊是文風衰敗的重要原因。「私塾不能改良，教育何由發達？自非造就多數師範，不足收畫一整齊之效。據稱歙縣蒙塾多至千餘，平均計之一塾得學童十人，是千塾已有盈數學童矣。本府爲之一喜，又稱爲塾師者，大抵句讀弗清、別字觸目，其出身不同，其迂謬拙劣卑污淺陋則無不同，張禹不識剛正字，許敬宗不識忠孝字，謬種流傳，誠有江河日下之勢。」〔註66〕一方面私塾教育塾師素質低下影響學子培養。另一方面隨著新式學堂的推行，理化、地理等教學內容的引入，傳統以經學爲主要學習內容的私塾子弟亦難以融入學堂，因此在客觀上限制傳統儒生之進入，尤其科舉廢除後更是徹底泯滅傳統學子爲仕之路。從而使得徽州學風一蹶不振，這不僅是兵燹之影響，亦是外界文化生態變遷之聯動。

其二是貧困。因兵禍後經濟凋零，個體家庭生活窘境，因此雖「日日謀教育，講普及，鄉曲貧寒子弟識字者，日見其少」。〔註67〕亦有「赤貧之戶餘，則兒童六七歲後送入蒙館，或三年或五年別圖職業，業商者尚能尋求字義，業農工者依然目不識丁而已。」〔註68〕「因貧而失學者固居其多數」。〔註69〕此外因家庭生計困難，亦有儒生棄儒從商，以振家業，黟縣人汪源，「年十五，廢讀而賈，⋯⋯而業亦以是漸裕矣。迨大局底定，奉親歸里，買田築室，以垂久遠之規，至今家門隆盛。」〔註70〕婺源人余鼎漢「弱冠，習舉業，師門以大器許之。嗣因胞弟早世，弟妻青年矢志，漢恐家貧無資，遂棄儒服賈，家漸裕。」〔註71〕因貧困使得業儒人數減少。同時惡劣的境遇也影響受學者的素質，「凋敝情形尚難寓目，加以頻年旱潦爲災，士民困苦尤甚，士品優劣不齊。」〔註72〕因之徽州府「各學文武缺額者尚多」，1876年時「徽州府屬六縣亦惟婺源一縣文童五千人，其餘亦只數百人百餘人不等。」〔註73〕至清末「婺人喜讀書，雖十家村落亦有諷誦之聲，向科舉未停，應童子試者常至千數百人，邇來漸次減至五六百人，文風亦日下矣。」〔註74〕

〔註66〕〔清〕劉汝驥：《陶甓公牘》卷五《學科·紫陽師範生張舜口等稟批》。

〔註67〕〔清〕劉汝驥：《陶甓公牘》卷十二《法制科·黟縣民情之習慣·受學者比例》。

〔註68〕〔清〕劉汝驥：《陶甓公牘》卷十二《法制科·績溪民情之習慣·受學者比例》。

〔註69〕〔清〕劉汝驥：《陶甓公牘》卷五《學科·休寧縣劉令敬襄詳批》。

〔註70〕〔民國〕吳克俊、許復等：《黟縣四志》卷十四《雜誌·汪贈君卓峰家傳》。

〔註71〕〔清〕《婺源縣采輯·義行》，清鈔本，安徽省圖書館藏。

〔註72〕《安徽學政大理寺卿徐政祥跪奏》，《申報》1898年9月1日，第十四版。

〔註73〕《內閣學士兼禮部侍郎安徽學政區祁世長跪奏》，《申報》1876年7月10日，第三版。

〔註74〕〔清〕董鍾琪等：《婺源鄉土志》第七十二課《風俗·續前一》，光緒三十四

　　文風不昌是民間及政府極力避免的，均採取相應措施以遏制這一趨勢。一方面民間自發形成收集散佚文獻的行爲以求傳承經學，重振文風。儒生及文獻是文化載體，兵燹造成儒生缺失，文獻散佚，這是文風衰落的重要原因。人死不能復生，故收集前人成果以期能使後人傳承並發揚。同治年間以後，徽州的一些商人、學者，紛紛呼籲搜集、刻印因太平天國戰爭而散佚的先賢著述。於是光緒時期徽州刻書業出現了一個小高潮，湧現出績溪世澤樓、抱吟館，黟縣李宗媚、寶文堂、藜照堂，休寧藍田項氏，屯溪菇古堂、新安味經山房等刻鋪和刻書家。其中李宗媚對訪求刻印徽州先賢著述不遺餘力，先後刻有羅願、金聲、汪宗沂、有光、俞正燮、曹文植、吳定等人的著作。〔註75〕績溪胡氏後人胡培系，其族「以經學著名，於時稱爲極盛，撰述甚富，咸豐間，吾邑遭兵燹，書多散佚，培系懼後之人罔識淵源所自也，爰錄存其目見梗概」。〔註76〕各邑「有賢宰官，能輯遺佚，力挽頹風。」〔註77〕

　　官府爲興文風成立勸學所、教育會。官府勸諭各鄉士紳興辦小學，鼓勵宗族「祠堂文會此自然適用之校舍，一族之中得賢且達者主持其事，就原有祀產而推廣之，除歲時祭掃外盡數移作培植子弟之用，族學之興當翹足可待。」〔註78〕清政府還增加了徽州府學及縣學的生員名額：徽州府學原額二十五名，咸豐九年加額十名；歙縣縣學原額二十名，咸豐六年加額兩名，九年加額十名；休寧縣學原額二十名，咸豐七年加額三名，九年加額十名；婺源縣學原額二十名，咸豐九年加額五名，同治元年加額五名；祁門縣學原額十六名，咸豐七年加額二名，九年加額三名，同治元年加額五名；黟縣縣學原額二十名，咸豐六年加額二名，九年加額十名；績溪縣學原額十六名，咸豐九年加額五名，同治元年加額三名。〔註79〕即便如此，績溪雖「增爲二十四人，邑小士多，取額有限，偉護者益少也。」〔註80〕1892年安徽歲試時「徽

　　　　年木活字本，安徽省圖書館藏。
〔註75〕安徽省徽州地區地方志編纂委員會：《徽州地方簡志》，黃山書社1989年版，第318頁。
〔註76〕〔清〕胡培系：《績溪胡氏所著書目》卷一，光緒十年世澤樓刊本，安徽省圖書館藏。
〔註77〕黃賓虹：《黃賓虹文集（雜著編）》《表遺勵俗》，上海書畫出版社1999年版，第137頁。
〔註78〕〔清〕劉汝驥：《陶甓公牘》卷五《學科·祁門縣趙令元熙詳勸學章程批》。
〔註79〕〔清〕光緒《安徽通志》卷八十六《學校志·學制》。
〔註80〕〔民國〕汪稼云：《績溪鄉土歷史》第三節《制度》，安徽省圖書館藏。

州應試較少」，學政「遵任缺勿濫之例，於休寧黟縣各缺額九名」。〔註81〕故官府「多方招集流亡士子之遷徙在外者」〔註82〕以增多應試人。及至光緒三十二年廢除科舉，完全阻斷業儒者之晉升之路，徽州士風更是一蹶不振。

三、興農爲要

明清時期徽州人多地少的局面比較嚴峻，因此徽人外出經商人數較多，「重商賈，輕稼穡」，〔註83〕十之七八在外經商，留下的十之二三從事農業者也僅是一部分。進入晚清，從總體趨勢看來，從事農業經營的徽人所佔比例有所增多，除了上面提到的人地關係緊張局面得以緩解原因外，我認爲還有以下幾點原因：

（一）個體心理之轉變

兵燹造成徽州社會的巨變，戰禍之初，一些鄉人沒有及時躲避，「鄉人皆謂賊不甚擾民。六年九月，七里亭之戰，村人隔岸觀戰，婦女亦有聚觀者，比賊騎渡溪乃奔。然未幾亦即退。故十年賊陷之後，居人狃於前事，皆不肯遠徙，謂賊皆必不久駐，賊入山焚掠，猶以爲官軍所爲，以致巨家大族，無一能脫者。」〔註84〕豪門富室須臾間一無所有，「天道惡盈竟如此，今日乞兒昔公子，道旁行丐聲悲哀，……機心費盡金滿笥，千年萬年子孫計。寇來一卷倉箱空，悔不當時留餘地。嗚乎！當時不遺餘地搜索窮，與賊虜略將無同。老饕何幸去年死，不聽乞兒號晚風。」〔註85〕更別說在饑荒中金錢如糞土，「指點累累餓殍堆，半是當年富家子」，〔註86〕眞是「有錢無錢同歸盡，昔年豪富今莫豪，肘腋半爲痛痹累，雞衣掛體生腥臊。」〔註87〕在戰亂中個人的錢財、房產幾不可保，面臨的境遇與戰前不可同日而語。尤其是戰爭後期饑荒嚴重，有黃金百兩不如有糧食一袋，錢財不能果腹，換不到糧食還是死路一條，如休寧的汪登載，是道咸間之巨富也，設商

〔註81〕《安徽學政臣吳魯跪奏》，《申報》1892年9月3日，第十二版。
〔註82〕《左宗棠片》，《申報》同治壬申六月二十六日，第五版。
〔註83〕〔清〕徐珂：《清稗類鈔》第十五冊《婚姻類》，中華書局1986年版。
〔註84〕胡在渭：《徽難哀音》，民國十二年油印本，安徽省圖書館藏。
〔註85〕黃德華：《瑣尾吟》，《江浙豫皖太平天國史料選編》，江蘇人民出版社1983年版，第314頁。
〔註86〕胡在渭：《徽難哀音》，民國十二年油印本，安徽省圖書館藏。
〔註87〕胡在渭：《徽難哀音》《（績溪曹向辰）寇災行》，民國十二年油印本，安徽省圖書館藏。

肆於鄂之漢口，每年秋間，躬自赴漢，一稽店事，勾留數月，冬返休遭遇洪楊起義：「只得忍餓。以待少頃，一農人來，亦避難者，包袱中有米果，汪見之取懷中金條一，市其米果，農人初欣然，繼忽躊躇不允……農人曰「不然，黃金在承平之時，固極寶貴，在茲亂世，無從兌換，則與廢鐵等耳，而且藏之稍一不慎，為強梁所見，適因此以買禍。更何況賊兵在境，糧食來源既絕，現有者已被搜刮一空，求食之難，何異登天，有此米果，尚可延一二日之性命，苟市於汝，吾何所得食？」〔註88〕《申報》亦載「嘗聞髮逆之陷徽州也，米粟盡為賊有，民多餓死。時有某夫人者封贈一品，年已八旬，身攜黃金二百兩，尚有珠，安乘轎避往鄉中，欲與鄉民買米而食，鄉民不允，卒至餓死。」由此可見「人遭兵水旱之災，雖富貴者尚難免於餓死。」〔註89〕經歷了饑荒以後，個體心理感受上對糧食的認可度會高於對錢財的認可度，即便是饑荒已過，這樣的認知仍然可能會影響個體的行為選擇，進而引導個體行為更傾向於選擇能夠直接解決溫飽的農業。

（二）官府的倡導及扶持

在洋務運動「自強、求富」，發展實業的號召下，作為實業發展基礎的農業也受到徽州地方官府的重視。晚清徽州經濟中農業比重上升，與官府倡導與扶持是分不開的。

1. 原　因

官府之所以倡導興農，除了農業為傳統經濟模式的延續以外，還基於幾點考慮：

首先是土地仍有餘力。「咸豐庚申粵寇之亂，……人民死亡過半，肅清以後，本地糧米可敷民食，至今四十年，生齒日繁，民情日惰，有水澆灌良田均已墾種成熟，山塢高埠瘠薄田地仍有荒蕪，無人過問，雖因民情懶惰，而舊有堨堰，年久失修，池塘淤墊未濬，農民春夏耕耘秋季收成冬寒農隙，砍柴割草，其勢不能一日不工作，」〔註90〕歙縣至宣統時尚有不少拋荒之地，「較之原載田額……尚不及十分之六」；〔註91〕婺源是「然山林之利，我婺獨擅，惜農力不勤，半成荒穢」；〔註92〕黟縣亦是「到處熟地，漸盡荒蕪」；〔註93〕

〔註88〕胡在渭：《徽難哀音》《一飯難》，民國十二年油印本，安徽省圖書館藏。
〔註89〕《書勸辦山西平糶啟後》，《申報》1878年1月18日，第一版。
〔註90〕〔清〕程方壺：《徽州勸興農務支會啟》，安徽省圖書館藏。
〔註91〕〔民國〕石國柱、樓文釗：《歙縣志》卷三《食貨志‧賦役》。
〔註92〕〔清〕董鍾琪等：《婺源鄉土志》第七十一課《風俗》，光緒三十四年木活字

績溪「荒田尙多，委貨於地涸塞」。〔註94〕因此，官府認爲，荒地尙多，只要田主、佃戶通力合作，勤勞有加，農業還有發展空間。

其次各地缺米造成援運徽州的糧食減少，求人不如求己，發展農業爲首選。徽州偶有水旱災害，全靠江西、浙江支持，外援一斷，糧食就不能接濟，社會上「各處搶米滋鬧，人心惶惶。」〔註95〕通過藏於安徽省圖書館的光緒二十四的《歙地少請通浙米案呈稿》及光緒三十三年的《祁米案牘》都反映晚清徽州出現饑荒時外省接濟情況，或是有浙江藉口「禁止運米出洋章程，卡員吳概將運徽賑糶米船一律截阻，不知徽屬係處萬山之中，不通洋面，即有商人漁利焉能飛越出洋是與」，或饒州嚴禁運米出境。面臨這樣的境況，「數百萬民命仰鄰封接濟爲可恃，倘他省亦遇荒歉，將何以補救，富者擁厚貲可以移家就食，讓安土重遷亦非得計，而農民貧戶自必強者爲賊盜，弱者爲餓殍矣。」〔註96〕因此自身發展農業爲上策。

最後，徽人向所經營的茶葉、木材等項目發展乏力，不如早日回歸農業以自強。「自海禁大開，各口通商貿易情形與前大不同，學西法講機器，皆非我徽人所長，以致貿易一途江河日下，不能勝人」，尤其是「吾徽出產以茶葉爲大宗，杉木次之，此外全籍出門貿易，茶葉出產江河日下，數年以來江浙絲價日增，而茶價日減，不合洋商之式，恐將來日趨日下，無人受主矣。」〔註97〕針對這一情況，官府提出「倘不早爲之計，萬一局面變更，生齒日繁，土地不能加廣，今預爲布置各家每年多進益十金，一府六縣數十萬家，每年多進數十百萬金子，子孫孫守勤克儉，收土地自然之利，耕三餘一，雖遇水旱天災勉可支持矣。」〔註98〕有識之士還認識到商業和工業的發展是以農業爲基礎的，「不務農則百工無材料以製造萬物，無萬物則商不能空手營運，所以無農則無工，無工則無商。」〔註99〕因此，在綜合各種因素的考慮下，官府將發展農業作爲區域的主要發展方向。在此指導方針指引下，官府採取種種措施以期促進農業發展。

本，安徽省圖書館藏。
〔註93〕〔民國〕胡存慶：《黟縣鄉土地理》，民國十四年鉛印本，安徽省圖書館藏。
〔註94〕〔清〕劉汝驥：《陶甓公牘》卷十二《法制科·績溪民情之習慣·飲食》。
〔註95〕〔清〕方振均：《祁米案牘》，光緒三十三年刊本，安徽省圖書館藏。
〔註96〕〔清〕汪麟等：《歙地少請通浙米案呈稿》，光緒刊本，安徽省圖書館藏。
〔註97〕〔清〕程方壺：《徽州勸興農務支會啓》，安徽省圖書館藏。
〔註98〕〔清〕程方壺：《徽州勸興農務支會啓》，安徽省圖書館藏。
〔註99〕〔清〕程方壺：《徽州勸興農務支會啓》，安徽省圖書館藏。

2. 措　施

（1）辦農業學堂

在晚清「中體西用」思想的指導下，通過發展農、工、商以實現國家富強。江寧、江蘇、安徽、兩湖均創設農工商學堂，「招聰俊子弟肄業或專習農種植物或農工並習或農工商分門教習」，並請東西洋各國有名工師傳授養蠶等技術。當時徽州本土尚無相關學堂，因此鼓勵「聰俊子弟赴杭州蠶學館，自備火食肄業，學習畢業領有印憑，回徽則桑樹已興養成林，以本地人才教導桑梓，事半功倍，漸推廣十年之後地方富庶也。」〔註100〕後又開始籌建初等農業學堂，詳情可見《徽州府詳辦初等農業學堂文》〔註101〕：

> 據徽屬茶業董事花翎知府銜洪廷俊舉人揀選知縣程恩溶舉人議敘知縣程道元花翎同知銜吳永柏等稟稱：竊職等於宣統元年四月間提議於屯溪附近陽湖地方度地建校開辦茶商兩等小學堂，……校址由永柏助地計稅二畝二釐三毫二絲一忽，又孫紳富垣助地計稅七分一釐二毫一絲七忽，建築費由廷俊助英洋壹千元，永柏助英洋壹萬零六百九十七元零二分七釐，開辦費由公款動支計洋八百零九元四角四分二釐，常年經費由稟蒙詳請批准於二成茶稅項下歲撥銀壹千兩，復由各茶商會議認可，於各茶號每引加抽銀洋二分，歲約抽壹千元上下，又由錢業認捐每年補助經費銀洋四百元，各茶鋪認捐每年補助經費銀洋壹百元……惟現在實業待興，孔亟體察徽州情形農林蠶三科目尤為當務之急，原擬兩等小學似不若改為初等農業學堂，……學生程度不齊，暫分甲乙丙三班，甲班為農業本科，先授以蠶業實習科；乙班為農業預科，二年畢業後授以農業實習科；丙班為初等小學簡易科，四年畢業後授林業實習科。……查徽州中學以下學堂無慮百所，而實業獨為缺，……本年三月十三日開校之日，知府親詣行禮，進教員學生而嘉獎之，復脵脵以耐勞苦、去驕奢相勗勉。參考校舍器具輪奐一新，附近空氣清澄青碧葱鬱，又有菜畦十餘畝適足留為實驗場圃之用，徽州實業教育當以此校為先河……。

農業學堂籌建及運行仰賴鄉紳提供資金、土地，官府從茶稅中抽取學校

〔註100〕 〔清〕程方壺：《徽州勸興農務支會啓》，安徽省圖書館藏。
〔註101〕 〔清〕劉汝驥：《陶甓公牘》卷十《稟詳・徽州府詳辦初等農業學堂文》。

運行所需的常規經費，學校主要用於徽州的農、林、蠶三科的技術人才培養，實現農業種植品種、技術的及時更新。光緒三十四年（1908），戴瑛在隆阜朱里創設休寧縣立農業初等小學堂，設有蠶桑科，開有實習課，至民國元年停辦。宣統二年（1910年）茶商吳俊德等人投資在屯溪陽湖創辦徽州農業學堂，以蠶桑爲主科。第二年又擴增中等農科、預科兩班。〔註102〕

（2）興農會

以參用西法改良農業種植爲目的，興辦農會。中國雖是農業大國，但農業技術相對陳舊，隨著開埠以來各式技術傳入，農業上如「化學考究土質肥料，所費肥料工本一千文可以多二千文收成，必須先籌水利蓄水充足，無乾旱之憂，然後再加工本肥料，有利無害，瘠土可以改爲良田，日本所出鐵棒錘井法，西洋有柢水射高引水機器」等技術都是中國所欠缺的。爲提高農業效率，徽州官府號召民間「因親及親，因友及友，彼此邀勸入會，每人出貲二元以爲會友，另邀每股出貲十元爲會股，不必限定股數小以成小大以成大會友每人出貲二元，倘有願助會貲，扶持桑梓，或數十百金，即由經手者填給收條」，農會資金主要用於「每股出資十元或租購田地或稟請荒蕪未墾田地，雇用浙江蠶桑老農數人植桑，」以期改變「歙休近年種桑飼蠶之家亦不少，無力雇用蠶桑工師，收成歉薄，利息甚微，日久仍然廢棄」的局面，同時「聽使植桑飼蠶之外，有可興之利，隨時倡首，以中法爲主，參用西法，使農氓目者收成利厚，自可推廣利源矣。」〔註103〕在政府的倡導下休寧戴恩儉光緒三十年三月成立休寧樹藝公司，休寧汪杞於光緒三十年七月成立休寧農會，婺源胡宗程於光緒三十年十月成立婺源農會。〔註104〕歙縣南鄉拓林村徐丹甫精於植物學，「近又研求種種實業，光緒三十四年聞擬合同志組一歙縣農會以事調查實驗。」〔註105〕

（3）倡興水利

「吾徽在萬山之中，平原大片之田少，山塢高埠之田多舊有堨堰池塘。兵燹之後或年久失修，或淤墊未溶，」〔註106〕水利不暢嚴重影響徽州農業發

〔註102〕屯溪市地方志編纂委員會：《屯溪市志》，安徽教育出版社1990年版，第336頁。

〔註103〕〔清〕程方壺：《徽州勸興農務支會啓》，安徽省圖書館藏。

〔註104〕〔清〕馮煦、陳師禮：《皖政輯要》卷八十七《農工商科·墾牧樹藝》，黃山書社2005年版，第793頁。

〔註105〕《宿儒研究實業》，《安徽白話報》第五期，光緒戊申十月發行，第8頁。

〔註106〕〔清〕程方壺：《徽州勸興農務支會啓》，安徽省圖書館藏。

展。因此官府對「地方水利，設官稽察，隨時興辦」，並由農會出門查訪，「勸田主佃戶通力合作，或出貲或出力，蹤冬季農隙之時，務便興修，」以備三伏乾旱澆灌。〔註107〕鼓勵民間鄉紳興修水利，如黃賓虹在其家鄉潭渡「聞有荒田數百畝，在歙束數十里，河溪淤塞，墟里無炊煙，惟楚越流民；民棚棲止無常，不獲耕種。余憫之，爲築堰導流，興修水利」，〔註108〕結果惹生事之人以拆動街道轉蓬、泥沙積田爲由上告官府，黃賓虹等對之，時縣丞對此事批「據稟興修工竣，並呈各項支用帳目，本縣亦經履勘估驗，具見實心經理，方能費省工堅。從此積淤疏通，水之滯者暢流，田之荒者漸闢，農民生利，生等與有功也。」〔註109〕對民間興修水利的扶持有利於荒田的墾植、水利的疏通、農業的恢復。

農業發展過程中，技術的革新、新品種的種植、水利的興建等需官府出面加以引導及扶助。晚清徽州農業學堂及農會的建立，由官府出面集結力量對農業種植項目、技術、人才培養及引進等方面加以引導，有利推動農業技術的更新換代，促進農業發展。

（4）鼓勵經濟作物種植

晚清徽州人均耕地較爲寬鬆，官府鼓勵農業發展，外界商業的發展步履維艱，在以上種種因素的影響下，晚清時徽州官府倡導種植經濟作物。

耕地有餘是發展經濟作物種植的前提。按照年人均口糧 2.5 石來看，〔註110〕時在徽州常住人口如前面所算約爲 73 萬左右，因此徽人如果全吃米的話要 182 萬石左右，徽州土地畝產根據記載：「吾徽種田近時每畝豐收不過四石」，〔註111〕周紹泉根據明清租佃文書的實際數據蠡測徽州實際畝產平均爲 1.3 石至 2 石之間，極少數好田才能達到 4 石。〔註112〕如果所需之米全由徽州本土種植的話需田 121 萬畝左右，而實際情況是徽州有 205 萬畝的熟地，且實際出產的米遠遠低於 182 萬石，因此徽州用於種植米及雜糧的土地

〔註107〕〔清〕程方壺：《徽州勸興農務支會啓》，安徽省圖書館藏。

〔註108〕黃賓虹：《黃賓虹文集（雜著編）》，《九十雜述之一》，上海書畫出版社 1999 年版，第 570 頁。

〔註109〕黃賓虹：《黃賓虹文集（雜著編）》，《任耕感言·豐塌墾復仁德莊義田始末》，上海書畫出版社 1999 年版，第 476～490 頁。

〔註110〕王春芳：《20 世紀前期徽州糧食的輸入》，《農業考古》2008 年第 6 期，第 53 頁。

〔註111〕〔清〕程方壺：《徽州勸興農務支會啓》，安徽省圖書館藏。

〔註112〕周紹泉：《明清徽州畝產量蠡測》，《明史研究第二輯》1992 年，第 47～64 頁。

不會超過 150 萬畝，剩下 50 多萬畝熟地以及「荒山、荒地、平原、湖蕩向之廢棄不治者，」「各因其物候所著、土性所宜，講求種植字畜，若桑麻茶柏諸果木、毛羽鱗介諸物，參以新法，精益求精，將蕃衍日盛，利益不可勝算。」〔註 113〕因此徽州之興農，實際為興茶葉、桑樹等經濟作物的種植和蠶桑的養殖，是以才有「興學、樹藝，此兩個大題目近今三尺童子皆知之」之說。〔註 114〕

在經濟作物的種植中，因徽州得天獨厚的自然條件，茶葉當為首推。徽州明清時期茶葉貿易為主要項目，「山戶之利薄，而茶商得利厚」。〔註 115〕徽州本土出產的珠蘭花、屯綠等廣受歡迎，品質高，清末時歙縣的珠蘭茶、休寧的雨前茶、塗尖茶仍是進貢之方物，所以「茶葉乃吾徽素有之利，比創興蠶桑較易。」〔註 116〕歙縣北「擅茶荈之美，近山之民多業茶，茶時雖婦女無自逸暇」。〔註 117〕祁門「此外以植茶為大宗，東鄉綠茶得利最厚，西鄉紅茶出產甚豐，皆運售潯漢滬港等處。」〔註 118〕婺源亦是「物產茶為大宗」。〔註 119〕黟縣產量雖不大，但是「茶為土產，邑人自種之，以供飲料而有餘。」〔註 120〕茶葉的本土種植徽州源遠流長，但是由於茶葉受印度茶等衝擊，「邇年茶市頹敗，業茶者富實降為窮戶，而農民依茶為活，遂苦不可支。」〔註 121〕因此發展樹藝成為山區農業經濟的重要補充，「吾徽大利將來總在山林，近時樹植之風，各處興起，種桐種漆種楊種棕種桑種果品。」〔註 122〕黟縣「盡堪培養森林，苟能處處種竹養木，除作材料之外，以之仿造外國各色紙張，農工商業，

〔註 113〕〔清〕馮煦、陳師禮：《皖政輯要》卷八十七《農工商科‧墾牧樹藝》，黃山書社 2005 年版，第 793 頁。

〔註 114〕〔清〕劉汝驥：《陶甓公牘》卷三《戶科‧婺源縣監生詹銓等呈批》。

〔註 115〕〔清〕程方壺：《徽州勸興農務支會啟》，安徽省圖書館藏。

〔註 116〕〔清〕程方壺：《徽州勸興農務支會啟》，安徽省圖書館藏。

〔註 117〕〔清〕許承堯：《歙事閒談》卷十八《歙風俗禮教考》，黃山書社 2001 年版，第 601 頁。

〔註 118〕〔清〕劉汝驥：《陶甓公牘》卷十二《法制科‧祁門民情之習慣‧職業之趨重點》。

〔註 119〕〔清〕董鍾琪等：《婺源鄉土志》第七十九課《風俗舉要‧續前八》，光緒三十四年木活字本，安徽省圖書館藏。

〔註 120〕〔民國〕胡存慶：《黟縣鄉土地理》，民國十四年鉛印本，安徽省圖書館藏。

〔註 121〕〔清〕董鍾琪等：《婺源鄉土志》第七十九課《風俗舉要‧續前八》，光緒三十四年木活字本，安徽省圖書館藏。

〔註 122〕〔民國〕《徽州鄉土地理》第六節《實業》，民國十一年油印本，安徽省圖書館藏。

利益無窮」。〔註123〕徽州的興農中，勸興蠶桑是徽州區域發展的重要環節，實乃「吾徽以茶葉爲大利，不知蠶桑之利更厚。」〔註124〕

對於將田地種植桑樹養蠶的利潤，歙縣的程方壺記載了種植桑樹、以葉養蠶的利潤分析，以勸導徽人多種植蠶桑：〔註125〕

表 3-4　晚清植桑養蠶利潤分析表

	一年	二年	三年	四年	五年	六年	七年	八年
一畝出葉斤兩	七十五斤	二百四十斤	四百八十斤	一千二百斤	二千一百六十斤	三千三百六十斤	四千八百斤	七千二百斤
收繭斤兩	四斤八兩	十四斤	二十八斤	七十二斤	一百三十斤	二百斤	二百八十斤	四百三十二斤
售繭價值	一千八百	五千六百	一十一千	二十八千	五十二千	八十千	一百一十二千	一百七十千
耗用	三百六十	一千一百	二千二百	五千六百	一十千四百	一十六千	二十二千	三十四千
淨得利息	一千四百餘	四千五百	九千六百	二十二千	四十一千	六十四千	九十千	一百三十六千

從表 3-4 中不難看出種植時間越久則獲利愈多。徽州本土亦有實驗「庚申年嶠就幕湖州德清縣購桑秧二百株，回徽州布種約地一畝，無人傳授，照依蠶桑書中飼法，自丙申年採桑飼蠶，今己亥，春蠶一次售絲洋四十一元，如雇蠶師教導，並養夏蠶，約得絲利洋百元，一畝之地加以人工，利息百元，比重雜糧十倍矣。」〔註126〕因此官府極力倡導，以期廣開利之源。

爲興樹藝，知府劉汝驥親自種植以爲身範，於郡城西北門外附郭一帶沙洲「試種楊柳八百餘株，成活者已十之八九」，〔註127〕「杉秧三百株照收，恰好及時栽種，快慰無似。署左新開荒壤，現已裁成枇杷、橘樹百餘株。偶得餘暇即荷鋤學圃，凡所手植甚愛惜也。」〔註128〕不唯官府扶持，民間鄉紳亦帶頭示範，歙人汪仲伊「購浙西桑秧數百株，移植徽歙，迄今邑人收其利。」〔註129〕在徽州有發行的《安徽俗話報》中也連續幾期以《養蠶發大

〔註123〕〔民國〕胡存慶：《黟縣鄉土地理》，民國十四年鉛印本，安徽省圖書館藏。
〔註124〕〔清〕程方壺：《徽州勸興農務支會啓》，安徽省圖書館藏。
〔註125〕〔清〕程方壺：《徽州勸興農務支會啓》，安徽省圖書館藏。
〔註126〕〔清〕程方壺：《徽州勸興農務支會啓》，安徽省圖書館藏。
〔註127〕〔清〕劉汝驥：《陶甓公牘》卷三《戶科・歙縣附生汪聲大等稟批》。
〔註128〕〔清〕劉汝驥：《陶甓公牘》卷十一《箋啓・復代績溪縣葉學仁》。
〔註129〕〔清〕許承堯：《歙事閒談》卷十四《劉師培撰〈汪仲伊先生傳〉》，黃山書社

財》爲名介紹養蠶之法，這些都促進種植業發展。

（三）成　效

晚清徽州由於農業環境的轉變，加上有效重農措施，使得徽州經濟中農業發展取得一定的成效。

一方面是糧食供應缺口縮小。

農業首先以糧食種植爲基礎，以此解決徽州生存問題。可是在徽州，「新安之穀大概宜秈而不宜秔」，〔註130〕即使某些區域可以種植，限制亦多。「邑之田高者宜早秈，然五日不雨則苗稿矣，低而沉者宜秔宜糯，仰於陂塘溪堨者，宜寒秈早糯，然山源之田，疊石爲塍如接梯，然凡數十級不盈一畝，牛不可耕而手鋤之。」〔註131〕民國《歙縣志》記載：「秈、秎、糯三種皆稱水稻，非水無以滋生，吾邑多山少水，惟西鄉地勢平衍，水源稍長，出產較多，北次之，東南又次之，合計全邑三月糧耳。」〔註132〕婺源亦「山多田少，西南稍曠衍，東北則多依大山之麓，墾以爲田，概田歲入不足供通邑十分之四」。〔註133〕黟縣「田少於山，土地瘠确，高地種菽麥，低地種秔稻、芝麻、蘆稷。各適土宜，而米穀一宗，每年所收，僅供數月之糧，加以土人耕種不得法，……以致所入益寡，雖遇豐年，猶虞歉收，乞糴鄰封，成爲慣例。」〔註134〕因此在徽州，土壤及地形並不是很適應水稻等糧食作物的種植，水稻等糧食的供給缺口較大。

但是清末六邑飲食多是米食與雜糧相雜。歙縣「產米常供不給求，東西兩鄉猶能輸其羨於鄰境，惟南鄉與北鄉之黃山農家多種苞蘆以自食，非小康之家幾不易得米麵。」〔註135〕休寧「恆患供不敷求，其食皆米也，旱澇一告絕粒堪虞，戊申水災之後米價徐平，蓋紳富調劑之力，苞蘆山芋其收成較秈糯爲易，以補民食之不足。」〔註136〕婺源「計一歲所入僅供四月之糧，嶺以北取足於休寧，嶺南則仰給於江右，飢饉凶年有採蕨薇以食者，城中皆米食

　　2001 年版，第 472 頁。
〔註130〕〔清〕馬步蟾：道光《徽州府志》卷五《食貨志・物產》。
〔註131〕〔清〕周溶等：同治《祁門縣志》卷十六《食貨志・物產》。
〔註132〕〔民國〕石國柱、樓文釗等：《歙縣志》卷三《食貨志・物產》。
〔註133〕〔清〕董鍾琪等：《婺源鄉土志》第七十一課《風俗舉要》，光緒三十四年木活字本，安徽省圖書館藏。
〔註134〕〔民國〕胡存慶：《黟縣鄉土地理》，民國十四年鉛印本，安徽省圖書館藏。
〔註135〕〔清〕劉汝驥：《陶甓公牘》卷十二《法制科・歙縣民情之習慣・飲食》。
〔註136〕〔清〕劉汝驥：《陶甓公牘》卷十二《法制科・休寧民情之習慣・飲食》。

不喜雜糧，鄉間東北多山，貧民種玉蜀黍作餅食，西南高田種粟麥以充饔飧。」〔註137〕黟縣「以麥食佐米食僅足三月之糧其餘販運江西」，不過由於「到處熟地，漸盡荒蕪，清季始來客民墾荒，近時日益加多，所種蔗苧薯蕷落花生之屬，產額最巨，頗稱能盡地力，需要不事外求。」〔註138〕祁門「農夫終歲勤動僅敷三月之糧其餘仰給於江西」；績溪「道咸之間，產米合小麥僅敷民食十分之六，雜糧俱作正餐，兵燹以後戶口未復，產米與民食約可相敷，小麥產數不過稻米十分之二三，種雜糧者更少。」〔註139〕從統計中看出，除了績溪基本以米為食，且能自給以外，其餘五邑所產之米都不夠自給。休寧、婺源一些城鎮中因習慣食米，因此多仰外運之米，其餘地方則多是稻米與雜糧摻雜才得以果腹。

　　徽州清末雖然稻米仍不足食，通過雜糧種植，填補一定缺口，隨著徽州農業的發展，到了 20 世紀三十年代，徽州區域整體缺糧情況得到很大緩解，每年僅需外援 18 萬石米糧，〔註140〕僅占整個徽州地區糧食需求的百分之十，比起清初的「大都計一歲所入，不能支十分之一」〔註141〕是很大的進步了，雖有人口減少之故，但是推廣雜糧種植、興修水利、技術革新等重農因素功不可沒。

　　另一方面經濟作物種植初見成效。由於晚清時官府的積極倡導，徽州經濟作物種植尤其是種桑養蠶小有斬穫。

　　「近年，徽州、寧國二府於蠶事竭力講求。所出之絲，除銷浙江、江蘇外，由上海出洋者亦復不少。」〔註142〕績溪「惟西北鄉蠶桑日有進步，為新辟之利源，東南鄉蠶桑亦畧有起色，果極力推廣亦土貨出口之大宗。」〔註143〕宣統二年（1910）胡適留美日記中曾述「還顧念舊鄉，桑麻遍郊原」。〔註144〕至宣統元年舉辦的物產會中，休寧農業公司肥絲、黃錫祉肥絲、績溪胡繼本

〔註137〕〔清〕劉汝驥：《陶甓公牘》卷十二《法制科・婺源民情之習慣・飲食》。

〔註138〕〔民國〕胡存慶：《黟縣鄉土地理》，民國十四年鉛印本，安徽省圖書館藏。

〔註139〕〔清〕劉汝驥：《陶甓公牘》卷十二《法制科・祁門民情之習慣・飲食》。

〔註140〕王春芳：《20 世紀前期徽州糧食的輸入》，《農業考古》，2008 年第 6 期，第54 頁。

〔註141〕顧炎武：《天下郡國利病書・第九冊・鳳寧徽》。

〔註142〕〔清〕馮煦、陳師禮：《皖政輯要・卷八十七・農工商科・墾牧樹藝》，黃山書社，2005 年，第 793 頁。

〔註143〕〔清〕劉汝驥：《陶甓公牘・卷十二・法制科・績溪民情之習慣・生產者與不生產者數》。

〔註144〕胡適：《胡適日記全編（1）》，安徽教育出版社，2001 年，第 96 頁。

肥絲獲一等金牌，休寧協和樹藝公司蠶繭獲二等銀牌，祁門胡邦達絲線獲三等銅牌，〔註145〕可見，在各方推動下，樹藝、蠶桑業的發展取得一定成果，有的產量較大，還可行銷外省。

在晚清「求富、自強」的背景中，「令讀書者皆捨空文而注重實業」，〔註146〕興辦實業爲自強之關鍵，而農業則爲實業發展的基礎，這一觀念對於官府、個人都有一定影響。明清徽商馳騁商界三百年，徽人謀生方式及徽州地方經濟也多是圍繞商業進行。可是晚清時期，內外交困，商業經營步履維艱，因此晚清徽州區域經濟面臨轉型。由於兵燹而出現人地關係緩和，徽州人對農業的重新再認識，使得徽州經濟轉型的重心傾向農業經濟，通過對學習現代農業技術，擴大經濟作物的種植，使得徽州農業經濟發展煥發生機，使得徽人謀生行爲選擇中不再完全輕農重賈。

四、工業堪憂

（一）傳統手工藝發展遲滯

士農工商爲傳統四業，工爲手工業，明清徽州大至建築、小至筆墨，都可見徽州工匠的身影。明清徽州向「以貨殖爲恆產，商賈所入視他郡倍豐，考商賈獲利較農桑本厚」，〔註147〕所以徽人大多數「男子成童，即服賈四方，視農工爲賤業，勞力而不可謀積蓄。」〔註148〕徽人的價值取向雖倡導四民皆等，可是由於商賈可獲巨利，因此在實際選擇中隱含有士〉商〉農工的價值選擇，才有明清時期儒賈結合生計文化的形成。晚清以來隨著「實業救國」思想的提出，國家、區域對實業的重視度前所未有，徽州亦不例外，尤其商賈之利「盡爲洋人所奪」，因而提出「倘吾華人能習洋人一技藝，即可以挽一商賈利權邇者。」〔註149〕認爲農商的發展須是以工爲前提，「商無工則運動皆生貨，農無工則植物無熟貨，績人未明其理故所趨在商，而店鋪時聞倒閉，所重在農，而田畝半即荒蕪，是其弊不在無商無農而在無工。」〔註150〕

〔註145〕〔清〕劉汝驥：《陶甓公牘·卷一·示諭·物產會頒發獎品示》。
〔註146〕〔清〕劉汝驥：《陶甓公牘·卷十二·法制科·婺源民情之習慣·職業趨重之點》。
〔註147〕〔清〕李應珏：光緒《皖志便覽》卷二《徽州府序》。
〔註148〕〔民國〕胡存慶：《黟縣鄉土地理》，民國十四年鉛印本，安徽省圖書館藏。
〔註149〕〔清〕李應珏：光緒《皖志便覽》卷二《徽州府序》。
〔註150〕〔清〕劉汝驥：《陶甓公牘》卷十二《法制科·績溪民情之習慣·職業之趨重點》。

正因爲如此，清末徽州知府劉汝驥對六邑進行民情調查的時候，就徽州製造產品做一摸底，以期對徽州未來之工業發展做一鋪墊。

表 3-5　晚清徽州六邑製造之種類〔註 151〕

	製　造　之　種　類
歙縣	曹素功胡開文之墨、郡肆之日月晷水旱羅經、羅絹、岩鎭之剪綵花籤螺甸器、漆墨、硯盒、南鄉之蜜棗、虹坑之空心掛麵、託山之缸鉢、牛沙之竹器
休寧	水煙袋、萬安之羅經、屯河之竹椅、茶區之篋箱、以煙作墨有胡開文、以皮作膠有石翼農、以蜜製棗有胡子卿、以藕磨粉有後底汪
婺源	茶、墨二、莒根山之紙、朱村之草紙、洪源之火紙、源口玉坦之皮紙、龍尾之硯、中雲之雨傘、甲道巡檢司之油紙、山坑之火爆、思口宋家之銅鎖
祁門	東鄉土坑張嶺腳等處製造磁土、西鄉制土布、馮家窟製斗笠、七里橋製油紙、董家灣溶口盧溪等處製造本河小船、東鄉仙洞源制日用竹器、北路芝溪造皮紙
黟縣	棉布、手巾、麻布口袋
績溪	芙蓉布、鐵鎖、絲縷、爆竹、土麻布、佳村之鐵冶、雙仁蜜棗、棕皮細線、青皮豆

從清末的統計來看，各邑的製造品基本延續傳統手工業製造的品種，多是結合本地資源進行小規模生產。其中的質優者在清末徽州物產會上傳統手工藝品獲獎情況可以一探究竟：

表 3-6　清末徽州物產會獲獎手工業品列表

	一等金牌	二等銀牌	三等銅牌
歙縣			汪恒昌、汪正大羅娟、程聚泰銅器
休寧	胡開文墨	大盛公司蘆通布，裕生紡織廠提花藍布	甘正才織布竹梳、江同源白銅四眼壺、經餘堂藕粉、胡茹易羅經
婺源		大濟公司花條布	大濟公司條希布、宋氏宋家鎖、江鐵臣龍尾硯
祁門		胡培春磁土	胡敘生磁土、王蘭馨紅茶、王成義紅茶、公順昌紅茶、胡元龍紅茶、汪廣洲紅茶、胡邦達絲線
黟縣			高元青石笛、余毓元石墨
績溪			程志壽竹提藍

註：清：劉汝驥：《陶覺公牘》卷一《物品會頒發獎品示》

〔註 151〕〔清〕劉汝驥：《陶覺公牘》卷十二《法制科‧製造之種類》。

能夠得獎的必是其中佼佼者。當然，還可以通過進貢的物品來考察區域之所長，從《皖政輯要》的呈進方物中，歙縣的徽墨、歙硯、朱錠等都在其中。

徽州傳統手工業面臨的問題是多爲作坊式生產，產能有限。因而在民情調查提到製造品時，「惟非大宗出品」、「業此者寥寥，未能輸入外埠，識者惜之」等描述時可見之。〔註 152〕在《安徽俗話報》第十九期中安徽物產統計中，能夠行銷到各省的手工業品僅有筆、墨、硯臺三種。〔註 153〕雖然也偶有「徽州奇巧活動焰火」運至上海。〔註 154〕更多的手工業品「然出數有限，銷路未暢」。〔註 155〕因此徽州手工業品種類不少，但是質優且產量較大、在各省最具影響力的產品也就是墨、硯臺。「徽州爲皖南望郡，……如胡開文之墨、方秀水之羅經、水力之磨碓、石雕之牌坊皆獨出心裁，跨絕寰瀛，不可謂徽屬之無良工也。」〔註 156〕迄至晚清，徽州不乏能工巧匠，如婺源的施應旭「聞人說粵南門銅壺滴漏式，以意運造，無論寒暑，準以時刻，累黍不差，城內外觀者日集千百人，雖習西洋技者，見之皆不知其何自仿也。」〔註 157〕不乏有識之士：歙縣鄭履德「在南京學習了織束洋巾和毛巾的法子，在鄭村開了織布廠，專招無業游民及婦女，產的布雖及不上洋布，也夠用了，且休寧婺源有人照此開辦工廠，鄭先生算是徽州實業界的先鋒了。」〔註 158〕但傳統手工藝的發展卻步履維艱，雖不至全數凋敝，卻也難說繁榮。傳統手工業在徽州呈強弩之末。

1. 傳統手工業的傳承模式制約其發展

傳統手工業的傳承多是家族內部口耳相授的傳承模式，爲了技術不外傳，還採取種種保密措施。在承平年代，這樣的傳承模式雖有局限，但是亦能保證技術在家族內的傳承，保證手工品的生產。但是一旦人出了問題就必然會影響技藝的傳承。咸豐兵燹使得徽州人口銳減，大量作爲技藝傳承載體的工匠在戰禍中不保，匆忙間很多技藝就隨之而去，沒有傳承下來。在進

〔註 152〕 〔清〕劉汝驥：《陶甓公牘》卷十二《法制科·製造之種類》。
〔註 153〕 《安徽省物產調查表》，《安徽俗話報》第十九期，光緒乙巳年五月朔日發行。
〔註 154〕 《廣告》，《申報》1896 年 8 月 9 日，第六版。
〔註 155〕 〔清〕劉汝驥：《陶甓公牘》卷十二《法制科·婺源民情之習慣·製造之種類》。
〔註 156〕 〔清〕劉汝驥：《陶甓公牘》卷十《稟詳·詳報物產會開會文》。
〔註 157〕 〔民國〕《婺源縣采輯·才技》，安徽省圖書館藏。
〔註 158〕 《徽州工藝的情形》，《安徽俗話報》第十五期，光緒甲辰年十月初一日發行。

貢之方物中「歙縣承辦歙硯、琴筍兩品，該縣自遭兵燹，所有例貢歙硯硯式被毀，工匠故絕，迭經招徠，迄無應募之人……又端陽貢內載休寧縣承辦青餅二桶，久已失產，無從採辦」；〔註159〕「漆器亦善於製造，惜乎，今已不傳」；〔註160〕歙紙「向有麥光白滑冰翼龍鬚著名，今則造戶淪亡，仰給他郡矣。」〔註161〕

　　即便工匠得以幸存，受教者素質高低影響了技藝的進步。「然一收輕罪人犯，教導未必樂從；一聚市井藝徒，文學究無根柢。規制不備，大利奚興？」〔註162〕此外，晚清因急功近利簡化了技藝的工序，未能獲取工藝之精華：「新安郡邑，……富商顯宦，鄰里相望，以故百藝工巧，為供士女之娛玩，常優於他處。今市衢習藝之夫，志在弋利，而不能詳其所自授受，非若廣陵散之成絕調，即已削觚為圜，無復當日之矩鑊，此中國之所由衰也。」〔註163〕因此，晚清技藝嫻熟的工匠人數日趨減少，直接帶動工匠價格的攀升「十匠九柯，工價又數倍曩」，〔註164〕在光緒十九年祁門修府學各工匠估計需洋三千二百有餘，〔註165〕所費不低。晚清徽州手工業失傳、所傳非人及熟練工匠人數的減少都影響技藝的發展。

2. 市場需求減少影響手工業品進一步發展

　　晚清開埠以來，洋貨以其質優價廉迅速佔領中國市場，國人以用洋貨為榮，徽州亦不例外。在咸豐時的婚嫁計開對象就有點錫洋粉盒，點錫洋幾盒等對象。〔註166〕兵燹後此風愈烈。歙縣「粵匪亂後，內容愈瘠，表面愈華，

〔註159〕〔清〕馮煦、陳師禮：《皖政輯要》卷四十六《禮科・典禮三・呈進方物》，黃山書社2005年版，第441頁。
〔註160〕〔民國〕《徽州鄉土地理》第一章《地文地理・物產》，民國十一年油印本，安徽省圖書館藏。
〔註161〕〔民國〕許家棟：《歙縣鄉土志》《物產》，民國九年方宅京抄本，安徽省圖書館藏。
〔註162〕〔清〕馮煦、陳師禮：《皖政輯要》卷五十三《學科・實業・工業學堂》，黃山書社2005年版，第540頁。
〔註163〕黃賓虹：《黃賓虹文集（雜著編）》，《新安巧工》，上海書畫出版社1999年版，第86頁。
〔註164〕〔清〕劉汝驥：《陶甓公牘》卷十二《法制科・婺源民情之習慣・居處》。
〔註165〕《光緒十九年祁門縣勸捐資修府學諭文》，《千年契約文書》第三卷，花山文藝出版社1994年版，第188頁。
〔註166〕《道光咸豐婚嫁帳簿》，《千年契約文書》第十三卷，花山文藝出版社1994年版，第31頁。

好洋貨者多好土貨者少」。〔註167〕休寧居民的日常用度無不充斥洋貨,「洋油、洋布幾於比戶可封,學堂所用則鉛筆藥水也,商人所用則毛氈鐵櫃也。」〔註168〕婺源則是呈現兩極分化,「光緒以來,邑人之好尚爰分兩種,其守舊者必足不出鄉關,戮力於農圃,以爲生者也,否則寒儒下士恐歐風之污人者也,此外蓋無人不喜洋貨、嗜新品矣。」〔註169〕祁門「近今民風稍奢,喜用洋貨,……至各鄉佃民多購土貨猶有羲皇之遺風焉。」〔註170〕黟縣「學商兩界喜用洋貨,漸有由儉入奢之勢。」〔註171〕績溪「兵燹以後洋貨充斥,貨巧而價廉,殷商顯宦倡之,士庶亦傚之」。〔註172〕雖有識之士憂之,在《安徽俗話報》上提倡抵制美國貨,〔註173〕但收效甚微。洋貨驅逐土貨,土貨生存及發展的空間亦縮小,以絲蠶爲例:「絲蠶之利,莫甚於江浙。紡織刺繡諸法昭然大備而工巧者,尤以新安開其端。……有束門許氏爲象生花卉,有法爲胚,鮮華淹潤,插置膽瓶,天然生色,久而不萎。……而此無機杼剪裁,更爲奇麗,名曰華縵燈,亦獨鮑氏能之。迄今舶來品充斥中國,古來工藝之精巧者因而棄若弁髦,甘以大利拱手讓人。」〔註174〕還有如績溪所產的芙蓉布因「邑人皆喜洋布亦失傳。」〔註175〕

還有些手工業品受眾少,市場需求小而導致失傳,如「黟邑惟縣產石色青中含銅汞如碎金,取作盤聲清越,稍次靈壁產,西遞石工能以其石製笛簫,刻前人詩句於其上,甚精巧,又以非日用品銷售甚寡,製造將失傳。」〔註176〕

〔註167〕〔清〕劉汝驥:《陶甓公牘》卷十二《法制科·歙縣民情之習慣·食用好尚之方針》。

〔註168〕〔清〕劉汝驥:《陶甓公牘》卷十二《法制科·休寧民情之習慣·食用好尚之方針》。

〔註169〕〔清〕劉汝驥:《陶甓公牘》卷十二《法制科·婺源民情之習慣·食用好尚之方針》。

〔註170〕〔清〕劉汝驥:《陶甓公牘》卷十二《法制科·祁門民情之習慣·食用好尚之方針》。

〔註171〕〔清〕劉汝驥:《陶甓公牘》卷十二《法制科·黟縣民情之習慣·食用好尚之方針》。

〔註172〕〔清〕劉汝驥:《陶甓公牘》卷十二《法制科·績溪民情之習慣·食用好尚之方針》。

〔註173〕《奉勸中國眾同胞不買美國的貨物》,《安徽俗話報》第七期。

〔註174〕黃賓虹:《黃賓虹文集(雜著編)》,《新安美術》,上海書畫出版社1999年版,第97頁。

〔註175〕〔清〕劉汝驥:《陶甓公牘》卷十二《法制科·績溪民情之習慣·製造之品類》。

〔註176〕〔清〕劉汝驥:《陶甓公牘》卷十二《法制科·黟縣民情之習慣·製造之品類》。

3. 傳統手工業產業升級遲滯

傳統產業在製造時多延續固有模式。如刻書，雖然鴉片戰爭以後，西方機器印刷技術傳入，中國傳統刻書業急劇衰落，南京、蘇州、杭州、廣州等刻書中心的雕版刻印業相繼淘汰。但徽州地僻山區，新的印刷技術一時難以傳入，雕版刻書仍然盛行。〔註177〕一些傳統手工業品形勢嚴峻，開埠以後隨著海外市場的擴大，對徽州產的瓷土、墨、茶等產品有大量需求，亟待擴大產能，改進技術，提高產品質量。否則「土貨不改良，洋貨則乘隙而入，履霜堅冰匪朝夕故，無怪萬安臨溪等處之土機積賒鉅萬，談工藝者色阻，研土產者灰心」，〔註178〕如不技術更新則喪失機遇，行業可能全軍覆沒。可是在晚清，茶葉、磁土、墨等行業仍多維持舊法，進取乏力。

徽州之茶葉運銷涉及農業、手工業、商業三大產業，對徽州經濟舉足輕重。「皖南徽州府一帶山多田少，民均以種茶為業，每年春間商販雲集，春夏二季所出春子茶行為數頗巨」，「土戶大半仰為生計」。〔註179〕可是茶葉「種植焙製多沿舊法，」想推行新技術亦難上加難。清同治十年（公元 1871 年），黟縣人餘干臣自福建罷官歸來，賃居祁門縣城三里街。余氏見祁門產茶，乃根據閩人製閩紅的經驗，建議祁人改制紅茶，但祁人消息閉塞，思想保守，無人敢應議改制，獨胡氏元龍敢付諸實行。〔註180〕至此，有「邑人胡元龍、陳烈清相繼在祁門西南鄉創設茶廠，招工授以焙製方法，祁紅才開始萌芽。這兩家茶廠算是製茶最早。廠名胡日順、陳怡豐」。〔註181〕尤其清末「茶行虧折每至數十萬元之巨，大半為日本印度茶所奪，何者滯銷，何者暢行，自當急籌抵制之方。」〔註182〕作為徽州之大宗的茶葉在市場競爭中落敗與日本、印度茶，「焙法花樣陳陳相因，亟宜研究新法以求優勝地步」，〔註183〕因此「不思研究改良，實不足以興大利」。〔註184〕

〔註177〕安徽省徽州地區地方志編纂委員會：《徽州地方簡志》，黃山書社 1989 年版，第 318 頁。
〔註178〕〔清〕劉汝驥：《陶甓公牘》卷十二《法制科・休寧民情之習慣・食用好尚之方針》。
〔註179〕《茶務講習所撥款諮部安徽》，《申報》1910 年 10 月 20 日，第十二版。
〔註180〕胡益謙：《祁門紅茶生產史略》，《祁門文史資料》1985 年版，第 111 頁。
〔註181〕《雜記》，張海鵬、王廷元：《明清徽商資料選編》，黃山書社 1985 年版，第 172 頁。
〔註182〕〔清〕劉汝驥：《陶甓公牘》卷三《戶科・歙縣蔡令世信詳批》。
〔註183〕〔清〕劉汝驥：《陶甓公牘》卷十二《法制科・婺源民情之習慣・製造之品類》。
〔註184〕《茶商組織茶務小學堂》，《申報》1910 年 11 月 12 日，第十一版。

　　開埠後需求量增加的產品還有祁門的瓷土。「中國所制之磁器西人尚之，故出口之貨此爲一大宗。……顧西人雖尚中國磁器，每喜舊制而不喜新制，無他，以舊制磁土細緻色白而堅，非若新制之粗劣也，原新制粗劣之由大抵因土質不佳，而製造又不盈機器，以致磁器銷路逐日形減色也。……前時景德鎮磁窯以徽州祁門縣之土爲坯，質堅而色白，故中國磁器遂名著於環球。今則祁門老坑逐年被水所淹，此土不可多得，除御窯外皆攙和他處之土爲之，所成磁器迥不如前」，同時「採取之法不靈，製工又不能細」，〔註185〕即「土法開採，賺錢不多。」〔註186〕磁土的挖取不得不改良以適應需要以開利源。

　　除了茶葉、磁土之外，墨亦是行銷各省的物產，婺源所產之「墨銷售遍國中，製造最精亦最宏。」〔註187〕「近二十年來，盛行松煙，著紙雖較黑，然多粗浮不實，不宜書畫。歐化東漸，群取便捷，又相率用舶來品，今所謂天然墨是也。入水易淬，膠筆而膩，人或厭之。今則東瀛之輕煙，且輸入中華，復以製造舊法，遍行環宇。今視賈人昔日燃脂工巨，莫不利市三倍。然而臨池染翰，欲其媲美前古難矣。」〔註188〕改良雖然產能擴大，可是不重質量對於產業發展而言無疑自毀前程。針對此種情形，黃賓虹的父親於光緒十六年（1890）「全家返歙，有意於振興墨業，提高徽墨質量，特聘請婺源技師，精選煙料，設作坊製墨，……墨質甚佳，合乎實用，頗受好評。」墨的取材雖有一定的改良，可是爲貪利而不重質，不利於行業的發展。〔註189〕

　　由此可見，晚清徽州傳統手工業受到傳承模式、市場被洋貨擠壓及技術升級遲滯的影響，發展緩慢。

（二）官府倡興實業

　　晚清自上而下對實業的重視程度前所未有。晚清徽州知府劉汝驥上任之前訓誡時，即提到「皇太后訓：近日絲茶商務亦爲外人所奪，聞日本有假絲售於我國者頗多，臣奏對：此不獨日本印度法蘭西皆有，我中國亦可仿造，求皇太后皇上責成商部認眞提倡，自然有效。皇太后訓：他們辦事尚屬認眞，

〔註185〕《精製瓷器及創造玻璃以收回利源說》，《申報》1904年11月20日，第一版。
〔註186〕《本身新聞・改良磁土公司》，《安徽俗話報》第十七期，光緒甲辰年十一月朔日發行。
〔註187〕〔清〕劉汝驥：《陶甓公牘》卷十二《法制科・婺源民情之習慣・製造之品類》。
〔註188〕黃賓虹：《黃賓虹文集（雜著編）》，《古今墨論》，上海書畫出版社1999年版，第131頁。
〔註189〕黃中秀：《黃賓虹年譜》，上海書畫出版社2005年版，第24頁。

近來洋布充斥又爲我國一大漏巵，我國土性宜棉，種棉一事尤宜講究，臣奏對：我國多立織布局方能抵制洋布，官辦耗費太大，仍不若民辦，皇太后訓：工藝廣興，則貧民不至失所，此是最要緊的。」〔註190〕映像到地方，安徽省認識到「比年以來，財力不充，商情益困，推原厥故，實由實業不興，製造未能改良。斯商業受其影響，歷年出口貿易，大率有生貨而無熟貨，以致利源外溢，洋貨暢銷，爲患甚巨。」〔註191〕因此，安徽省於光緒三十四年十一月成立省城中等工業學堂，設有「應用化學科、染色科、機織科、建築科、窯業科、機器科、電氣科、電氣化學科、土木科、礦業科、造船科、漆工科、圖稿繪畫科」等科目。〔註192〕工業學堂的建設，培養適合現代工業的人才，有利於產業的持續發展。

　　爲興實業，提出仿造或改良的辦法以發展工業。「就民生日用所必需者逐漸仿行，次則就本省出產所自有者改良製造，總期人有一藝之長，皖無棄地之貨。」〔註193〕對於民生日常用品，「組織公司，優獎藝徒，則工業、商業可興。」〔註194〕在激勵下，地方通過發展織布廠抵制洋布取得一定成效，在徽州就有光緒三十年正月紳辦歙縣織布公司、光緒三十一年正月董晉璧開設的婺源大濟紡織局以及光緒三十四年四月施天錦開辦休寧大盛織布廠。〔註195〕對本省特產的改良，徽州區域主要針對磁土、茶葉改良並取得成效。成立專門的磁土公司，「開闢老坑數處，挖取白泥燒成磁器色澤堅白直可媲美乾嘉以前」，〔註196〕但因「土法開探，賺錢不多」，〔註197〕「遂建議改用機器製造，稟請宮本銀二萬兩，另招商本二萬兩，仿有限公司章程。」〔註198〕隨後特到

〔註190〕〔清〕劉汝驥：《陶覽公牘》《丙午・召見恭紀》。

〔註191〕〔清〕馮煦、陳師禮：《皖政輯要》卷八十九《農工商科・工藝》，黃山書社 2005 年版，第 837 頁。

〔註192〕〔清〕馮煦、陳師禮：《皖政輯要》卷五十三《學科實業・工業學堂》，黃山書社 2005 年版，第 540 頁。

〔註193〕〔清〕馮煦、陳師禮：《皖政輯要》卷八十九《農工商科・工藝》，黃山書社 2005 年版，第 837 頁。

〔註194〕〔清〕劉汝驥：《陶覽公牘》卷十二《法制科・婺源民情之習慣・職業趨重之點》。

〔註195〕〔清〕馮煦、陳師禮：《皖政輯要》卷八十九《農工商科・工藝》，黃山書社 2005 年版，第 837 頁。

〔註196〕《精製瓷器及創造玻璃以收回利源說》，《申報》1904 年 11 月 20 日，第一版。

〔註197〕《本身新聞改良磁土公司》，《安徽俗話報》第十七期，光緒甲辰年十一月朔日發行。

〔註198〕《精製瓷器及創造玻璃以收回利源說》，《申報》1904 年 11 月 20 日，第一版。

「上海購買機器，又與閩省的華寶公司聯絡，以便推廣磁土的銷場」。〔註 199〕茶葉是徽州重要經濟來源，茶商創設「屯溪茶務講習所，以資研究。所有籌撥常年經費除商捐外，並稟請勸業道援，案准撥公款，業經奉批核准立案。」〔註 200〕後徽州茶商又組建「茶務初等小學堂，並延聘教員，招考學生入堂研究，俾資造就以維茶葉」，其開辦「所需經費係由地方捐款，該府復於其中提倡規畫得以成立」。〔註 201〕其時已至清末，改良之舉實因市場一再被擠壓、多年虧損後不得已而爲之，與開埠初期市場大開之機遇已是失之交臂，因此振興實業，除了升級傳統手工業，還要發展新興產業。

（三）新興產業之趨勢

徽州「自唐宋以來便號富州，今何忽貧瘠若此？」如何改善這一局面，「當務之急莫要於講樹藝之事，研究製茶造紙之方法。其急須擴充者如祁門之磁土。歲可供全國陶業之用，歙縣之煤礦、績溪之五金各礦倘得大化學家、大礦學家、大資本家賡續而合作之，更足開萬世無窮之利。」〔註 202〕應該說，徽州晚清新興工業的發展基本秉承這個思路。

徽州本土資源除了茶葉、林木、黃精、白術等，「礦務五金咸備，煤亦富，因交通不便，多未開採。」〔註 203〕清末物產統計中徽州之礦產中水晶、煤爲多，製造物中銅器、刀煉鋼制（出黟縣），錫器、錫箔等都列其中。〔註 204〕在清末物產會上，績溪的程全紫晶礦石、程全黃金礦獲得二等獎銀牌，歙縣許鴻熙白煤、休寧黃竹子笙銅礦、塗期和金礦獲得三等銅牌。〔註 205〕可見徽州有一定的礦產資源「有地質之利，南嶺經行，礦務必富，惟望後秀子弟，學習礦科，將來我徽自有一番大事業做也。」〔註 206〕不過由於開礦有「地脈受傷，溪流淤塞」〔註 207〕破壞風水之嫌，因此要實現礦業的發展，則需要「關

〔註 199〕 《本身新聞改良磁土公司》，《安徽俗話報》第十七期，光緒甲辰年十一月朔日發行。
〔註 200〕 《茶商組織茶務小學堂》，《申報》1910 年 11 月 12 日，第十一版。
〔註 201〕 《茶務講習所撥款諮部安徽》，《申報》1910 年 10 月 20 日，第十二版。
〔註 202〕 〔清〕劉汝驥：《陶甓公牘》卷十《稟詳·詳報物產會開會文》。
〔註 203〕 〔民國〕《徽州鄉土地理》第一章《地文地理·物產》，安徽省圖書館藏。
〔註 204〕 〔清〕馮煦、陳師禮：《皖政輯要》卷八十七《農工商科·物產》，黃山書社 2005 年版，第 793 頁。
〔註 205〕 〔清〕劉汝驥：《陶甓公牘》卷一《示諭·物產會頒發獎品示》。
〔註 206〕 〔民國〕《徽州鄉土地理》第一章《地文地理·實業》，民國十一年油印本，安徽省圖書館藏。
〔註 207〕 〔清〕許承堯：《歙事閒談》卷十八《歙風俗禮教考》，黃山書社 2001 年版，

風水之謬，則礦業可興。」〔註208〕

　　徽州多是煤礦，鄉人「盜開煤礦，煉灰取利，每招外來工匠，群聚深山」，〔註209〕破壞山林不說，社會風氣亦爲之敗壞。徽州在晚清時期雖沒有形成成熟的礦業勘探、開採體系，但已初步嘗試與洋人合作開發礦業。「二十八年三月，商務局與英商伊德訂立安慶、池州、太平、寧國、徽州五屬勘礦合同六條。四月，與英男爵凱約翰訂立歙縣、銅陵、大通、寧國、廣德、潛山等處勘礦合同二十三條，……二十九年三月，復與英男爵凱約翰訂立展限續合同。並將原指之潛山除去，改在績溪察勘礦苗。」〔註210〕後因有人控經辦人「私售礦產」及「沒按合約及時勘驗」，〔註211〕故「三十年四月，凱約翰與外務部另訂合同。將原指之歙縣、大通、寧國、廣德、績溪五處除去，專辦銅陵縣之銅官山礦務。」〔註212〕至此，經農工商部核准，並頒有執照的徽州礦產僅有兩家，其一是「汪林開辦徽州府歙縣龜形山煤礦，運銷浙省」，〔註213〕此處礦應是已經開採。另外還有績溪縣東鄉由寶成公司耿介稟辦的荊州銻礦，尚未正式開採。〔註214〕

　　此外，有識之士出謀劃策發展新興工業，如黃賓虹等提到「家鄉山谷材木竹草之料較繁，同志者倘能查東瀛各國，有製紙機器可辦，成本若不太巨，或當籌集公司仿辦，較織布爲勝一籌。因地制宜辦造紙小工業，改變歙中閉塞落後現狀」，可惜「事未果」。〔註215〕

　　綜上，晚清徽州傳統手工業技術更新不及時，發展遲緩，新興工業亦沒

　　　　　　第601頁。

〔註208〕〔清〕劉汝驥：《陶甓公牘》卷十二《法制科·婺源民情之習慣·職業之趨重點》。

〔註209〕〔清〕許承堯：《歙事閒談》卷十八《歙風俗禮教考》，黃山書社2001年版，第601頁。

〔註210〕〔清〕馮煦、陳師禮：《皖政輯要》卷四《交涉科·合同二》，黃山書社2005年版，第16頁。

〔註211〕《皖撫誠大中丞奏查明前撫臣私售礦產參案摺》，《申報》1904年5月19日，第二版。

〔註212〕〔清〕馮煦、陳師禮：《皖政輯要》卷四《交涉科·合同二》，黃山書社2005年版，第16頁。

〔註213〕《諮請煤商遵章完釐安慶》，《申報》1909年8月9號，第十二版。

〔註214〕〔清〕馮煦、陳師禮：《皖政輯要》卷九十《農工商科·礦務》，黃山書社2005年版，第843頁。

〔註215〕黃賓虹：《與汪福熙》，《黃賓虹文集（書信編）》，上海書畫出版社1999年版，第38頁。

有得到切實的發展，多是紙上談兵的階段，官府雖急於發展實業，也採取不少措施，以期振興地方經濟，可是成效均不明顯。因而徽人在行為選擇中，「工」的選擇範圍較小。

五、從商偏好

明清時期徽州人多地少局面格外突出，十五歲以上男子外出經商的十之七八，且發展為執商界之牛耳的地域性商幫，在人脈、經驗等方面都打下豐厚的積澱。晚清人多地少的局面雖有改觀，但由於商賈能獲大利，且有前人累積的經驗及人脈，因此業賈者眾多。關於近代徽商的發展，學者多有著述，〔註216〕因此本文不再就晚清徽商展開細緻論述。

晚清以來，「百業衰替，人口凋減，生計迫蹙，」〔註217〕官府積極為商業復興創造條件，「戡亂後地方凋殘，生意零落，擬修閘壩以復水道，以通商賈，察核所稟具見，改紳等維持大局，心存利濟，深堪嘉許。……立即遵照前往各市鎮勸募商民一體樂輸，以濟要工共成義舉。」〔註218〕再加上徽人向有從商之習氣，業賈是不少徽人的自覺選擇。前文中約略估算晚清時徽人出外行商之比例占總人口的18%，〔註219〕再加上在徽州本土的坐賈，比例應更高些，人口總數25%的徽人多是經商，〔註220〕至成年之男性，則約一半從商。因此雖然說「近來國家多故，商人受虧不淺。」〔註221〕但經商仍舊是徽州半數成年男子的職業選擇。

〔註216〕注：馮劍輝：《近代徽商研究》2008年山東大學博士論文，以近代徽商為研究對象，從行業發展、徽商現代轉型等方面進行論述。張海鵬等主編《徽商研究》中最後徽商的衰落內容中亦涉及徽商在近代的運營軌跡。周曉光對徽州近代茶商又專門的論文《近代資本主義的入侵與徽州茶商的興衰》（《江海學刊》1998年第6期，第125～130頁）。王振忠則利用新文書的發現將徽商生活細緻剖析，如《徽商章回體自傳《我之小史》的發現及其學術意義》（史林2006年第5期，第162～174頁）。

〔註217〕〔民國〕石國柱、樓文釗等：《歙縣志》卷一《輿地志·風土》。

〔註218〕《光緒十九年祁門縣勸捐資修閘壩諭文》，《千年契約文書》第三卷，花山文藝出版社1994年版，第190頁。

〔註219〕見本文第三章第一節關於人口流動問題之分析。

〔註220〕馮劍輝在其博士論文《近代徽商研究》中估算至民國二十四年，徽州經商人口占總人口25%。考慮因第一次世界大戰導致國內商業發展迅速，從商比例提高，以及在徽州本土的坐賈，這一比例應該差不多。

〔註221〕〔民國〕《徽州鄉土地理》第六節《實業》，民國十一年油印本，安徽省圖書館藏。

　　只是同爲商業經營，晚清時與明清時的利潤落差頗大。如歙縣明清時「彼時鹽業集中淮揚，全國金融幾可操縱。致富較易，故多以此起家。」〔註222〕至雍乾中，「淮鹽之盛，昔徽各商資本豐是，或千萬、或數百萬，長袖善舞，故得無往不利，不但總商隆盛，即各口岸散商亦無不轉運流通，」及嘉道之末「富商本竭鹽務運衰，於是迭出新章補偏救弊，力愈求銷而愈滯，……致總商查抄，散商倒塌，場商支拙，淮北遂改票鹽，……南鹽改票，大局遂不可收拾。」〔註223〕鹽商失去壟斷優勢，再遭咸同兵燹，因此呈現「近十數年，故家耆老，相繼淪謝，商務外移」〔註224〕的局面。但並非人人都能意識到已是「承鹽典強弩之末」，時人「腦筋皆具有一大腹賈之思想，而不知處之商界競爭激烈之時代，斷非如從前之鮑誠、黃元寶可以傲幸弋獲鉅萬。……十戶九商，僅僅仰給予雜貨、布疋之微利，小東以資仰事俛蓄而已。此等生意，我歙居其多數。」〔註225〕由此可見，隨著徽商之中堅力量鹽商的衰敗，晚清徽商的發展及規模與明清時期差之千里，遠非當日之氣象。

　　當鹽業衰敗以後，在徽商主要從事的鹽、茶業、木材、典當四個行業中，茶業在晚清應爲發展最好的。茶葉的經營在清代就已經成爲跟隨鹽業之後的第二大產業，「歙之巨業，商鹽而外，惟茶北達燕京，南極廣粵，獲利頗賒。」〔註226〕晚清鹽商一蹶不振，茶商得開埠之機遇。茶葉的貿易涉及到農業、手工業及商業，因此其對徽州本土經濟的帶動作用最大，我們以茶商爲例來看看從事商業能否重振徽商的輝煌。

　　徽商從事茶葉的經營時間雖長，但是在晚清其茶葉的經營亦是跌宕起伏，周曉光認爲茶葉經營清代分爲四個階段，〔註227〕其中晚清則佔據三個發展階段，分別爲，第二階段從咸豐元年（1851年）到同治三年（1864年）是徽商茶葉貿易的低谷時期；從同治四年（1865年）到光緒十年（1884年）爲

〔註222〕〔民國〕石國柱、樓文釗等：《歙縣志》卷一《輿地志・風土》）。

〔註223〕《鹽務消息》，《申報》1876年9月30日，第二版。

〔註224〕黃賓虹：《黃賓虹文集（雜著編）》，《敍村居》，上海書畫出版社1999年版，第12頁。

〔註225〕黃賓虹《與汪福熙》，《黃賓虹文集（書信編）》，上海書畫出版社1999年版，第38頁。

〔註226〕〔清〕許承堯：《歙事閒談》卷十八《歙風俗禮教考》，黃山書社2001年版，第601頁。

〔註227〕周曉光：《清代徽商與茶葉貿易》，《安徽師範大學學報》2000年第3期，第336～345頁。

徽商茶葉貿易的「中興」時期；第四階段從光緒十一年（1885 年）到清末民初爲徽商茶葉貿易的衰落時期。對此，我們先來看看當時刊物對徽州茶葉經營的說法：

> 惟茶葉一項，每年出產，實在不少，約計這一項茶葉的價錢，總有四百萬兩，也要算一筆頂大的生意了。皖南茶葉的生意，分爲兩種，一種是洋莊，一種是土莊。做土莊的生意，就是將茶葉裝成簍子，運到蘇州地方，或別處地方，加上珠蘭茉莉花，然後再裝到各省去賣，大約北京銷這種茶葉最多，這土莊茶葉，徽州寧國池州三府都有出產。洋莊茶葉，僅有徽州出產，大概分爲紅茶綠茶。紅茶產的地方，以祁門最多，祁門紅茶在中國茶葉中間狠狠有名，買紅茶的客人，以俄羅斯國的人最多。祁門紅茶，賣的法子是在祁門將茶葉做成，再裝到九江，重新改做，裝成箱子，再裝到漢口去出賣。祁門這一宗出產，每年也狠不少。……皖南綠茶出產，也在徽州一府，歙縣婺源縣最多，其餘休寧績溪縣亦有出產，綠茶由出產地方，略微做好，送到茶行裏，由茶行重新改做，裝成箱子，再到上海去賣，這收買綠茶的茶行，寧縣、屯溪鎮最多，歙縣深渡地方，亦狠不少……〔註 228〕

文章反映幾個信息，其一、茶葉的銷量大，紅茶是主要的外銷茶，祁門紅茶的生產是始於清同治十年（公元 1871 年），其時黟縣人餘干臣自福建罷官歸來，賃居祁門縣城三里街。余氏見祁門產茶，根據閩人製閩紅的經驗，建議祁人改制紅茶，但祁人消息閉塞，思想保守，無人敢應議改制，獨胡氏元龍敢付諸實行。〔註 229〕隨著祁門紅茶的出產真正推動徽州茶葉經營的「中興」。其二，文中徽州的紅茶、綠茶的製作、加工、裝箱多道工序往往在不同地方完成，再經漢口、上海、北京分銷。最後，徽州茶葉銷售帶動屯溪、深渡等市鎮的發展。茶業推動徽州經濟及徽商發展，成爲兵燹後家族、區域重要經濟來源，學堂經費等多從茶釐支出。個人發展中有如婺源人胡南圭「歸設肆里中，兼業茶家漸裕」，〔註 230〕也爲族人發展提供財力支持，如王茂蔭至曾國藩的信中即可看出：「惟是尊賜可以救急入而兵餉不敢虛糜，將來在京有

〔註 228〕《地理》，《安徽俗話報》第十三期，光緒甲辰年十九月初一日發行。
〔註 229〕胡益謙：《祁門紅茶生產史略》，《祁門文史（第一輯）》1985 年版，第 111 頁。
〔註 230〕〔民國〕葛韻芬、江峰青：《重修婺源縣志》卷四《人物十二·義行八》。

需用之處，務希示知，儘管來取，萬勿存客氣之見。晚家中雖已焚毀，外間尚有一茶業，舍弟輩勉強專得來也。」〔註231〕

但是茶業相較鹽業而言，不可預知的因素很多，從而影響了行業的發展。周曉光等分析，洋莊壓價、洋茶衝擊及國內稅負高等都影響茶業的發展。從茶葉主要轉銷市場上海發行的《申報》報導中，可看出影響徽商茶葉經營的原因多種多樣。

天災：「徽州寧國兩府產茶素盛，茲有茶客之自仙源山中來這談及今年各山戶所收雖不見絀，然其味稍薄不耐咀尋，蓋由去秋亢旱多時，茶樹少受雨露之故也，至山價向以奎貢天地人和元亨利貞十字為次第，今年穀雨前奎貢二字每擔七折錢一百二十千，清明後天地二字每擔六七十千，及三月下浣人和二字每擔四十千左右，近日售至元亨等字，價益遞減矣。」〔註232〕

質劣：「上海西商所出綠茶行情單載曰：茶客所索之價過昂，故買者鮮，所銷之茶不多矣。平水茶各價與前禮拜相仿，毫無落勢；徽州大平茶色未見其佳，都有雜以次茶者，故所出價尚算不低，將今年各價與去年相比則較低，每擔四五兩，但大半係因茶色較次所致。近年綠茶價值大不如前，茶客若不如工製焙，勢必折本，是綠茶一年次一年，外國銷場亦隨之一年減一年，恐綠茶生意勢將全廢矣。」〔註233〕

價高：「茶葉以徽州為佳，其價亦較昂，平水茶其貨稍次而價亦廉，今年銷路則次貨旺銷，高貨滯售，此正不知其故，說者以為西人近年亦貨小利取其貨次，而價廉者販至外洋易於脫，此不過揣測之詞，究未知其果。」〔註234〕

品種：「今年歷稽市上生意各業皆未見生色，紅茶則稍廣，而尚不至於大折，綠茶則平水徽州等幫均大虧。」〔註235〕

時勢：「俄日之事警信頻傳，貿易中人咸存戒心，市景因更清淡。紅茶產自兩湖，春末夏初洋商在漢口交易，本年山價甚賤，洋盤尚佳，業此者咸占大，有徽州綠茶初尚得利後稍虧折。」〔註236〕

〔註231〕〔清〕王茂蔭：《王侍郎奏議》《致曾國藩函（同治元年五月初六日）》，上海古籍出版社 1995 年版，第 179 頁。

〔註232〕《徽州寧國兩府產茶》，《申報》1891 年 5 月 22 日，第二版。

〔註233〕《茶市近情》，《申報》1886 年 2 月 1 日，第一版。

〔註234〕《綜論乙酉年本埠市面》，《申報》1886 年 2 月 1 日，第一版。

〔註235〕《綜論本年上海市面情形》，《申報》1883 年 1 月 30 日，第一版。

〔註236〕《綜論癸卯年滬市情形》，《申報》1904 年 2 月 13 日，第一版。

最終「屯溪市面向以茶木兩項爲出口大宗，惟近年茶葉十分衰敗，往往有三十兩之成本而運至上海售予洋商時只值二十三四，兩者因之虧耗甚巨，闔郡爲之氣索。」〔註237〕正應了時人的擔憂，「茶葉出產江河日下，數年以來江浙絲價日增，而茶價日減，不合洋商之式，恐將來日趨日下，無人受主矣。」〔註238〕「二十年來，以業茶起家者，十僅一二；以業茶破家者，十有八九。商賈日失志，市肆日減色。」〔註239〕如婺源人程國遠「偕粵人業茶，共虧金八百」，程煥銓，「國學生。……嘗與兄弟業茶，虧蝕，債負數千金。銓以己租抵償，不累兄弟。」〔註240〕茶葉不景氣，還牽連茶農，「邇年茶市頹敗，業茶者富實降爲窮戶，而農民依茶爲活，遂苦不可支，」〔註241〕這正是光緒中葉以後茶商及茶農的眞實寫照。因此在當時的商業環境中，茶業難以承鹽業之重擔繼續徽商的輝煌。

茶業在晚清商業中尚屬上升行業，鹽、木材、典當這樣處於下行週期的行業之處境更爲艱難，與昔日動輒幾十萬金的利潤已無法相提並論，僅勉爲糊口，如在安徽大學徽學中心文書中，藏有清末民初懋淇致江高群的書信（黟縣十都豐登江氏文書）中，其弟在外做生意，「五年起至今年止，派弟之鈔糧及迎神保長丁費一切之鈔皆蒙兄嫂代爲充墊，今寄上洋一元，暫爲驗收，仍者弟本當設法如數奉赴，奈弟手中是實實拮据，並非故作之艱難……」，實在是因爲「近年以來，生意清淡，出息微細，加之事用浩大」，因而所欠之錢亦無法還清。此當爲在外經商之人的一個縮影。此外，還有在外經商不力而回家的，「棄賈歸者，力不任末耜，戶庭食寶，禮教凌替，勃溪詬誶之聲，不絕於巷。」〔註242〕

眞可謂「通盤大勢之權利，因時制宜，因地制宜，因人制宜，三者幾不可缺一。時既如此，其衰敗矣。」〔註243〕徽商從明清發展至此，雖難說衰敗，

〔註237〕《茶市衰敗徽州》，《申報》1907 年 1 月 5 日，第十七版。
〔註238〕〔清〕程方壺：《徽州勸興農務支會啓》，安徽省圖書館藏。
〔註239〕〔清〕歐陽顯：《見聞瑣錄》《胡雪崖》。
〔註240〕〔清〕《婺源縣采輯·義行》，清鈔本，安徽省圖書館藏。
〔註241〕〔清〕董鍾琪等：《婺源鄉土志》第七十九課《風俗舉要·續前八》，光緒三十四年木活字本，安徽省圖書館藏。
〔註242〕黃賓虹：《黃賓虹文集（雜著編）》，《敘村居》，上海書畫出版社 1999 年版，第 12 頁。
〔註243〕黃警吾：《黃賓虹在徽州》，黃中秀：《黃賓虹年譜》，上海書畫出版社 2005 年版，第 44 頁。

可是絕對人數的減少，商業環境的惡劣，競爭的加劇等因素都使徽商難以重現明清之輝煌，其影響力減弱。徽人雖從事商業人數不少，可是對宗族、個體而言帶動作用與明清時不可同日而語。

　　在傳統士農工商四業中，讀書由於個體素質及外在環境影響，雖爲首選，但實際可容納人數有限，且晚清士風不振已是趨勢。從商仍舊是半數以上成年男性的選擇。因晚清「自強、求富」之思想自上而下貫徹於官府、個體的行爲中，官府及有識之士不少認爲要國富民強必須興辦實業，而無論是發展經濟作物的種植以及礦業和現代工業的發展都受到極大關注，部分徽人亦轉而從事農業。工業因進入成本較高，個體行爲選擇時受到諸多限制，因此相對從業人數較少。總的說來，晚清生計文化中，雖然農業、工業有發展機遇，商業相對萎靡，但是大多數徽人延續明清生計文化之慣性，選擇商業爲自己的謀生方式

第三節　生計文化之新動向

一、客民湧入

　　晚清中國處於新陳代謝的進程中，在「自強、求富」的口號下對實業前所未有的重視，無論洋務運動還是戊戌維新，相應的政策及導向都推動實業的發展。在科舉中也有相關的題目，如光緒二十八年恩科江南鄉試第二場論題就有：「農商之學泰西講求極精，其見諸著述者不少，江南地大物博易於推行何者當擴充仿辦論。歐洲格物多源出中國，宜精研絕學以爲富強之基策。」〔註244〕類似題目對地方社會及士子有明確的導向作用，因此地方官府也紛紛號召興實業。從徽州我們可以看出，官府對於農業、工業持扶持的態度，辦農業、工業實業學堂，鼓勵興辦農會，成爲磁土公司，以身作則種植經濟作物等方面都爲民眾之嚮導，以期獲得地區實業的發展。

　　縱觀上文，徽人在四業選擇中，爲士對個體素質要求高，儒生缺失、隨著清末新式學堂的設立和教學內容的改革，以及實業救國思想的影響等原因，都使得徽州士風不振。爲工者則老工匠的缺失造成技術失傳，新式工業

〔註244〕《光緒二十八年恩科江南鄉試第二場試題》，《千年契約文書》第三卷，花山文藝出版社 1994 年版，第 364 頁。

學堂中學習物理、化學等科目對個體素質要求高導致進入門檻高，從業者魚龍混雜，新式礦業等也未形成規模，因此工業尚未形成足夠的吸引力吸收大量徽人。另外，新式礦業幸而在徽州未成氣候，如果大規模發展一定會破壞徽州生態環境，對文化生態可能是毀滅性的打擊。因此對於個體而言為農為商為最具現實性的選擇。徽州人地關係較明中葉後緩解不少，至清末仍有一些撂荒的地，如歙縣至宣統末年開墾熟地「較之原載田額……尚不及十分之六」。〔註245〕對於個體而言，限制農業進入的主要是土地的存量，從晚清數據看，進入農業的話土地是有的，可是在實際選擇中，「而務農者恒貧窮不堪，好賭則不能儉，吸鴉片則不能勤，二者又居多數」，因此雖然成為巨賈不易，但是徽人「十戶九商，僅僅仰給予雜貨、布疋之微利，小東以資仰事俯蓄而已。」〔註246〕可見成年男子更多的選擇還是經商，比例雖較明清時為低，但仍是晚清徽人謀生之首選。

在晚清文化生態中，出現這樣的困境：一方面雖然人均耕地面積成倍增長，但是對徽人生計選擇其實沒有產生很大的影響，大多數徽人延續慣性，因襲明清時人多地少形成的重商輕農的職業選擇，選擇商業作為立身之本。另一方面官府要富強，興農，興實業都對本土農業和工業經濟提出了新要求，但必須要有人來執行。於是兩難困境出現，文化生態的慣性與新興發展趨勢之間艱難的博弈，最終通過引入外來客民使這一博弈實現均衡。

咸同兵燹後，安徽由於減員過多，在同治初年即設善後屯墾總局於臨淮，又在鳳陽、定遠各設分局，由官府出面招徠流民。因此至清末據《皖政輯要》統計有近十萬流民在徽州謀食。歙縣「至邑東自城隅至績溪界，通衢四十里，土著之存者，百步一二。而贛民之來耕作者，恒達七千人。此外尚有湘皖之民，雜處其間。以古豐塌佃戶，客民為夥」，〔註247〕且「邑北山居之民，盜開煤礦，煉灰取利，每招外來工匠，群聚深山」。〔註248〕黟縣「清季始來客民墾荒，近時日益加多。」〔註249〕休寧因外出經商者眾，「捨田土

〔註245〕〔民國〕石國柱、樓文劍：《歙縣志》卷三《食貨志·賦役》。

〔註246〕黃警吾：《黃賓虹在徽州》，黃中秀：《黃賓虹年譜》，上海書畫出版社 2005 年版，第 44 頁。

〔註247〕黃賓虹：《黃賓虹文集（雜著編）》，《任耕感言·豐塌墾復仁德莊義田始末》，上海書畫出版社 1999 年版，第 476～490 頁。

〔註248〕〔清〕許承堯：《歙事閒談》卷十八《歙風俗禮教考》，黃山書社 2001 年版，第 601 頁。

〔註249〕〔民國〕胡存慶：《黟縣鄉土地理》《物產》，民國十四年鉛印本，安徽省圖書

荒蕪既讓安慶人以入墾矣，工匠缺乏又召江西人以伐木燒炭矣，喧賓奪主，積重難移。」〔註250〕婺源亦是「邑人不注意工藝，故江西工民多傭食其間。」〔註251〕屯溪這樣的繁榮市鎮更是「五方雜處，客民眾多」，〔註252〕「每當春夏之交，洋茶上市，遠近來就食者，……男婦數萬人」。〔註253〕深山中也是「向有棚民居住偏僻處，……搭棚棲居，任意開墾栽種苞蘆」，〔註254〕以至「客籍佃農極佔優勢」，〔註255〕至清光緒三十年，徽州的客民有90191人。且客民流入的趨勢只增不減，如祁門人口在清末是十萬左右，到了二十世紀三十年代，進行全縣人口統計時，只剩六萬多人，四十年代的 1946 年，國民黨爲了進行普選，又曾經在全縣普查過一次人口，那次普查，祁門的人口爲七萬多人，這七萬人中，外籍遷入定居的約占一半，主要來自安慶市、懷寧、桐城、太湖、宿松、望江、潛山等縣及少數江西人和湖北人。〔註256〕他們大部分業農墾種，種山卜、苞蘆爲生；也有爲工的縫工、木工、竹工、磚工及其他各類工種。〔註257〕由此可見，隨著成年男性半數以上經商，徽州經濟中農業與手工業的發展一定意義上依靠流入的客民來實現。客民成爲徽州生計文化中不可或缺的主體，促進徽州本土農業、手工業發展，此爲生計文化的新動向。

二、土客融合

晚清徽州文化生態中土客雜居成爲社會發展的不穩定因素。不同文化群體混居在一起，出現「客與土不和，客與客又不和」，〔註258〕相互之間融合

館藏。

〔註250〕〔清〕劉汝驥：《陶甓公牘》卷十二《法制科·休寧民情之習慣·職業之趨重點》。

〔註251〕〔清〕劉汝驥：《陶甓公牘》卷十二《法制科·婺源民情之習慣·交際間之狀況》。

〔註252〕《屯溪通信》，《安徽白話報》第二期，光緒戊申九月中旬發行。

〔註253〕〔清〕《新安屯溪公濟局徵信錄·稟呈》，光緒二十七年刊本，安徽省圖書館藏。

〔註254〕《清咸豐五年九月祁門縣正堂爲嚴飭稽查事照得祁邑各鄉告示抄白》，安徽大學徽學中心藏。

〔註255〕章有義：《近代徽州租佃關係案例研究》，中國社會科學出版社 1988 年版，第316 頁。

〔註256〕方修教：《祁門地區八百年自然災害輯錄》，《祁門文史（第一輯）》徽州新華印刷廠印 1985 年版，第 93 頁。

〔註257〕〔清〕劉汝驥：《陶甓公牘》卷十二《法制科·績溪民情之習慣·職業趨重之點》。

〔註258〕〔清〕馮煦、陳師禮：《皖政輯要》卷五《交涉科·教務一》，黃山書社 2005

成本較高。且客民相對來說生活貧困,「低小之屋,或以土爲牆,或以草爲瓦,四都源瑤碣源之棚民以及燒炭挖栲種山卜苞蘆者大率類此。不講光線,僅蔽風雨,床與灶接,人與畜居,或一室一婦也,或十室八室而無二三婦也」,〔註259〕這應該是客民的眞實生活狀態。至於群聚山中採煤的棚民,生活條件更差。經濟貧困導致一些客民爲非作歹。歙縣不法行爲中客民爲一患,「客民以江右爲最強,聚眾行兇,流爲賊盜者,亦復不少。」〔註260〕休寧「以土客言交際則逐棍,贛痞口舌興戎,近時懷桐等人又稍稍有事焉,」並且「西南兩鄉、江右游民勾結爲患,賭博一項亦復不少」。〔註261〕祁門更是「土弱客強,因此纏訟者有之。所幸婚姻聯合,相習既久,交際均有感情。」〔註262〕黟縣也是「涉惟土客雜居,易生惡感。」〔註263〕其時「徽州各屬時有強徒剪徑行兇。本月初旬有某甲自遠處歸,除一肩行李外,尚帶洋銀十餘元,行至府城南門外萬山深處,人跡杳然,道旁羅出四五人口,操豫章音,(豫章爲江西)將甲擊倒奪取洋銀。」〔註264〕此外,客民流入,與土著形成資源爭奪之勢,如有土客爭奪沙洲之地而起的訴訟,〔註265〕又如《陶甓公牘》中針對客民吳懷先的土地之爭訟案,〔註266〕都可以看出對土、客之間對資源的爭奪。但是隨著客民增多,在生產中地位日趨重要,成爲晚清文化生態中一個組成部分,因此系統與清中葉徹底驅逐的排異反應迥然不同,相互間的爭端通過訴訟渠道解決。

土、客雜居除了增加訟案及社會不穩定因素以外,對文化生態還有隱性影響,闔族而居的宗族社會中湧入客民,聚族而居的村落中摻入雜姓,爲兵

年版,第 22 頁。

〔註259〕〔清〕劉汝驥:《陶甓公牘》卷十二《法制科·休寧民情之習慣·居處》。

〔註260〕〔清〕劉汝驥:《陶甓公牘》卷十二《法制科·歙縣民情之習慣·犯罪以何項爲最多》。

〔註261〕〔清〕劉汝驥:《陶甓公牘》卷十二《法制科·休寧民情之習慣·犯罪以何項爲最多》。

〔註262〕〔清〕劉汝驥:《陶甓公牘》卷十二《法制科·祁門民情之習慣·犯罪以何項爲最多》。

〔註263〕〔清〕劉汝驥:《陶甓公牘》卷十二《法制科·黟縣民情之習慣·犯罪以何項爲最多》。

〔註264〕《黃山冷霧》,《申報》1890 年 1 月 17 日,第三版。

〔註265〕《宣統元年休寧縣告示》,《千年契約文書》第三卷,花山文藝出版社 1994 年版,第 445 頁。

〔註266〕〔清〕劉汝驥:《陶甓公牘》卷七《刑科·黟縣附貢程肇璜等稟批》。

燹後十室九空的宗族重建帶來阻力。十家之村不廢誦讀，以朱子家禮爲行爲準則的徽州宗族與徽人，同掙扎在貧困線上的客民在生活、思想上能否形成共識，短時間內恐怕不容樂觀。即便如祁門「土弱客強，因此纏訟者有之。所幸婚姻聯合，相習既久，交際均有感情。」〔註267〕這一行爲也是是土弱客強的局面下形成的。土、客融合最後呈現的文化是相互妥協後的產物，已有別於徽州宗族社會。像屯溪這樣客民集中的商業市鎮，更是故而「客民居其多數，究之無論爲客民爲土著，既受一廛而爲氓。」〔註268〕因此，當客民作爲生計文化的重要組成部分，在徽州從事的農業、工業是官府希望發展而徽人多不願從事的職業，則其在徽州有一定的發展空間，不會出現清中葉強烈之排異，而更多的表現在相互的融合。時至今日，田野調查到祁門、休寧、黟縣等地時，有的村落中全是說「安慶話」，還有徽州方言與「安慶話」夾雜，這樣典型的客民與土著處於同一生活空間的村落在當地不在少數，可以想像客民不斷融入徽州的情景。

小　結

晚清徽州文化生態中，因兵燹造成人口銳減，從而呈現人均耕地面積較清中葉成倍增長的局面。徽人在進行生計選擇時，因儒生較少、經濟低迷、科舉廢除等原因，晚清徽州士風不振已成定局。人均耕地面積增多，經濟作物大量種植使得徽州務農人數增加。傳統手工業和新興工業均無突破性發展，直接限制徽人流入手工業的人數。半數成年男性延續慣性以商業爲職業選擇。晚清徽州人的四業選擇與明清時期已經有了一定的比例變動，這即導致舊文化生態系統的失衡加劇，也是構建新系統的基礎。同時，人口減少及徽人外出經商使得大量客民進入塡補農業、工業的用工空缺，在徽州形成土、客雜居的局面。晚清徽州生計文化主體由土著與客民組成、呈現農業與商業並重之趨勢，此爲生計文化之新動向。因此在徽州文化生態新一輪構建中，生計文化主體及內容的變化對文化生態中社會組織及價值觀念的構建提出新的要求。

〔註267〕〔清〕劉汝驥：《陶甓公牘》卷十二《法制科·祁門民情之習慣·交際之狀況》。
〔註268〕〔清〕劉汝驥：《陶甓公牘》卷十《稟詳·稟屯溪火災勸捐文》。

第四章　更生中式微的徽州宗族

　　社會組織受自然人文環境之次生影響，對於區域文化生態的發展方向及形式起到舉足輕重的作用。徽州宗族在明清時期由於人多地少，通過強化宗族組織，產生凝聚力，將徽人紐結在一起，對徽人的行爲給予價值認定，使得商人等傳統四民之末在宗族中獲得認同及讚譽，以實現個體之價值，也促使外出徽人個體、資金的回歸，進而促進徽州區域的可持續發展。晚清徽州自然人文環境發生極大之扭轉，宗族的發展態勢左右區域文化生態前行之方向。

第一節　宗族之更生

　　咸同兵燹沉重衝擊徽州宗族。如第二章中分析，宗族在經歷戰禍後，人口銳減造成規模縮小，架構鬆動，戰禍使得祠堂、族譜等宗族實體符號毀損嚴重，甚至有極悖人倫的食人現象的出現，動搖綱常基礎。在外力作用下，徽州宗族無論是形式上還是思想上都支離破碎。可是晚清的徽州宗族沒有因此而一蹶不振，而是展現出強大生命力，積極重建以實現更生。一方面是文化生態系統運行慣性造成的。延續幾百年的宗族無論是從組織架構上還是思想上都發展爲成熟體系，晚清文化生態的基石雖已變化，受其潛進影響的宗族很難在短時間內予以回應，社會組織運行的慣性具有強大的力量，使其在短時間內復蘇。明清時期徽州宗族發展壯大，支持個體發展，保護自然環境，在徽州文化生態中發揮舉足輕重的作用。因此戰禍客觀上削弱宗族力量，但戰亂一平，系統的慣性就發揮作用，宗族表現爲大規模更生之態勢。另一方

面，晚清徽州社會流弊叢生，賭博、鴉片、流匪等嚴重擾亂社會穩定，再加上部分客民的濫墾侵入宗族的勢力範圍，如黟縣鶴山李氏宗族的公墓「多被客民掘藏山薯」，﹝註1﹞不管是維護社會治安、維護土著權益，都需要一個強大社會組織來完成，晚清徽州區域可供選擇的餘地不大，只有宗族才可以實現這一目的，保證社會正常運轉。

所謂「敦睦之要有三，若祖廟，若祀產，若宗譜。其大端也，宗譜全則敦睦有其據，祖廟整則敦睦有其地，祀產備則敦睦有其資。三者相須，不可缺一。」﹝註2﹞因此戰事初平，徽州宗族即採取一系列措施以恢復其勢力。

一、修譜牒

兵燹使宗族譜牒毀損嚴重，能夠僥倖保存下來的，也多是族人捨命相保，如歙縣華陽舒氏，其族譜之稿能夠保存是多虧在太平軍到時，「一、二宗人攜公遺稿，遠循山林」，﹝註3﹞才最終得以在同治九年告竣。婺源人黃文忠在「咸豐間，發兵擾婺，居民各自逃匿，忠以族譜為根本，重物不顧，妻子獨負以逃，亂平時毀譜賴以存。」﹝註4﹞「族譜與統祠相表裏者也，萃一族渙散之祖靈，祀於祠，萃一族存歿之丁數書於譜。」﹝註5﹞晚清宗族之更生，修譜為第一要務，而修譜之主要目的就在於「收族」。一方面徽人外遷各處，如黟縣鶴山李氏，其族眾分佈「近如鶴山之前村曰溪灘，……遠如休寧之西館，吳江之盛澤，江西之河口，雖漸居漸遠，音問通而情意猶相關聯，彼遷池州、遷維揚以及遷福建者，已無從搜考，……骨肉而途人也，則譜學安可闕如哉？」﹝註6﹞還有戰亂時，徽人闔家外出避禍，如館田李氏在咸同時「鄉人避難上楚者以萬計。」﹝註7﹞這與徽人獨自外出經商有所不同，避

﹝註1﹞〔民國〕李則綱：《黟縣鶴山李氏宗譜》《有詳公墓圖說》，民國1917年刊本，安徽省圖書館藏。
﹝註2﹞〔清〕乾隆《歙縣方氏會宗統譜》卷二《後序》，上海市圖書館藏。
﹝註3﹞〔清〕舒安仁等：同治《績溪華陽舒氏統宗譜序》卷首《序》，同治九年敦倫堂活字本。
﹝註4﹞〔民國〕葛韻芬、江峰青：《重修婺源縣志》卷四十三《人物十二·質行九》。
﹝註5﹞〔清〕倪望重：光緒《祁門倪氏族譜》中冊《重修族譜跋》，光緒二年刻本，安徽省圖書館藏。
﹝註6﹞〔民國〕李則綱：《黟縣鶴山李氏宗譜》卷末《鶴山宗譜後序》，民國1917年刊本，安徽省圖書館藏。
﹝註7﹞〔清〕李嘉賓：光緒《新安館田李氏宗譜》卷二十一《懿行宗熹公傳》，《中

難多是闔家闔族傾族而出，因此有的支系亂平後「在他鄉各自為宗」，也有的「延數代仍歸故土」，結果是「試問何派？不知；誰人為始遷之祖？不知。」〔註8〕因此晚清徽州修譜是格外注重招集外遷徽人認祖歸宗，希望通過修譜「使世之人子者，上考祖祢之源流，下序云仍之昭穆，以傳於無窮而不失其本也。」〔註9〕另一方面在寇亂中徽人「死亡散佚，殆不可紀，」〔註10〕「死者固已矣，而其名諱生卒，生者可不加察而為之考訂，……又恐年湮代遠，搜輯愈難，」雖然修譜「其勢非易，然因循愈久，收集愈難，」〔註11〕可是因逝者、外遷者人數眾多，時間越久則信息越不完整，因此迫切需要收集詳細信息以防散佚。此外，宗族流傳年代久遠，還會造成世次紊亂，如仙石周氏「二十七世國字輩與紈褲子弟國公同一國字而不知隱諱，二十八世德字輩與三世祖德正公同一德字而不顧混淆。」〔註12〕亟需明世次，序昭穆。基於以上種種原因所以在晚清出現修譜高潮。

上海圖書館是目前世界收藏中國族譜最多的地方，約有 12000 多種，有學者對其中徽州族譜的時間分佈做了統計，如下：

　　　　華族譜集成‧李氏譜卷》，巴蜀書社 1995 年版，第 541～905 頁。
〔註8〕〔民國〕《績溪柳川胡氏宗譜》卷一《清同治間初修宗譜序》。
〔註9〕〔清〕光緒《績溪華陽邵氏宗譜》卷首《序》，光緒三十三年刊本，安徽省圖書館藏。
〔註10〕〔清〕光緒《績溪華陽邵氏宗譜》卷首《續修條議》，光緒三十三年刊本，安徽省圖書館藏。
〔註11〕〔清〕光緒《績溪仁里程繼序堂專續世系譜》卷四《本係下》，清光緒三十三年刻本，安徽省圖書館藏。
〔註12〕〔清〕宣統《績溪仙石周氏宗譜》卷二《排行正訛》，宣統本，複印件安徽大學徽學中心藏。

圖 4-1　上海圖書館徽州族譜時間分佈

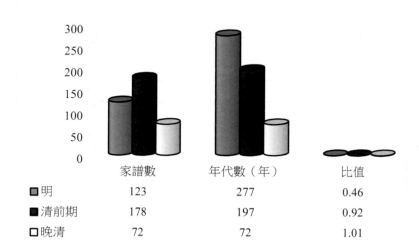

	家譜數	年代數（年）	比值
■ 明	123	277	0.46
■ 清前期	178	197	0.92
□ 晚清	72	72	1.01

　　誠然由於時間越久遠，家譜受損的可能性就越大、收藏越不易，可能導致統計數據出現偏差，不過可以得出晚清 72 年間，徽州宗族的纂譜活動並沒有因經濟衰退及人口凋零而衰退。〔註 13〕

　　同時，藏於安徽省圖書館的《祁門縣志氏族考》亦清晰反應祁門之世家大族修譜之情況。書中共記載了 42 個家族，其中 13 個家族或無譜，或非晚清時期修譜，剩下的 29 個家族在晚清均有修譜，占比約 69%，其具體纂譜情況如下表：

表 4-1　晚清祁門宗族纂譜情況一覽表〔註 14〕

宗　　族	纂　　譜　　情　　況
赤橋方氏	清同治十三年，赤橋支裔熾昌村源支裔朝墩等聯合各宗派設局黃楊墩修有宗譜。
三方方氏	清光緒三十一年婺源江山下會修總譜前有胡榮序。

〔註 13〕　唐力行：《20 世紀上半葉中國宗族組織的態勢——以徽州宗族為對象的歷史考察》，《上海師範大學學報》，2005 年第 1 期，第 104 頁。
〔註 14〕　〔民國〕胡光釗：《祁門縣志氏族考》，民國三十三年排印本，安徽省圖書館藏。

磐石口方氏	宣統三年十六世孫富容富廣修有支譜。
江村江氏	江村其譜於民國三年由婺源江峰青主修。
庸溪江氏	其譜修於清季庚申，附貢上青等，民國初會修與婺源。
韓楚二溪汪氏	二溪之譜纂修於元季先儒克寬，清嘉慶丙辰太學啓濂少府起璐，宣統庚戌歲貢生發宰續修之。
石門汪氏	其譜於清光緒十八年會修於太平翠林。
三門李氏	同治十一年仲邦譜序，民國二十年修譜凡例。
五門余氏	譜修於清嘉慶同治，民國十三年余桂攀等重修。
板石余氏	譜於清光緒三十年甲辰由沱川統修。
燕里何氏	其譜於清同治二年合菊徑統修。
武陵吳氏	其譜宋嘉定時太學博士柔勝修於宣城，清嘉慶四年吳學琳光緒二十年吳同續修之。
瑞山林氏	其譜修於明萬曆丁未，宗禮有朱天球序，又修於天啓二年，有桂林府知、興安縣事瑞山應鴻及邑人謝序仁序，又修於光緒五年。
金紫胡氏	胡氏宗譜明成華戊子自立先後纂修，明萬曆歙宮傳用賓修有統宗譜，請康熙癸丑弘文院庶吉士著，乾隆壬午舉人啓道光緒戊子舉人廷琛續修。
翠園胡氏	其譜修於明萬曆，清同治民國十四年恩貢生光大重修。
郭溪胡氏	其譜於乾隆二十六年會修於清華崇先祠，同治五年文瑞等纂修支譜。
四門馬氏	其宗譜於清道光二十二年，教諭馬泰主修。
桃園洪氏	其譜曆由婺源統修，清光緒二十六年，孝廉洪釗以合纂既難，始將本支纂修。
桃源陳氏	其譜於清光緒二十七年侯訓導光大纂修。
鄭家坦陳氏	其譜於清同治十二年根據陳氏大成宗譜由陳敦義堂浩堂等續修。
宗闈陳氏	清康熙癸酉，嘉慶丙辰、道光丙申、光緒丙午凡四修支譜。
石溪張氏	其譜會修於清光緒十四年。
閶源盛氏	宣統三年昌榮先後纂修支譜。
碣田黃氏	於清咸豐二年壬子黃明德堂鄉賓世隋等捐資倡修。
環溪許氏	清嘉慶八年、光緒十年歷口北源薛源龍潭道源合修。
祁南康氏	清光緒二十五年八世祖忠國公派下等聯合板溪樟源坑口合修之。
韓溪黃氏	清嘉慶修有支譜，宣統三年魯泉等重修。
紫荊灣葉氏	聚族之譜牒目前清道光丙午肇修，光緒辛巳續修。
姚村戴氏	光緒辛丑起銓續修。

　　因此無論是從上海圖書館收藏族譜修譜時間分佈情況，還是祁門晚清關於修譜情況的記載，均可得出在晚清時徽州宗族大多有纂修或續修譜牒的活

動的結論。

　　同時針對當時外遷族人多的境況，在晚清宗族修譜時，尤爲注重將流落外鄉的族人譜系統計。在晚清《申報》上就有徽州宗族的修譜公告，「徽州婺源查氏續修宗，諸各將遷居地方名字世次情開，就近指送蘇申寧波邵伯查二妙堂墨店、漢口查同春墨店轉知總局，以庚寶春季爲止，過期不候。鳳山孝義祠啓」。〔註15〕續溪龍川胡氏也曾在報紙上發修譜告白，招募旅外徽人認祖歸宗。〔註16〕《申報》在晚清時發行量大，且主要發行地上海是徽人集中的地方，通過這一媒介召集盡可能多的族人將信息反饋，以實現「收族」之目的。並且在修纂的內容上，因外遷人數眾多，難免出現相互之間輩份稱謂弄不清的情況，有的宗族在纂修時特將此作一圖譜以普及。

圖 4-2　　《館田李氏宗譜》宗親圖〔註17〕

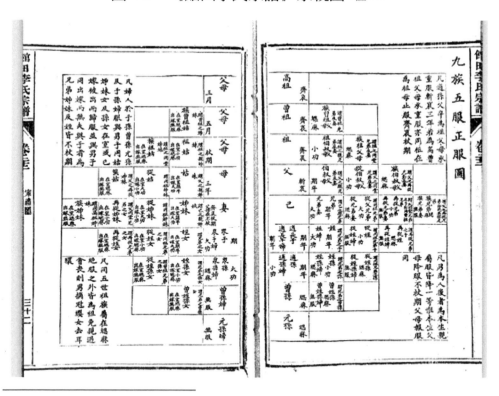

〔註15〕　《查氏修譜》，《申報》1889 年 6 月 4 日，第九版。

〔註16〕　《江南徽州府續溪縣十二都大坑口龍川胡氏宗祠敕賜博文堂越主修譜告白》，《申報》1899 年 6 月 17 日，第六版。

〔註17〕　〔清〕李嘉賓：光緒《新安館田李氏宗譜》卷首，《中華族譜集成·李氏譜卷》，巴蜀書社 1995 年版，第 541〜905 頁。

　　此外，修譜的目的明確，爲「清源」、「務本」，防止異姓入繼，「異姓不得亂宗，倘有螟蛉一概不書。」〔註18〕「收養異姓即爲亂宗，律令昭垂，自應嚴禁我族，雖間有收養外姓爲己子者，然宗派所關，不得不嚴，異日當公同議禁，以免宗族淆亂。」〔註19〕同時，明清修譜時一般幼小夭折的不入譜，可是戰亂中殤者過多，要明世系規避人數過多則世系更是不明，因此特規定「男女殤者不入系圖，而別諸殤靈錄，書其名姓、某人子女。」〔註20〕

　　晚清通過修譜，「將見左昭右穆，條分縷晰，像贊序傳，煥然一新，」從而渙散的族人聚結在一起，「上可以繼先人之典，則下可以望後昆之經綸相繼而起者，仍體祖宗之心，尤能善繼述前人之志。」〔註21〕

二、建祠堂、明族產

（一）建祠堂

　　祠堂是宗族活動之場所，強調知本報本，強調基於生育感恩而對祖先的紀念，具有較濃厚的祭祀文化色彩，也強調合族與教化之作用。兵燹之後，「譜冊既殘，祠宇灰燼」，〔註22〕「族中祀產簿籍俱灰滅，」〔註23〕「所有簿據祭器等物遭寇遺失，零星散落」。〔註24〕有的宗族「祠宇雖存，而主牌全失」。〔註25〕祠堂、祭器甚至神主被毀損，對宗族影響甚大，「祖先無奉祀之堂，子孫乏蒸嘗之報」。〔註26〕因此修復祠堂對「收族」甚爲緊要。

〔註18〕　〔清〕宣統《績溪仙石周氏宗譜》卷一《家法》，宣統本，複印件安徽大學徽學中心藏。

〔註19〕　〔民國〕李則綱：《黟縣鶴山李氏宗譜》卷末《家典》，民國1917年刊本，安徽省圖書館藏。

〔註20〕　〔清〕宣統《績溪仙石周氏宗譜》卷一《家法》，宣統本，複印件安徽大學徽學中心藏。。

〔註21〕　〔清〕光緒《徽州彭城錢氏宗譜》卷五《吳越錢氏宗譜新跋》，光緒十年刊本，安徽省圖書館藏。

〔註22〕　〔民國〕朱承鐸等：《新安（休寧）月潭朱氏族譜》卷首《新序》，民國二十年活字本，安徽省圖書館藏。

〔註23〕　〔民國〕李則綱：《黟縣鶴山李氏宗譜》卷末《李麗春先生傳》，民國1917年刊本，安徽省圖書館藏。

〔註24〕　〔民國〕李則綱：《黟縣鶴山李氏宗譜》卷末《添祥公冬至會序》，民國1917年刊本，安徽省圖書館藏。

〔註25〕　〔光緒〕《績溪北門張氏宗譜》卷首。

〔註26〕　〔清〕宣統《績溪仙石周氏宗譜》卷首《祠堂記》。

其時經戰亂後百廢待舉，雖說「祠之興廢，非由人力之盛衰，工費之難易，」〔註27〕不過幸得族人解囊援助祠堂才得以重建。婺源查樹茂「祠宇圮壞，獨立承修，並輸田五十畝，以裕祭祀。村口神皋費千金修造。前後公私義舉，約計鉅萬。」〔註28〕歙縣鮑志桐「時方建五思堂宗祠，公為其祖及父捐田五十畝以祀主。並捐石靠義辨地九畝有奇。……又以遠祖之向無祭產也，謀兩派，合捐上祀戶田十七畝有奇，輪祀始遷祖以上三代。並為其祖置祭田五畝，父三十畝。」〔註29〕祁門的胡衍虞更是「興祖祠，修橋路，皆慷慨。」〔註30〕黟縣江雲翔因「祀產宗祠年久傾壞，」其籌資興建。〔註31〕在族人出力之下，徽州晚清修復不少祠堂。筆者所查閱族譜中，幾乎均有修葺祠堂的記載。祁門七溪汪氏，清咸豐壬戌，祠毀，同治間復。〔註32〕績溪仁里程氏原祠堂「兵燹之後，遺址僅存，光緒三十一年始議重建顏之，曰繼序堂」。〔註33〕休寧月潭朱氏亦是「先復宗祠以修祀事」。〔註34〕凡此種種，不可勝計。

（二）明族產

族產為宗族開展祭祀、助學、助困、宗族日常開支等方面提供用度，在族譜中會對族產的具體位置、族產之交割手續等都留存有詳細之記載。太平天國時徽州宗族遭到嚴重打擊，許多宗族的族產流失，因此宗族重建中整理族產成為必須。兵燹造成大量族譜的毀損，使得信息失傳，有的年代久遠就難以確權。有的宗族不僅族譜，甚至關係到宗族的一應對象均毀損，如歙縣朱氏在「世亂之年，所有宗譜、祖容、胙盒、火印、捐條、議款、帳簿一應等物繫在鶴如公家，咸豐十一年冬，其屋被賊焚毀，統宗對象盡皆丟存」，祖墳也因「各派久失展墓之儀，致被許姓盜葬」。〔註35〕

〔註27〕 〔清〕宣統《績溪仙石周氏宗譜》卷首《祠堂記》。
〔註28〕 〔清〕吳鶚、汪正元：光緒《婺源縣志》卷三十四《人物‧義行》。
〔註29〕 《歙縣新館鮑氏著存堂宗譜》卷二《例授奉直大夫州同銜加二級鳴歧再從叔行狀》。
〔註30〕 〔清〕周溶等：同治《祁門縣志》卷三十《人物志‧義行》。
〔註31〕 〔民國〕吳克俊、許復等：《黟縣四志》卷七《人物‧尚義》。
〔註32〕 〔民國〕胡光剑：《祁門縣志氏族考》，民國三十三年排印本，安徽省圖書館藏。
〔註33〕 〔清〕光緒《績溪仁里程繼序堂專續世系譜》卷五，清光緒三十三年刻本，安徽省圖書館藏。
〔註34〕 〔民國〕朱承鐸等：《新安（休寧）月潭朱氏族譜》卷首《新序》，民國二十年活字本，安徽省圖書館藏。
〔註35〕 〔清〕朱應溥：光緒《新安（歙縣）朱氏宗祠記》，光緒十一年，安徽大學徽

　　因此，查明族產是維護宗族利益重要的一步。有的通過查找幸存老人提供有效消息，如黟縣鶴山李氏在戰亂中不少祀產簿籍被燒毀，原有的族產無從查起，「寇亂後多荒蕪」，祖上有詳公的墓甚至「被客民掘藏山薯」而無從確定位置。幸而有幸存老人世詳，「饒心計，習知族舊事，」族中李麗春先生「即其榻致殷勤，條諮縷記，復周履阡陌雇佃眾無異詞，於是挾冊記注，盡復舊觀，而族祀益以光大，」黟縣的世家大族遭發匪數蹧，公私凋敝，「亂後能光續前緒者，十無四五，先生際兵火之後，旁皇於一老農，修其先業，以無墜祀事，功在李氏。」〔註36〕有的則是從其他分支中查找幸存契簿，如上面提到的朱氏，幸得瀛桓公攜帶「祠堂屋契、小倈田契、胙斂號簿」到江右避難得以保存下來，在修譜時登記進去。〔註37〕對於有爭議的族產先協商，如婺源三田李氏與他姓就宏山便辛嶺上山場爭議日久，「今幸兩家個捐舊嫌，面同參酌，合請公正中人，前詣該山勘清山號，妥理明晰，繪圖立界。」〔註38〕還有的只有通過訟官確權。如休寧率口程氏祠產被客民開墾耕種，為確權只好訟官：

　　　　給示嚴禁事　據十六都率口程世忠祠附貢生程興湘、程世璞……等呈稱緣世忠祠產緊瀕祠前大河對岸黃口有駒字一千五百二十二鄉土名大清河間洲沙地一片，稅十六畝，餘水走沙漲積有餘，畝雖與二十二都黃口何姓合業，而程多何少，業荒糧完，代遠年深，施為義地，上多墳冢，旁臨大河，生等取族而居，深明厲害，於嘉慶五年公請示禁開墾，十二年又附加禁，……近聞何姓支丁貪慕沙洲之利，又有藉端違禁招墾情事，只知肥己，罔顧害人，若任其馳禁，勢必沙洲中泥塌淤塞河流，暴露骸骨，倘若上年洪水為災兩岸之居民，大礙患不堪，思害宜預防，……為此示仰該眾人等知悉，爾等須知黃口河沙洲地一片係義地，墳冢累累，自示之後，無論土著客民均不准私行開墾，致礙河道墳墓……〔註39〕

學中心藏。

〔註36〕〔民國〕李則綱：《黟縣鶴山李氏宗譜》卷末《李麗春傳》，民國1917年刊本，安徽省圖書館藏。

〔註37〕〔清〕朱應溥：光緒《新安（歙縣）朱氏宗祠記》，光緒十一年刊本，安徽大學徽學中心藏。

〔註38〕〔清〕光緒《婺源三田李氏宗譜》《宏山便辛嶺上山場合議》，光緒十一年刊本，安徽省圖書館藏。

〔註39〕《宣統元年休寧縣告示》，《千年契約文書》第三卷，花山文藝出版社1994年

明族產之外，防止族產的流失也是宗族正常運行的保證。在各宗族族譜中多會規定不許盜賣祠產，並嚴加管理：「吾族大宗祠及各支祠俱有祭田、公款，宜公舉正直精明之人為祠董以司出納，或加一二人副之，每歲酌給工食以專責成。其祠內田土、山場尤宜隨時經理，如有被人隱匿侵佔等弊，即當親臨查勘，免致失業。歲終集眾結帳一次，以杜侵蝕。」〔註40〕因此徽州宗族的族產相對穩定。章有義認為祠產「在太平天國失敗後的一段時間內，扒進的較少，吐出的較多，至少沒有明顯的增殖跡象。從十九世紀八，九十年代到二十世紀二十年代，以至抗日戰爭前夕，比較明顯地呈現擴大趨勢。」〔註41〕可見隨著宗族的更生，在穩定一段時間後，又開始擴張宗族的勢力。至民國時期徽州宗族擁有的耕地占耕地總數的 14.32%，徽州絕大多數的山林都歸宗族所有。〔註42〕族產中山林佔有絕大多數，也是出於宗族保護環境之需要。

三、復禮制

徽州向奉朱子家禮，通禮、冠禮、昏（婚）禮、喪禮和祭禮等都嚴格按照「家禮」之規制施行。「迨至咸豐之際，頻逢危難，人心離散，所有簿據祭器等物遭寇遺失，零星散落，兼司理者相繼歿謝，以致各款乖張掣肘，」〔註43〕可見由於戰亂頻擾、祭器簿據遺失，負責指導儀式的禮生缺失，因此「支丁式微者多，祀典漸弛然」、「祀事已廢」，〔註44〕「冠禮久廢」「喪禮久廢」〔註45〕這樣的字樣出現在族譜中也就不足為奇了。禮制是整個宗族制度運行的基礎，復禮必不可少。

版，第 445 頁。

〔註40〕〔清〕光緒《（新安）仙源杜氏宗譜》卷首《家政十四條》，光緒二十一年木活字本。

〔註41〕章有義：《近代徽州租佃關係案例研究》，中國社會科學出版社 1988 年版，第316 頁。

〔註42〕趙華富：《徽州宗族研究》，安徽大學出版社 2004 年版，第 268 頁。

〔註43〕〔民國〕李則綱：《黟縣鶴山李氏宗譜》卷末《添祥公冬至會序》，民國 1917 年刊本，安徽省圖書館藏。

〔註44〕〔清〕朱應溥：光緒《新安（歙縣）朱氏宗祠記》，光緒十一年，安徽大學徽學中心藏。

〔註45〕〔民國〕李則綱：《黟縣鶴山李氏宗譜》卷末《家典》，民國 1917 年刊本，安徽省圖書館藏。

（一）祭　祀

祭禮是有效加強聯宗、血緣認同的主要途徑，是宗族的主要儀式。朱子《家禮》中對於祭禮給予嚴格、詳細之規定。宗族復祭禮，必然以其為藍本。儀式上「祀之品節以文公家禮為宗，五鄉大都相似」，〔註46〕「祠廟歲時普通祭祀悉遵典禮，喪祭則本文公家禮」。〔註47〕宗族亦規定「祭之道，一遵文公家禮，」〔註48〕「至若喪祭之儀，文公家禮具在遵而行之足矣。」〔註49〕祭祀時亦遵文公家式。績溪城西周氏對祭祀規定可以說是簡化的朱子家禮：

　　一　祭祖重典禮，宜虔肅，與祭子孫俱走旁門，毋許向中門中階直趨而進，亦毋許喧嘩，違者罰跪

　　一　衣冠不備，不敢以祭，宗子主祭，及分獻老人，各宜衣冠齊整，闔族斯文穿公服，整冠帶，與祭子孫亦宜各整衣冠，毋得脫帽跣足，違者罰跪

　　一　與祭子孫臨祭時，俱在堂下，隨宗子後分昭穆跪拜，毋得攙前及擁擠上堂，祭畢散票，亦依尊卑魚貫而出，不許攙越，違者令頭首隨時記名，蓋不給胙。

　　一　祭畢散福，定午後齊集祠內，四人一席，照序坐散，不到者毋許折分生肉，越宿亦不另補。〔註50〕

但是在實際操作過程中，有「奏樂歌曲」的，〔註51〕有用紙錢錫箔之類，因其有涉佛道之嫌，有的宗族嚴格禁止，「時俗所用紙錢錫箔之類，悉行摒絕，喪禮弔奠，亦只用香燭紙帛，毋雜以經文。」〔註52〕有的宗族採取折中，認為燒紙錢「使祖宗知其意而已，並非要此作用，不必多也。」〔註53〕晚清宗族

〔註46〕〔清〕劉汝驥：《陶甓公牘》卷十二《法制科・婺源民情之習慣・祭祀》。
〔註47〕〔清〕劉汝驥：《陶甓公牘》卷十二《法制科・黟縣民情之習慣・祭祀》。
〔註48〕〔清〕光緒《徽州彭城錢氏宗譜》卷一《家規》，光緒十年刊本，安徽省圖書館藏。
〔註49〕〔清〕光緒《婺源三田李氏宗譜》卷末《祖訓》，光緒十一年刊本，安徽省圖書館藏。
〔註50〕〔清〕光緒《績溪城西周氏宗譜》卷首二《祠規》，光緒三十一年木活字本，安徽省圖書館藏。
〔註51〕〔清〕劉汝驥：《陶甓公牘》卷十二《法制科・歙縣民情之習慣・祭祀》。
〔註52〕〔民國〕李則綱：《黟縣鶴山李氏宗譜》卷末《家典》，民國1917年刊本，安徽省圖書館藏。
〔註53〕〔清〕宣統《績溪仙石周氏宗譜》卷一《祖訓》。

祭祀之形式莫衷一是，因而有儒者認為祭禮已是「有形式而無精神」。〔註54〕

　　為保證祭祀的順利進行，徽州宗族中還有各種以祭祀為目的的會社。晚清時因戰亂而使得會社活動中止，各種簿據、祭器損失頗多，戰亂後宗族著力恢復會社以便復禮，如黟縣李氏原有冬至祀會資料全失，「所幸同治二年，裔孫有詳等素在鄉里檢剩餘之簿據，集各房之會長，細查詳察數載，於茲是得條目所缺祭器對象隨時增辦，一應仍遵原議」，〔註55〕恢復了原有冬至會之正常運行。還有的本無祭祀會，在晚清復祭禮的背景下，亦成立相應會社以保證祭禮的實施，如歙縣黃氏成立春秋二祭祀會以保證祭祀大禮的運行。

> ……尋我家淑裏黃氏，清明雖有標掛，而春冬則無祭祀。光年雖立有冬祀會，又因管理無人，不數傳而廢失，以致春檢乏祀，冬蒸（薰）無資爰祀。是我等商議，欲里重立春冬二祭祀會，各家量力捐輸，多寡不必計較，庶幾眾擎易舉，有志自可竟成。願輸者不拒，不願輸者聽之。茲邀集肆拾肆名，共計洋蚨肆拾捌元，公同生販，迭年輪流為首，備辦香紙祭儀，於正月七日及冬至日致祭。會內各家祖先生人，照名給發禮餅，祭畢之後共同算帳，除開支外，交付下首照依前例生息，不得妄混支吾，吞祀減租，有此準不孝論。候有餘貲再置田租，再辦祭器，以垂久遠，俾上得以隆祖德宗功之非吾族一美舉哉。茲將樂輸並名目開列於後，但願自今以往，各宜念切根源，必誠必敬，同心創立，有始有終。立合文一樣陸紙，各股收一紙，永遠存照。大清光緒拾貳年孟夏月念六日〔註56〕

　　通過一系列措施，使得祭祀禮儀能夠運行，共同祭祀祖先有利於鞏固族人血緣認同，因此雖形式上有差別，經費上有困難，祭器等物分年逐次採辦，可是晚清時祭禮在很大程度上得以恢復。

（二）其　他

　　除了祭禮以外，其他如婚、葬、冠禮在徽州有不同程度的復禮。有嚴格遵循朱子家禮的，如三田李氏冠禮「子孫年及十六以致二十宜行冠禮，其儀

〔註54〕〔清〕劉汝驥：《陶覽公牘》卷十二《法制科‧績溪民情之習慣‧祭祀》。

〔註55〕〔民國〕李則綱：《黟縣鶴山李氏宗譜》卷末《添祥公冬至會序》，民國1917年刊本，安徽省圖書館藏。

〔註56〕《歙縣黃氏春秋二祭祀會合約》，安徽省博物館：《明清徽州社會經濟資料叢編（第一集）》，中國社會科學出版社1988年版，第578頁。

式並依文公家禮」。〔註57〕亦有認爲「禮因時爲變通，蓋以時勢所趨，必因時制宜，未可拘泥爲也，」〔註58〕因此而改良冠禮的，如鶴山李氏「時俗惟於娶親前一日請族中尊長加冠於首，略存古禮之遺，維時親族來賀，必藉物以將意。」〔註59〕還有的如館田李氏據時勢改良禮制的，其行冠禮程序如下：

> 冠者出房，執事者進冠，賓揖將冠者就席爲加冠巾（今擬初加小帽）；祝曰：吉月令日始加元服，棄而幼志，順爾成德，壽考維祺，以介景福。冠者適房服深衣（今擬穿馬褂）；納履出，再加帽子（今擬再加緯帽）；祝曰：吉月令辰乃申而服，謹而威儀，淑慎而德，眉壽萬年，永受遐福，冠者適房服皂（今擬穿外褂）；革帶繫鞋出（今擬納鞾）；三加襆頭（今擬加頂戴）……〔註60〕

在晚清這樣一個新舊交織之時，雖說復朱子家禮，實踐中不可避免的新舊摻雜，禮制的變通反映出晚清徽州文化生態新舊之融合。

徽州宗族在兵燹中損失慘重，在晚清這樣一個外憂內患的時期，即便宗族付出格外的努力，仍舊很難恢復到鼎盛時期的影響力和作用。

第二節　傳統宗族之式微

更生中的徽州宗族延續其固有的地位與作用，可是在晚清之大變局下豈有完卵，宗族亦受新的變數之影響，長期而言必日漸式微。晚清對此趨勢及初見端倪，主要體現在以下幾個方面：

一、宗族發展的速度與規模受制

明清徽商的發展風生水起，宗族有雄厚的經濟實力做後盾，徽商動輒捐千金爲宗族的發展奠定經濟基礎。及至晚清，國家面臨列強的掠奪，經濟低

〔註57〕 〔清〕光緒《婺源三田李氏宗譜》《家規》，光緒十一年刊本，安徽省圖書館藏。

〔註58〕 〔民國〕李則綱：《黟縣鶴山李氏宗譜》卷末《添祥公冬至會序》，民國1917年刊本，安徽省圖書館藏。

〔註59〕 〔民國〕李則綱：《黟縣鶴山李氏宗譜》卷末《祠規》，民國1917年刊本，安徽省圖書館藏。

〔註60〕 〔清〕李嘉賓：光緒《新安館田李氏宗譜》卷二十二《家禮》，《中華族譜集成·李氏譜卷》，巴蜀書社1995年版，第541～905頁。

迷，徽州經濟的發展亦步履維艱。「我們徽州第一層大阻力便是生計界的艱難，徽州僻處萬山之中，交通不便，生意做得又小，出外經商的，固然也有，而且很多，但是都是剛剛糊得一張口，生意做得又小，又沒有合群思想，不曉得合幾個公司和人家抵制抵制，所以那徽州的商業，簡直衰透了。那在家務農的、讀書的，那生計的艱難更不用說了。」〔註61〕如歙縣潭渡，「夫鹽章改法，洋務又來，徽商一敗塗地。而各村黨之蕭條，雖無洪楊浩規，其必不能久安也。我村嘉慶以後，即已衰敗，至於咸同而極，不可謂非先人積德累功之厚，否則早已浩村路口爲不如矣。」〔註62〕雖說在茶商的帶動下還有亮點，但總體而言較之明清差之千里。因此宗族的更生亦捉襟見肘。

首先是宗族祠堂的修建過程中由於資金缺乏，原有之規制難以完全恢復。「我客作公當道光時已建有專祠，經兵燹焚毀，年前闔派倡議重建落成，後困於經費而製龕奉主之事，遲待者累年。」〔註63〕且祭器等對象亦「候有餘貲再置田租，再辦祭器，以垂久遠。」〔註64〕祭器缺乏，祭祀時只好向他族借用，估計當時借用的也不少，因此晚清一些宗族特規定「吾族各祠祭器俱備，平日務宜珍藏，不作他用，不得借出」，〔註65〕「什器尤不得妄行借出，以免損失。」〔註66〕爲敦促族人出資，有的宗族還將出資與神主入祠聯繫在一起，如績溪上莊胡氏宗族修復祠堂時，因本族戰亂中受損嚴重，因此不少族人交不起工捐，胡鐵花以不納工捐，其家祖先神主不得入祠相逼，結果引發糾紛。〔註67〕在安徽大學徽學中心收藏的《清末民初旅武漢徽商書信》中，亦有類似內容，由於「屢年祠中修理損費分文未出，」是以其家父去世後神主未能入祠，亟需旅外的兄長寄銀洋回去。經濟原因使得宗族發展過程中資

〔註61〕 《演說・徽州談》，《安徽白話報》第五期，光緒戊申十月中旬發行。

〔註62〕 黃賓虹：《黃賓虹文集（書信編）》《與黃昂青》，上海書畫出版社 1999 年版，第 253 頁。

〔註63〕 〔清〕光緒《績溪仁里程繼序堂專續世系譜》卷首《自序》，清光緒三十三年刻本，安徽省圖書館藏。

〔註64〕 《歙縣黃氏春秋二祭祀會合約》，安徽省博物館：《明清徽州社會經濟資料叢編（第一集）》，中國社會科學出版社 1988 年版，第 578 頁。

〔註65〕 〔清〕光緒《（新安）仙源杜氏宗譜》卷首《家政十四條》，光緒二十一年木活字本。

〔註66〕 〔清〕光緒《績溪華陽邵氏宗譜》卷首《新增祠規》，光緒三十三年刊本，安徽省圖書館藏。

〔註67〕 《胡鐵花年譜》，轉引自唐力行：《胡鐵花年譜述略》，《安徽史學》1987 年第 4 期，第 37 頁。

金支持不夠，從而將神主入祠與出資掛鉤，不出錢神主不能入祠接受後世祭拜，宗族血緣屬性被金錢關係取代，削弱其凝聚力。

其次由於經濟困難，使得不少禮制簡化。績溪城西周氏因「祠內租息無多，人丁繁衍，兩祭頒胙尚多不敷，新配享更難取給，即後停胙，所存祖息，除輸糧辦祭發老人胙外，置買宗祠前後屋業及大門耳門外蒙蓋地坦圍城祠後餘地牆垣，建造祠旁屋宇，置辦祭器。」〔註68〕鶴山李氏嚮慕茗洲吳氏家典之美，可由於經濟困窘，因此不少儀式需待「吾族日後如子孫繁衍，會產略豐，則此舉尤當仿而行之。」〔註69〕清明祭掃「給發丁餅向有成規，」後因「數年以來餅價昂貴，難以敷衍，」因而「欲行之而無力，歉然久矣。」〔註70〕不僅宗族之禮簡化，族眾之間的賀禮也是酌情減免，「族中有家庭寒素者，當清心節嗇，經營足食之路於接待賓客，弔喪問疾，時節饋送之事，一切均可不講，然所謂不講者非絕此事也，謂不必以貨財為禮耳，如弔喪則以先往後罷為助，賓客則樵蘇供爨清談而已，饋送則僅以土物一二，將意而已，如此則於禮不廢，而於財不匱，入固不宜，以物輕情薄讓我，我亦無須乎，外強中乾，以貽他日財用不繼之患，余嘗見人有舉債以盡一切儀，文者且自解曰硬駝門戶，軟駝債甚矣，其愚也，魯論禮與其奢也，寧儉，願與族人共三思之。」〔註71〕晚清經濟低迷也體現在祭祀花費上，從休寧黃氏的《簡庵公祀簿》可以看出：從咸豐十一年到光緒二十九年中黃氏在祭祀中的支出情況，比較而言，對於祭祀的支出費用以及支出項目沒有明顯差別，但光緒七年以後支出較之以前要少，只有十幾千文了。〔註72〕

其三，窮則氣短，族人錙銖必較。倉廩實而知禮節，衣食足而知榮辱。因貧窮有的族人不顧禮儀，「近見喪家飲酒食肉，男婦或持餘膳回家，此俗之大違乎禮而最可鄙者，尤當痛革。」〔註73〕且在相互賀禮中也多有算計，如

〔註68〕〔清〕光緒《續溪城西周氏宗譜》卷首二《祠規》，光緒三十一年木活字本，安徽省圖書館藏。

〔註69〕〔民國〕李則綱：《黟縣鶴山李氏宗譜》卷末《家典》，民國 1917 年刊本，安徽省圖書館藏。

〔註70〕〔民國〕李則綱：《黟縣鶴山李氏宗譜》卷末《添祥公冬至會序》，民國 1917 年刊本，安徽省圖書館藏。

〔註71〕〔民國〕李則綱：《黟縣鶴山李氏宗譜》卷末《家典》，民國 1917 年刊本，安徽省圖書館藏。

〔註72〕《咸豐十一年休寧黃氏立〈簡庵公祀簿〉》，《千年契約文書》第十二卷，花山文藝出版社 1994 年版，第 24～55 頁。

〔註73〕〔清〕光緒《（新安）仙源杜氏宗譜》卷首《家政十四條》，光緒二十一年木

鶴山李氏在行冠禮時，「親族來賀，必藉物以將意，我族向有送雞蛋素麵鮮亥等禮，惟目下百物騰貴，送者虛靡銀錢，受者不適於用，殊無謂也，今酌以收大錢二百文，每家請一人吃飯，一餐收大錢四百文，請通家吃飯三天，其菜照向章七碗鮮亥，只計有無，不計多寡，以禮不在口腹也，此外或至親或交情最厚者，收洋一元兩元，請通家吃飯三日，以及園房酒、花燭酒或辦四盤或辦十碗，此兩事隨家豐儉無庸拘泥，他如壽誕生子添孫得功名嫁女各事，只照送二百文四百文之例無庸另外辦物。」〔註74〕

徽州本土經濟復蘇舉步維艱，外出之徽商亦多僅夠糊口，而宗族的發展，無論是修譜、建祠堂還是祭祀、婚、喪、冠等活動都需要資金支持，族人的捐助因經濟不景氣時斷時續，因此影響宗族活動的開展。同時一些族人間亦因經濟窘境而錙銖必較，削弱宗族的凝聚力和向心力。

二、宗族凝聚力、向心力減弱

宗族作為社會組織之一種，存在的基礎是族人的認同與歸附，宗族的凝聚力及向心力是宗族的精神之所在。晚清宗族更生雖然一定程度上加強宗族力量，不容忽視的是族人在其行為中表現的離心力，對宗族產生負面影響。

族人中有暗自盜賣族產的。雖然族規中嚴禁盜賣族產，可是現實生活中屢禁不止，晚清時關於盜賣族產的訟案就可窺知一二：祁門十七都程氏之族產於咸豐元年被「逆丁端均私將山分，立契出賣，與族逆茂鈞，均竟膽敢持均親筆，立推單交付冊局收稅，始知賣盜，」最終訟官解決。〔註75〕還有歙縣巴氏子孫將祀產盜賣，族眾反遷怒受買之人以致訟官。〔註76〕祁門金氏之金觀林盜賣公共墳山訟案等。〔註77〕其時盜賣族產而訟官的著實不少，反映宗族管理之鬆懈，也看出一些族人聞利而動，無顧宗族之權威。

族人有內訌的。「近世兄弟相牴牾，其故有二，一在溺妻妾之私以言語相諜，一在較貨財之入以多寡相爭，甚至興訟不已。」〔註78〕如歙縣十五都吳

　　　　活字本。
〔註74〕〔民國〕李則綱：《黟縣鶴山李氏宗譜》卷末《家典》，民國1917年刊本，安徽省圖書館藏。
〔註75〕《咸豐祁門十七都環砂程氏文書》，安徽大學徽學中心藏。
〔註76〕〔清〕劉汝驥：《陶甓公牘》卷三《戶科·歙縣生員巴錫麟等稟批》。
〔註77〕〔清〕劉汝驥：《陶甓公牘》卷三《戶科·祁門縣監生金鳳宜等呈批》。
〔註78〕〔清〕李嘉賓：光緒《新安館田李氏宗譜》卷二十二《家法》，《中華族譜集

氏宗族中，吳箭竹因欠吳討飯洋元一元有零，屢次追討被拒，反被誣陷「與吳來聚妻在山姦通」，特告稟族長治事以還清白。〔註79〕績溪有因「暮年無子之人薄有貲產，則刁族蠹胥狼狽而來」，程志濂僞造繼書篡奪曹氏資產訟案。〔註80〕祁門程氏有嫉妒族中富有者而有意誣陷其財富來路不正的。〔註81〕休寧黃氏族中因收租辦祭而負氣纏訟的。〔註82〕還有因義田之分配爲「族內之紳而富者與四窮利益均霑」而引起的訟案。〔註83〕凡此種種，不一而足。原本許多屬於宗族內部的糾紛均呈官究治，可見宗族對族眾的約束力減弱，以及宗族社會管理功能削弱。

族人中還有不遵禮制的。歙縣朱氏於「光緒八年重整祀典，惟派中丁微者，兩派合辦一年，然倫堂派集議之年，一人未至，實因男丁客外，大眾原諒，其往不咎。光緒十二年原輪朱村眞君殿值年，目下丁微財寒，大眾原諒，姑矣。」〔註84〕黟縣何氏宣統元年辦族事時「向來清明擺執式，至墓前祭祀，今則挑食箱，發擔夫，且支丁到者寥寥，不成大族體統。」〔註85〕祭祀爲宗族中最重要的活動之一，支丁不到場不僅是貧苦所致，更是心中對祭祀活動的不重視，宗族之教諭未能夠內化爲其自覺之行爲選擇。

還有在外者以僑寓地爲中心重修族譜，在異地入葬並重建宗祠嗣。如上海圖書館所藏的新州葉氏重修家譜通告，即是歙縣遷杭州支葉氏在杭州發起重修宗譜之通告。還有如僑寓於蘇州的大阜潘氏自七世祖其蔚公以上，墓皆在歙縣。遷吳子姓，往昔間一歸省。雖松鱗義莊（潘氏在蘇州建立的義莊）歲寄祭掃費無間，未足以伸誠敬也。於是，辛巳（1881）三月，潘鍾瑞往至大阜村，宿祖宅博鄉堂。而偏公遷吳，返葬於歙，以後只葬吳矣。〔註86〕

成·李氏譜卷》，巴蜀書社1995年版，第541～905頁。
〔註79〕《清光緒五年十都五圖吳箭竹具投狀》，安徽大學徽學中心藏。
〔註80〕〔清〕劉汝驥：《陶甓公牘》卷四《禮科·績溪縣文令化舒詳批》。
〔註81〕〔清〕劉汝驥：《陶甓公牘》卷四《禮科·祁門縣附貢程際隆呈批》。
〔註82〕〔清〕劉汝驥：《陶甓公牘》卷四《禮科·休寧耆民黃子璵呈批》。
〔註83〕〔清〕劉汝驥：《陶甓公牘》卷四《禮科·歙縣候選教職鮑蓀等稟批》。
〔註84〕〔清〕朱應溥：光緒《新安（歙縣）朱氏宗祠記》《倫堂眞君殿兩派議墨》，光緒十一年，安徽大學徽學中心藏。
〔註85〕王振忠：《晚清民國時期的徽州宗族與地方社會——黟縣碧山何氏之族事匯要》，《社會科學戰線》，2008年第4期，第128頁。
〔註86〕王振忠：《徽商展墓日記所見徽州的社會與民俗——以歙縣《大阜潘氏支譜附編文詩鈔》爲中心》，王鶴鳴、馬遠良等：《中國譜牒研究》，上海古籍出版社1999年版，第215頁。

晚清宗族中的眾生百態，在黃賓虹的筆下顯現：「村中巨室，重華、廣興而外，名昔在文會中，而家道小康者，尚不乏也。三若水碓頭，溪邊頭，此二名在前輩視爲平常小戶，最無勢力之人，固不足論。我家六房頭即溪邊頭也。其稍可者，如貴和堂、嘉祉堂，其出類拔萃者無不居外與業商，而非年登七十以養老歸里者絕少。如遐齡先生父子僅以書畫一藝覓食。樂書、秋宜兩先生宦於楚中，終身不歸。平時之在里中者，農人與稚老耳。或有一二少年子弟，守先人舊日遺產者，又仰鼻息於巨室紳衿之下，依賴而樂利之」。〔註87〕

族中子弟紛爭多，不少關乎祠規等族中內部事務亦提交由官府解決，外出之族眾在祭祀等大禮時亦不歸鄉，有一些在外地自成支祠，資金回流的亦較之以往少。種種族人之行爲皆指向宗族凝聚力及向心力的減弱。

三、個人本位觀的覺醒

個人本位觀可理解爲個體對自我的態度及看法，個體對自我認知時是依附於集體而存在，還是強調個體的感受是個體本位觀是否發展的標誌。明清徽州文化生態中，宗族起到重要的作用，道德的維繫者、個體價值的認定者、環境的組織保護者，種種角色使得徽州成爲一個典型的宗族社會，個體緊緊依附於集體而存在。個體之權利與義務更多是體現在對宗族的權利與義務上，個人利益與宗族利益的緊密結合是徽州社會得以發展之動力。晚清徽州文化生態中，受國家文化生態之影響，宗族自身發展呈新舊博弈之勢，在區域文化生態中各要素均受不等之衝擊，國家及區域倡導實業發展，使得國家對個體尤其是徽商及徽工自身價值有重新之認定，一改過去工商爲末業的排序，將其與國家的富強聯繫在一起，因此，無論是外出經商的商人，還是本土農民及工匠都可在國家範疇內實現價值。在清末民情調查中，甚至將個體對權利義務的感知列爲調查之內容，「權利義務屬新名詞，老師宿儒尚難解釋，近年選舉之重迭、學堂之增多、公益之舉似有進步，但風氣初開，尚須提倡。」〔註88〕尤其清末憲政改革中，個體參與到選舉中，具有選舉權無疑

〔註87〕 黃賓虹：《黃賓虹文集（書信編）》《與黃昂青》，上海書畫出版社 1999 年版，第 253 頁。

〔註88〕 〔清〕劉汝驥：《陶甓公牘》卷十二《法制科・休寧民情之習慣・權利義務之觀念》。

是對個體權利認可之重大標誌，雖「初選投票放棄選舉權者，已居其半，」〔註89〕不可否認個體對自身之認識有了不同之改觀。

當徽人尤其是徽州男子在實現自我價值及對自身認識有新的途徑及認識的時候，還有另外一些群體，即明清時期基本從屬於家庭、宗族的婦女及佃僕，這一弱勢群體對自身之感受有了更爲深刻的認識。

（一）女性自我意識之覺醒

明清徽州以朱子「家禮」爲道德判定基礎，推行強調個體服從集體的忠、孝、節、義的道德標準。個體服從於集體，個體榮辱與集體緊密相連。徽商在外經營與宗族的聯繫有時間及空間限制，而生活在徽州本土的女性則是這一道德標準的主要承受者。在徽州宗族社會中，女性要實現自身的價值的途徑有貞節牌坊、女祠、族譜，如能夠位列其中，則實現自身價值，那麼什麼樣的女性能夠獲得旌表，馮爾康總結的有一定代表性：其一，是否貞節，其二，是否傳宗接代，其三，是否婚姻失類，〔註90〕在徽州宗族社會中女性的個體感受完全被忽略。晚清之際，女性的地位有所提高，對個體之感受也有不同體驗。

1. 女性在社會經濟中擔當重任

在徽州晚清人口統計中，徽州土著中男性有 389774 人，女性有 349101 人，寄籍人口中男性有 51102 人，女性有 39089 人，〔註91〕總體男女比例約爲 1：1.13，男女比例差距不大。徽州由於兵燹造成人口銳減，人地關係緩和，荒地增多，徽州官府鼓勵本土農業、實業的發展，而女性人口在總人口中所佔比重將近一半，再加上有約近 10 萬成年男子常年不在徽州本土，因此決定了女性在晚清徽州社會生產生活中較之以往起更大的作用。

徽州「婦人專主家政，力持節儉」，〔註92〕在明清時期多是常態。晚清人口至銳減、經濟蕭條使得婦女亦要出外謀生，以承擔家庭之生計，故「吾徽之女子逸居而食者十之二，操勞而力作者十之八九也。」〔註93〕歙縣「珠蘭

〔註89〕　〔清〕劉汝驥：《陶甓公牘》卷十二《法制科・歙縣民情之習慣・權利義務之觀念》。

〔註90〕　馮爾康：《18 世紀以來中國家族的現代轉向》，上海人民出版社 2005 年版，第 149 頁。

〔註91〕　〔清〕馮煦、陳師禮：《皖政輯要》卷十五《民政科・戶籍》，黃山書社 2005 年版，第 126 頁。

〔註92〕　〔民國〕胡存慶：《黟縣鄉土地理》，民國十四年鉛印本，安徽省圖書館藏。

〔註93〕　〔清〕光緒《徽州不纏足會章程》，光緒二十九年刊本，安徽省圖書館藏。

花出數頗多，胼胝作苦，婦女且然」，〔註94〕婺源「西南鄉間有能紡績者，東北婦女治蔬圃操井穴及針刺等事亦多能。」〔註95〕休寧之屯溪「爲徽州巨鎮，商賈雲集。以茶務爲大宗，每當春夏之交，洋茶上市，遠近來就食者，……男婦數萬人」。〔註96〕在那一段時間，他們「肩挑有事，丁壯皆來，手舉爲勞，子婦亦至」。〔註97〕清末徽州的物產會上休寧的王桂香女士通草、通草盆花獲得三等銅牌、績溪胡仲韶女士繡鏡套獲三等銅牌，〔註98〕雖數量不多，但是女性在經濟生活展會上獲此殊榮表明女性在社會經濟中地位的攀升。

　　女性外出謀食，在封建禮教的束縛下格外艱難，甚至被誣爲有傷風化，如屯溪之揀茶女工「每屆開市之時，窮苦婦女藉揀茶以謀口食由來已久，各莊廠分內外，外居男工，專司烘焙，內居女工，專司揀摘，婦女近者晚各歸家，遠者借居親族，查無旅店露宿之事，惟是人跡錯雜，良莠不齊。……此外，產茶之區非商集之所，市面皆小，雖亦間有婦女揀茶，而人數無多，防弊較易，並經官吏隨時訪查，均稱安靜，並無前項情弊……茶莊婦女揀茶係貧家生計所關，勢難概行禁絕，而世風澆薄，流弊較易滋，亟應實力防閑以杜奸徒勾引生事」。〔註99〕又如黟縣鶴山李氏宗族中十二世有詳之妻吳氏「人性淑愼，精女紅，兵燹後家道中落，藝粟樹桑，操作如男子，一日遇雨矜裙盡濕，族人有私相揶揄者，宜人正告之曰，吾寧低頭求土，不願仰面求人，昔敬姜爲世卿，母尙凜沃土民淫之，戒我輩商人婦寧容坐食，聞者愧赧。」〔註100〕過去有違婦道之事，在晚清族譜記載中褒獎爲女子之自強自立，就是一個很大的進步。且由於人口減少，女性承擔更多的社會及宗族責任，因此有的宗族重視對本族女子進行職業教育和培訓。如清光緒年間，績溪縣南關許余氏宗族規定：「至於女子，必教之以謹言愼行，精於女工，勤於紡績，使知布帛之艱難。飲食祭祀雖非所事，亦可預知，他日適人必執婦道。」〔註101〕

〔註94〕　〔清〕劉汝驥：《陶甓公牘》卷十二《法制科·歙縣民情之習慣·生產者與生產者之分數》。

〔註95〕　〔清〕董鍾琪等：《婺源鄉土志》第七十八課《續前七婺之女紅》，清光緒三十四年木活字本，安徽省圖書館藏。

〔註96〕　〔光緒〕《新安屯溪公濟局徵信錄·稟呈》，安徽省圖書館藏。

〔註97〕　〔光緒〕《新安屯溪公濟局徵信錄·捐啓》，安徽省圖書館藏。

〔註98〕　〔清〕劉汝驥：《陶甓公牘》卷一《示諭·物產會頒發獎品示》。

〔註99〕　《茶莊招婦入廠》，《申報》1889 年 10 月 26 日，第十一版。

〔註100〕　〔民國〕李則綱：《黟縣鶴山李氏宗譜》卷二《詳公支世系表》，民國 1917年刊本，安徽省圖書館藏。

〔註101〕　〔清〕許文源等：光緒《績溪縣南關許余氏惇敍堂宗譜》卷八《家政》，轉引

經過這樣的教導，當中元、冬至等拜祖祭日，「肴必備三牲，蔬必以時宜，如男丁遠出，代以婦女雍雍將事風俗以厚」，〔註102〕女性代替男性行祭祀之禮，亦凸顯晚清宗族中女性地位的提高。

2. 女學肇始

徽州女性受教育程度普遍較低。婺源「特女學未與知書識字者少」，〔註103〕績溪「凡女子受學者須士宦之家」，〔註104〕黟縣「惟婦女讀書識字者，百人中不得一人」。〔註105〕隨著晚清光緒二十九年奏定《學堂章程》中將女子教育括入《家庭教育法》內，至三十三年，始由學部續定《女子師範學堂、女子小學堂章程》。徽州的女學堂有：歙縣女學堂公立，在西鄉唐模村，光緒三十一年正月由紳士許承堯開辦，學生十二名。〔註106〕婺源縣初等女學堂公立，在城東劉果敏公祠內，光緒三十四年二月由紳士汪宗開辦，學生二十名。〔註107〕黟縣西遞黃杏仙於光緒三十二年（1906年）創辦的私立崇德女子初級小學；歙縣鄭村鄭自熙創辦的私立鍾英女子小學堂。〔註108〕光緒三十三年（1907）設立的徽州府之徽音初等女學堂，由許際唐等捐資設立，孝貞節烈祠為校址。〔註109〕績溪城內汪瑞英以其弟孟鄒的學館，改招女童入學，自任負責人和教員，採用新學，人稱城西女校，開徽州女子學校教育之先河。〔註110〕

學習內容包括國文、算術、歷史、地理、格致、圖畫、女紅、體操、音樂等科目。〔註111〕並且在「必於編查戶口時，見女多之家量為資給，調查學

自談家勝、郝瑞平：《〈績溪南關惇敘堂宗譜〉的文獻特色及其價值——兼論晚清時期徽州族譜體例與內容的嬗變》，《黃山學院學報》2011年第4期，第13～18頁。

〔註102〕〔清〕劉汝驥：《陶甓公牘》卷十二《法制科‧休寧民情之習慣‧祭祀》。

〔註103〕〔清〕董鍾琪等：《婺源鄉土志》第七十八課《續前七藝之女紅》，光緒三十四年木活字本，安徽省圖書館藏。

〔註104〕〔清〕劉汝驥：《陶甓公牘》卷十二《法制科‧績溪民情之習慣‧受學者百分之比例》。

〔註105〕〔民國〕胡存慶：《黟縣鄉土地理》，民國十四年鉛印本，安徽省圖書館藏。

〔註106〕〔清〕馮煦、陳師禮：《皖政輯要》卷五十二《學科‧小學堂》，黃山書社2005年版，第497頁。

〔註107〕〔清〕馮煦、陳師禮：《皖政輯要》卷五十二《學科‧小學堂》，黃山書社2005年版，第497頁。

〔註108〕江巧珍：《徽州女校述略》，《安徽史學》1995年第4期，第38頁。

〔註109〕《徽音女學之現狀》，《安徽白話報》第五期，光緒戊申年十月發行。

〔註110〕績溪縣地方志編纂委員會：《績溪縣志》第二十六章《教育‧體育》，黃山書社1998年版，第692頁。

〔註111〕〔清〕馮煦、陳師禮：《皖政輯要》卷五十二《學科小學堂》，黃山書社2005

齡兒童時,見女子及齡者,代謀女教,此地方公益之大者,果能行之不怠,擎之以臺,則女界之安全長壽可計日以待」。〔註112〕受過教育的女性更加積極的參與到社會政治生活中,「寓滬桐城姚女士幽蘭、歙縣胡女士曉秋……發起安徽各界路礦保存會,業已開會集議刊布公啓布告,安慶、蕪湖、桐城、徽州各女學校共結團體,協力抵拒。」〔註113〕

3. 陋習之改良

宋以來女子深受纏足之害,至清代更是「漢人婦女率多纏足,行之已久」,〔註114〕纏足限制女性活動範圍,身體倍受傷害,制約女性在社會生產生活中的發展,還關乎下一代的身體素質。因此「嗣後縉紳之家務當婉切勸導使之家喻戶曉,以期漸除積習。」〔註115〕

徽州區域「獨纏足一事,尚狃於積習而不悟,其非甚至三五歲垂髫稚女,無不足曲拳而行跛倚者」,〔註116〕而且有的地方,在婚娶時「必問女子纏足不纏足,纏足信爲大姓,不纏足者疑爲小姓。」〔註117〕晚清徽州在人口銳減,男丁外出的情況下,女性在社會經濟生活中發揮越來越重大的作用,「吾徽之女子逸居而食者十之二,操勞而力作者十之八九也,梯山而樵,梁溪而汲,弱植織步,有不忍瞬即有號爲小康之家,而煩攔勞辱之務,靡非女子任之,夫責以繁而難舉之事,而先困以至於酷極慘之刑。」〔註118〕因此纏足不僅不利於女性外出勞作,亦有悖於國家之倡導,於國家及區域發展考慮,禁止纏足均是題中應有之義。

禁止纏足首要是動之以情,曉之以理。開導說不纏足不會導致婚嫁困難,「吾徽之人士不纏足者固已有之,其徽人之旅於外者,亦當稱是,第以散處四方不相聞知耳,然則非風氣之不開,非嫁娶之足慮。」〔註119〕不纏足還可

年版,第 497 頁。

〔註112〕 〔清〕劉汝驥:《陶甓公牘》卷十二《法制科·休寧民情之習慣·溺女之有無》。

〔註113〕 《旅滬皖女學生發起保路會》,《申報》1907 年 12 月 8 日,第四版。

〔註114〕 《光緒三十一年安徽巡護禁纏足告示》,《千年契約文書》第三卷,花山文藝出版社 1994 年版,第 394 頁。

〔註115〕 《光緒三十一年安徽巡護禁纏足告示》,《千年契約文書》第三卷,花山文藝出版社 1994 年版,第 394 頁。

〔註116〕 〔清〕劉汝驥:《陶甓公牘》卷一《示諭·勸禁纏足示》。

〔註117〕 〔清〕劉汝驥:《陶甓公牘》卷十二《法制科·休寧民情之習慣·婚娶》。

〔註118〕 〔清〕光緒《徽州不纏足會章程》,光緒二十九年刊本,安徽省圖書館藏。

〔註119〕 〔清〕光緒《徽州不纏足會章程》,光緒二十九年刊本,安徽省圖書館藏。

以為家庭貢獻力量，「生財之道以生眾食寡為主，纏足之婦弱不勝工作，終身仰給於人，一國之人，坐食者半，雖欲不貧，得乎？」〔註120〕「乃若向所謂梯山梁溪井兌煩摑者，彼以其羸疲弱之軀，猶能苦其筋骨，鼓其半死之體以為為丈夫者減負，而均勞則假其早脫是厄焉，體貌無缺能力自增，分工即繁，執業彌廣，吾有以決入口之家，生計倍長，而充吾國二百兆人之勢力有不增國富於無形者無是理也。」〔註121〕

其次是縉紳的示範作用，「縉紳維新之家，則當首先革除，身為之則，倡立公會，普勸庸愚小戶，編氓則當互相戒約，保全弱息。俾貧家井，皆獲健婦操持於生計，民風裨益實非淺。」〔註122〕知府劉汝驥還有自己為例，「本府有女三人皆纍纍大足也，長女、次女六七歲時，初亦未能免俗，聊復爾爾繼見其日夜號泣、筋骨腐爛深以廢學為懼，則毅然開放，一任其距躍三百曲踴三百，而體乃日健，而學亦大進。長女前在京師充四川女學堂總教習，繼又組織一懷新學社成就人才，無算此不纏足之明效大驗也。……」。〔註123〕對於切實推行陋習改良之縉紳，「果能移風易俗，應准由個原籍州縣詳請獎敘，或給匾額，或賞頂戴……」。〔註124〕

再次是成立不纏足會，「目的在改良閨範」，「重在勸未纏者不纏，兼備各種方法以為已纏而有志解放者用之」。規定纏足會為免父母愁嫁之後顧之憂，其「聯絡同鄉使同志諸人之子女免婚嫁上之窒礙，凡會內人兩姓適當之結婚，本會皆樂為贊成」，「入會後所生之女不得纏足，所生之子不得與纏足者為婚。」此外還肩負興女權之職責，調查內地婦女社會之狀況，以為創立女報之資料；研究家庭婦女進化之原理，以此為振興女學之基礎；討論改良婚嫁舊俗之方法，以期別立章程見之實行。〔註125〕

經過一系列之努力，雖晚清因時間有限成效不明顯，可至民國，筆者在田野調查時看到民國出生的女子天足的人數有一定的比例，故而，「近時提倡

〔註120〕《光緒三十一年安徽巡護禁纏足告示》，《千年契約文書》第三卷，花山文藝出版社 1994 年版，第 394 頁。
〔註121〕〔清〕光緒《徽州不纏足會章程》，光緒二十九年刊本，安徽省圖書館藏。
〔註122〕《光緒三十一年安徽巡護禁纏足告示》，《千年契約文書》第三卷，花山文藝出版社 1994 年版，第 394 頁。
〔註123〕〔清〕劉汝驥：《陶甓公牘》卷一《示諭・勸禁纏足示》。
〔註124〕〔清〕光緒《徽州不纏足會章程》，光緒二十九年刊本，安徽省圖書館藏。
〔註125〕〔清〕劉汝驥：《陶甓公牘》卷十二《法制科・婺源民情之習慣・集會結社之目的》。

女學，一線曙光，不知何時始旦，然纏足之習，稍稍除焉」。〔註126〕

（二）佃僕自我意識覺醒

佃僕制是一種人身依附制度，明清徽州是佃僕制流行的區域之一，種主田、葬主山、住主屋爲其主要特徵，「主僕之分甚嚴，役以世即其家殷厚，終不得例於大姓，或有冒與試者，攻之務去。」〔註127〕徽州宗族對佃僕制的維護也不遺餘力，「苟稍紊主僕之分，始則一人爭之，一族爭之，既而通國爭之，不直不已。」〔註128〕咸豐兵燹後，人口銳減，長期的戰亂打破森嚴主僕關係，如祁門康氏「紈褲子弟公子沖墓山三壠被僕人陳含清等開挖殆盡，……如此背僕，古今所稀，所以然者則皆由徽俗，世僕住主屋種主田葬主山，今既跳樑，不住主屋，不種主田，而其先代所葬之墳，主山之墳則亦難言遷矣，」後此僕逐步侵入康氏祖墳，完全悖於明清之主僕森嚴。〔註129〕同時晚清人口減員，荒地增多，佃戶有了更多的選擇，據章有義統計近代佃戶第一個離佃的高峰期就是太平天國失敗後的一段時間，佃戶辭佃及換佃頻繁。〔註130〕至清末尚有未耕之荒地存在，甚而出現佃戶挾持荒田而命主人的訟案，「佃字從人從田，人田各得其半也。徽州山多田少，但患無可耕之田，不患無可招之佃，何至聽其挾制？荒田多而熟田少，鄉民既恃田以爲生方，墾荒以爲熟，若本成熟豈肯聽其荒蕪？」〔註131〕

晚清外來佃農的增多擾亂原有體系。雖然人均土地增多，而徽人約一半仍延續外出經商之傳統，故實際在徽州耕種的有不少外來之佃戶，歙縣「至邑東自城隅至績溪界，通衢四十里，土著之存者，百步一二。而贛民之來耕作者，恒達七千人。此外尚有湘皖之民，雜處其間。以古豐塥佃戶，客民爲夥。」〔註132〕休寧因外出經商者眾，「捨田土荒蕪既讓安慶人以入墾

〔註126〕〔民國〕胡存慶：《黟縣鄉土地理》，民國十四年鉛印本，安徽省圖書館藏。

〔註127〕〔清〕董鍾琪：《婺源鄉土志》第七十四課《風俗提要·續前三》，光緒三十四年木活字本，安徽省圖書館藏。

〔註128〕〔清〕許承堯：《歙事閒談》卷十八《歙風俗禮教考》，黃山書社2001年版，第601頁。

〔註129〕《祁門十三都康氏宗族文書》，《清同治十三年三月康姓各門人等立合同議單》，安徽大學徽學研究中心藏。

〔註130〕章有義：《近代徽州租佃關係案例研究》，中國社會科學出版社1988年版，第323頁。

〔註131〕〔清〕劉汝驥：《陶甓公牘》卷三《戶科·府學武生邵鵬呈批》。

〔註132〕黃賓虹：《黃賓虹文集（雜著編）》《任耕感言·豐塥墾復仁德莊義田始末》，

矣」。〔註133〕因而出現「自洪楊亂後,佃農所佔之百分率有增無減」的局面。
〔註134〕外來佃戶在租佃過程中,受到徽州佃僕文化的影響少,更為注重個
體之權益。必將對本土佃戶產生影響。此外,制度的變革亦對徽州主僕關係
產生影響,「世僕之制各大族皆有之,在昔分別極嚴,隸僕籍者,不得通婚
姻,不得應考試,至光宣間,科舉制停,城鄉設學,此風乃革。」〔註135〕
因此晚清之租佃,根據吳秉坤等對光緒時期投主文書的研究,發現「原來的
佃僕住屋種田後必須服役,而且世代服役,沒有選擇的權力,現在這些佃僕
不再住屋種田後即可不再服役,終止人身依附關係,取消主僕名分,」〔註
136〕其認為清末之佃僕更像是擁有自由選擇權的佃農。對此界定,官府也給
予認可,如劉汝驥在一起關於主僕之爭的案件中就提到「即使爾等先人曾在
×姓服役,亦斷無子子孫孫、世世奴僕之理。」〔註137〕可見晚清徽州文化
生態中依附於主人的佃僕被認為是獨立之個體,有自由選擇權,與主人的人
身依附關係鬆散。佃戶個體亦對此有深刻認識,積極倡導個體的權益及平等
之地位。「近來歐人平等之說輸入中華,脫僕籍而入上流,可企踵而任事之
機會矣。」〔註138〕

　　因此,徽州人地關係緩和,使得女性及佃戶能夠在區域經濟中占更大的
份額,再加上外來思潮之影響,使得明清時完全從屬於宗族或主家的婦女、
佃僕開始注重自身之感受及權益。因此在一些宗族中亦開始重視個體之感
受。如績溪周氏規定「十六歲以上男子不飢寒而犯竊者」要受笞責,同時又
規定「貧人迫於飢寒而犯盜竊,其盜竊尚在本族比盜他姓罪輕。」〔註139〕個
人本位觀思想在族譜中浮現,個人本位觀的覺醒必然衝擊原有社會秩序,尤
其是以集體權益至上的宗族組織。

　　　　上海書畫出版社1999年版,第476～490頁。
〔註133〕〔清〕劉汝驥:《陶甓公牘》卷十二《法制科・休寧民情之習慣・職業趨重之
　　　　點》。
〔註134〕金陵大學農學院經濟系:《豫鄂皖贛四省之租佃制度》1936年刊,第8頁。
〔註135〕〔民國〕石國柱、樓文釗等:《歙縣志》卷一《輿地志・風土》。
〔註136〕吳秉坤、陳正:《清代徽州佃僕制的變異——以新發現的佃僕文書為線索》,
　　　　《黃山學院學報》2013年第1期,第16～18頁。
〔註137〕〔清〕劉汝驥:《陶甓公牘》卷七《刑科・歙縣民人潘大有等呈批》。
〔註138〕〔清〕董鍾琪:《婺源鄉土志》第七十四課《風俗提要・續前三》,光緒三十
　　　　四年木活字本,安徽省圖書館藏。
〔註139〕〔清〕宣統《績溪仙石周氏宗譜》卷一《家法》,複印件藏安徽大學徽學中心。

四、晚清佛教與宗族爭奪資源

雖說「徽俗不尚佛、老之教」，〔註140〕然「佛入中國久潛移默化幾於無地無禪林」，徽州「多名山昔又最富，故各處有寺觀」，至晚清亦有一些信奉者。徽人中「士大夫類能受孔子戒，衛道嚴而信道篤，卓然不惑於異端」，因此佛教的信奉者歙縣「惟婦女居多，間有茹素誦經者」；休寧亦是「婦女尤宗」；婺源則是「婺邑沐紫陽夫子遺澤士夫信道甚篤，絕不爲奇衷所淆亂。所謂佛與道者，其徒黨甚希」；黟縣「奉孔教爲宗，信佛者多愚夫愚婦」；祁門「愚夫愚婦最畏神明，每遇疾病，誠心禱祀，一似神道驟從天降者。雖民智未開，亦足見民情之純樸也」；績溪「佛教調查僧數和尚一百零六人，尼姑三十六人」。〔註141〕總的看來，徽州信奉佛教者爲數不算多，在晚清也難循明顯的增長之跡。在祭祀、葬禮等風俗中雖有佛教中的一些形式，如「素封之家往往供佛飯僧爲親懺悔，喪祭之日多招吹手，撼金伐鼓若演劇，然俱非美俗，此則急宜整頓者也」，喪禮中「開弔亦呼爲起靈或三日或五日或七日有多至數十日者，係遵佛家數七之說禮生設祭僧道誦經」，但亦可能是客民湧入而帶來的文化習俗之轉變。〔註142〕

如果在明清時期，佛教這樣的發展規模對徽州宗族而言無法構成威脅，且當時宗族財大氣粗，對族眾的感召力自非晚清可企及。時過境遷，晚清徽州人口銳減，經濟凋敝，當佛教借客民之勢在徽州大行其道，塑像造寺、焚燒紙帛錫箔、及至發展信徒，這都與日漸式微的宗族呈爭奪資源之勢，其推行的規制與徽州地區盛行的朱子家禮不相與容，勢必爲宗族所難容。

宗族與佛教之爭體現於對個體的爭取。徽州人口晚清時土著約爲73萬，除去常年在外經商的，約63萬土著在徽州，宗族有天然的血緣聯繫，而佛教要發展則需爭取信徒，當時「有自行皈依者，有由家貧出賣者，」可是有僧人居然「執市童而髡之」，此舉違背個體意願甚至出人命。〔註143〕而宗族亦規定族眾「勿爲僧道」，〔註144〕「爲僧道者世不書名」。〔註145〕

〔註140〕〔清〕許承堯：《歙事閒談》卷十八《歙風俗禮教考》，黃山書社2001年版，第601頁。

〔註141〕〔清〕劉汝驥：《陶甓公牘》卷十二《法制科‧宗教》、《法制科‧神道》。

〔註142〕〔清〕劉汝驥：《陶甓公牘》卷十二《法制科‧葬禮》。

〔註143〕〔清〕劉汝驥：《陶甓公牘》卷四《禮科‧歙縣民婦黃許氏稟批》。

〔註144〕〔民國〕李則綱：《黟縣鶴山李氏宗譜》卷末《家典》，民國1917年刊本，安徽省圖書館藏。

　　還有就是對資金的爭奪。晚清葬禮多用佛教之規制，「凡有喪事無不供佛飯僧念經禮，懺有不爲者，則恐致鄉人非議，此在流俗溺於僧佛，聽其蠱惑，」〔註146〕而如此則花費彌多，「壇前列大香數十百炷，綜計各費千金至數百金不等」、〔註147〕「至於紙帛錫箔焚積如山，歲耗不下十萬金」。〔註148〕晚清徽州宗族中本就捉襟見肘，現還有大量的資金流入佛教儀式中，因此特規定「喪禮久廢多惑於佛老之說，如俗所謂轉燈拜懺做道場之事，皆絕之其儀式，宜遵文公家禮」。〔註149〕還要「杜邪風：凡葬祖祭祖，儒家自有正禮，僧道邪說概不可信。近世僧道又添出惡習，聚眾金鼓狂奔，呼喊作暴戾之氣，引妖魅之風，乃王法所當禁者，更不可行。至於男女入教持齋，非但傷風敗俗，而且貽禍宗黨，凡我族永行禁止。」最爲關鍵的是「一村錢穀有限，都在塑像造寺延僧布施上用了，所以族中一切正事都無力去做，信邪之村必敗，可不戒乎！」〔註150〕績溪周氏指明了宗族發展與佛道的關係，佛道盛則宗族敗，宗族要發展，必須要人力和物力支持，要防止佛道與其爭奪資源。可是在晚清，佛教的發展隨著客民的流入、官府態度的模棱兩可給予其發展空間，宗族雖有心抑制，卻無計可施，在資源上與佛教成爭奪之勢。

　　此外，晚清徽州宗族亦有受到新思想影響之端倪。館田李氏族譜中提到「今天下環球千百國，所以立公法、通商政、設教會」，〔註151〕績溪周氏亦有「宇宙中的人富貴貧賤不齊」的話語。〔註152〕雖然在族譜的具體制定中延續舊的傳統，可是新視角的加入是開眼看世界之肇始。

　　徽州宗族中出外讀書的人增多，如黟縣鶴山李氏，清末民國初，李昭亨就讀於安慶省城公立法政政治科畢業，李啓群畢業於上海中國公學商科畢

〔註145〕〔清〕宣統《績溪仙石周氏宗譜》卷一《凡例》，複印件藏安徽大學徽學中心。

〔註146〕〔民國〕李則綱：《黟縣鶴山李氏宗譜》卷末《家典》，民國1917年刊本，安徽省圖書館藏。

〔註147〕〔清〕劉汝驥：《陶甓公牘》卷十二《法制科・歙縣民情之習慣・神道》。

〔註148〕〔清〕劉汝驥：《陶甓公牘》卷十二《法制科・績溪民情之習慣・喪葬》。

〔註149〕〔民國〕李則綱：《黟縣鶴山李氏宗譜》卷末《家典》，民國1917年刊本，安徽省圖書館藏。

〔註150〕〔清〕宣統《績溪仙石周氏宗譜》卷一《祖訓》，複印件藏安徽大學徽學中心。

〔註151〕〔光緒〕《新安館田李氏宗譜》卷二十二《家約引》。

〔註152〕〔清〕宣統《績溪仙石周氏宗譜》卷一《祖訓》，複印件藏安徽大學徽學中心。

業。〔註153〕可以想見，在外讀書受新思想之教育，回故里潛移默化中反成了破壞傳統勢力的中堅力量。

以上之種種現象，在晚清徽州宗族中僅是點滴，但隨著時勢變遷，亦可聚流成河，對傳統宗族社會形成強力衝擊。

第三節　晚清徽州宗族功能

雖然宗族更生面臨一系列困境，但是在修譜、修祠堂、明族產、復禮制等一系列宗族文化符號的重構以後，宗族遭重創後得到一定的修復，在晚清徽州社會中發揮一定的作用。

清末的民情調查中，提到社會施行之規則，歙邑是「族祠必先禁約，善舉皆有規條，此私家之纂述也。至商會教育會及諮議選舉自治選舉各項皆遵守部定規則，不敢自爲風氣」，祁門「聚族而居，守家禮遺規最重，宗族、遺書、祭器、燦然備陳，凡婚姻、喪、祭皆區分子目，著於祠規，他如客民之種植山場議立規約，商民之賃租店產恪守規條，似有自治之規則焉。」黟縣「凡宗祠、文會、社倉善堂規則皆鄭重分明，有條不紊」，而休寧、婺源、績溪在調查資料中是側重於清末學堂等部定規則的介紹，「至禮教風俗，政學新理不於此論」，故沒有論及。〔註154〕晚清徽州地方運行中，政府雖然在經濟上積極予以指導，但是社會運行所需之規則仍舊是以宗族爲主，宗族具有相當的影響力。及至清末新政，新政推行亦多仰賴宗族的支持，「國家新定選舉法由族眾投票公舉，以得票多寡爲去取準繩，一經選定，不得推諉，一年一次，善則留任，不善則不舉，如肯任勞任怨而公直者，謂之善，毫無建白而詭詐者謂之不善，其被選者只論公正，不論有無功名，選人者必平日省事正派方准列名投票，以防弊端，至被大眾留任至五年之久者，其爲正值勤勞，可知應列入紀善，籍以表勞，待異日修譜當立傳以表章之。」〔註155〕雖是爲國效力，族中修譜時亦立傳。

其時宗族通過族規的制訂規範族人行爲，主要就以下幾個內容做出規範：

〔註153〕〔民國〕李則綱：《黟縣鶴山李氏宗譜》卷二《詳公支世系表》，民國 1917 年刊本，安徽省圖書館藏。

〔註154〕〔清〕劉汝驥：《陶甓公牘》卷十二《法制科·社會上施行之規則》。

〔註155〕〔清〕光緒《績溪華陽邵氏宗譜》卷首《新增祠規》，光緒三十三年刊本，安徽省圖書館藏。

一、對族人價值引導

晚清徽州宗族在「四業」價值取向方面仍舊延續明清之態勢。「子孫必務正業，正業止有士農工商四條。」〔註156〕「士農工商各有一業，子弟年長，不可任其游蕩，流於匪類，使之各執一藝，以爲終身衣食之資，諺云買田買地難買手藝，爲父兄者不可不早爲之計也。」〔註157〕「族中子弟有器宇不凡，資稟聰慧而無力從師者，當收而教之，或附之家塾，或助以膏火，培植得一二個好人，作將來模楷，此雖族黨之望，而實祖宗之光，其關係匪小。族中子弟不能讀書，又無田可耕，勢不得不從事商賈，族眾或提攜之，或從他親友處推薦之，令有恆業，可以糊口，勿使游手好閒，致生禍患。」〔註158〕還有的宗族應官府興農之號召，將農業作爲族人主要擇業方向，「吾族貧瘠，當勤樹蓺，查閩省有地瓜，川省有石棉，山左有美棉，浙江有茶子，皆易種而多獲，如此等類宜訪覓教種，俾通族之人皆得地利，以裕生計。」〔註159〕可見晚清宗族對於族人之價值取向基本延續明清時期。

同時，宗族亦有嚴格限制族眾從事「賤業」，如娼優、隸卒、僧道、屠豎等賤業或游手好閒、游蕩滋事，違者往往予以不許入譜或革除出祠等嚴懲。此外，還有的職業從事者要慎重選擇的，績溪仙石周氏就提到，「地理、醫道雖非邪術，恐學子不精誤人不少，切不可圖其事之安逸而輕學以害人。受人飲食、財物而反害人，不如乞丐。」〔註160〕

此外，在晚清時期，在宗族上請、官府授意下，樹立爲數不少的貞節牌坊，用以旌表兵燹時期爲保貞節不惜捨身取義女性，如位於歙縣縣城斗山街上貞節牌坊一次表彰上千兵燹時守貞女性。這在新舊交替的時期藉此強化對女性的價值引導。雖與時代發展潮流相悖，卻也體現傳統文化生態之慣性。

〔註156〕〔清〕宣統《績溪仙石周氏宗譜》卷一《祖訓·務正業》，宣統本，複印件藏安徽大學徽學中心。

〔註157〕〔清〕光緒《徽州彭城錢氏宗譜》卷一《家規》，光緒十年刊本，安徽省圖書館藏。

〔註158〕〔民國〕李則綱：《黟縣鶴山李氏宗譜》卷末《家典》，民國1917年刊本，安徽省圖書館藏。

〔註159〕〔清〕光緒《績溪華陽邵氏宗譜》卷首《新增祠規》，光緒三十三年刊本，安徽省圖書館藏。

〔註160〕〔清〕宣統《績溪仙石周氏宗譜》卷一《祖訓·務正業》，複印件藏安徽大學徽學中心。

二、維護宗族、社會正常秩序

（一）約束族眾私德

在小群體中約定俗成的規範謂之私德。晚清宗族內部的行爲規範基本沿襲明清時的內容，主要圍繞忠、孝、節、禮等基本倫理道德做出規範，績溪山石周氏宗譜記載的祖訓關於族人在行爲道德的基本要求，包括明倫理、孝父母、敬祖宗、重詩書、正閨門、睦宗族、務正業、早完糧。〔註161〕彭城錢氏的家規中亦包括：重宗祧、正婚姻、別內外等規範。〔註162〕在基本原則確立的情況下，族規中還會就行爲規範給予具體之指導，如：

> 敬尊長：一長者遠歸，子弟必肅衣冠，序立堂上，施禮畢方許各退。一　子弟見長者，坐必起身，行必隨後，應對必以名，動止必以恭，飲食必後，言語必信，諸婦亦然。一　男婦年登七十，非肉不飽，必別用饌味，子媳時加檢待，毋致怠忽。

> 嚴閨範：一　爲主母者，各要動止端嚴，使一家敬畏悅服，不可自失尊重之體，啓人輕侮。一　爲諸婦者，平居務宜安詳恭敬，孝事舅姑，敬順夫子，和睦姊姒，恩御奴婢，如有妒忌饒舌者，主母以禮誨之，不改繼之，以怒，又不改，則告於祠堂，以出之，若有穢德污行，當即屛逐不待教也。一　婦女無故不許擅出中門，夜行以燭，無燭則止，若有親戚來家，止許見於中堂，不得親自引進閨閣，雖係骨肉至親，私房惟待以茶果點心，亦不許久延酒肴。一　子孫年至四十無子者，方許娶妾以圖後嗣，然妾亦不可與諸婦並坐，其服飾只至素樸，若妻亡繼娶者，當依次序不在此例。一　義男年過十二，非喚不許擅入中門，倘挑行李盤盒之類，止許至中門外易婢，送人出亦然。〔註163〕

規則的制定很大程度上要實施，如果只有原則性的規定，在具體實施中往往被多種演繹，因此宗族中具體行爲的規定有利於族規的執行。

〔註161〕〔清〕宣統《績溪仙石周氏宗譜》卷一《祖訓·務正業》，複印件藏安徽大學徽學中心。

〔註162〕〔清〕光緒《徽州彭城錢氏宗譜》卷一《家規》，光緒十年刊本，安徽省圖書館藏。

〔註163〕〔清〕光緒《婺源三田李氏宗譜》《家規》，光緒十一年刊本，安徽省圖書館藏。

（二）規範族眾公德

對宗族內爲私，對宗族外爲公，族眾之公德宗族亦進行相應管束。首先是爲國盡忠。普通民眾而言，對國家盡忠最直接的方式的是主動完成國家的賦稅。「吾人安居粒食享太平之福者，皆朝廷所賜也。」〔註164〕所以作爲民眾，要「早完糧：百姓無君臣之分，只有錢糧是奉君主的，一日完糧，一日太平。」〔註165〕「凡家有產者，必有賦稅，各戶當依限輸納，不可任意拖欠，務期令我族錢糧輸納在各里之先，不煩催科，庶於國爲良民，於家爲孝子」。〔註166〕

其次是息訟。徽州之「健訟」、「纏訟」向爲地方官員所苦，「凡人一生不入公門，即是福人」。〔註167〕因此對於一般的糾紛，宗族勸慰族眾「受人欺侮，固難容然，必須投告親族，由祠調處，若逞意興訟兩造，機詐百出，欲罷不能，破家蕩產，悔恨無及，」但是涉及到以下問題時則可以訟官，「惟父母之仇，祖墳被害，奸滔大變，應力申雪，其餘皆可以情恕。」〔註168〕有的宗族更是息訟寧人，於祖墳及婚娶都可容忍，「不得已而結訟，世人雖說祖墓婚姻兩事。如果已葬祖塋被占而訟，尙屬萬不得已，若因求地葬祖而與人結訟，豈不可笑。聘妻媳被占似乎有理，但已聘而願改婚，其家無恥，其女亦不貞，我且不屑娶，何訟之有？況一切小忿致訟至破家蕩產辱身失名，自害害人，後悔何及？」〔註169〕如果涉及到宗族利益，則一定要齊心協力抗外辱，「至於族有外侮，實屬理直，而鄰姓不能排解，萬不得已而興訟者，我族人亦當同心竭力，勿受欺辱。」〔註170〕

〔註164〕〔清〕李嘉賓：光緒《新安館田李氏宗譜》卷二十二《家法》，《中華族譜集成·李氏譜卷》，巴蜀書社1995年版，第541～905頁。
〔註165〕〔清〕宣統《績溪仙石周氏宗譜》卷一《祖訓·務正業》，宣統本，複印件藏安徽大學徽學中心。
〔註166〕〔民國〕李則綱：《黟縣鶴山李氏宗譜》卷末《家典》，民國1917年刊本，安徽省圖書館藏。
〔註167〕〔清〕宣統《績溪仙石周氏宗譜》卷一《祖訓·務正業》，複印件藏安徽大學徽學中心。
〔註168〕〔清〕光緒《績溪華陽邵氏宗譜》卷首《新增祠規》，光緒三十三年刊本，安徽省圖書館藏。
〔註169〕〔清〕宣統《績溪仙石周氏宗譜》卷一《祖訓·務正業》，複印件藏安徽大學徽學中心。
〔註170〕〔清〕光緒《(新安)仙源杜氏宗譜》卷首《家政十四條》，光緒二十一年木活字本。

其三爲民保平安。賭博之惡習自清以來一直爲徽州治安之頑疾，晚清這一惡習有增無減，黟縣「游手好閒專事賭博者實繁」，〔註171〕續溪「以賭博爲最多，劇場會期賭棚林立，棚或數十人，或數百人，寶攤骰牌色色俱全。秋成後無論大村小村，不啻以賭場爲其俱樂部，通宵達旦習以爲常。」〔註172〕宗族特規定「子孫不孝莫甚於賭博，即乞丐盜賊皆由此起，有犯此者，族眾鳴官懲治，其開場窩賭，公逐出祠。」〔註173〕此外，晚清徽州鴉片也遺害大眾，故宗族多規定「不可聽其游手好閒，煙、賭、酗酒以入不肖之途。」〔註174〕

尤爲一提的是，晚清徽州及鄰近匪患嚴重，「邇日徽州各處時有強徒剪徑行兇」，〔註175〕也有在昌化、臨安交界處打劫信局的，「信局多係託寄銀洋往徽州等處，故現銀被劫不止一次」。〔註176〕因此有的宗族特指出「至於飄流在外，陰結匪黨，行蹤詭秘及爲兇殺、劫、盜者，除革逐外，仍稟縣立案鈔案以免後累。」〔註177〕甚至「爲匪不法，本人革出。」〔註178〕此外，禁嫖蕩、禁盜竊等在家規中也多有規定。〔註179〕通過宗族管束以加強社會治安。可看出徽州宗族在地方治理中發揮的作用，爲國盡力乃於家爲孝子，予以表彰，爲社會添亂，於家爲逆子，重者革出祠堂。

（三）濟　貧

救助弱勢群體是宗族的義務，也是宗族增強其向心力及凝聚力的路徑之一，「不舉家政是無周恤恩澤，專行家法，人何能服？」〔註180〕從族譜中看

〔註171〕〔清〕劉汝驥：《陶甓公牘》卷十二《法制科·黟縣民情之習慣·生產者與不生產者分數》。

〔註172〕〔清〕劉汝驥：《陶甓公牘》卷十二《法制科·績溪民情之習慣·犯罪以何項人最多》。

〔註173〕〔清〕光緒《婺源三田李氏宗譜》卷末《家規》，光緒十一年刊本，安徽省圖書館藏。

〔註174〕〔清〕光緒《績溪華陽邵氏宗譜》卷首《新增祠規》，光緒三十三年刊本，安徽省圖書館藏。

〔註175〕《黃山冷霧》，《申報》1890年1月17，第三版。

〔註176〕《盜風甚熾》，《申報》1882年10月10日，第二版。

〔註177〕〔清〕宣統《績溪仙石周氏宗譜》卷一《家法》，複印件藏安徽大學徽學中心。

〔註178〕〔清〕朱應溥：光緒《新安（歙縣）朱氏宗祠記》《家法》，光緒十一年，安徽大學徽學中心藏。

〔註179〕〔清〕李嘉賓：光緒《新安館田李氏宗譜》卷二十二《家法》，《中華族譜集成·李氏譜卷》，巴蜀書社1995年版，第541～905頁。

〔註180〕〔清〕宣統《績溪仙石周氏宗譜》卷一《祖訓·務正業》，複印件藏安徽大學

來，族中需要扶持的弱勢群體主要包括鰥寡孤獨、貧窮無依的人，如果這樣
的人人品正派，則「亦當救援。」〔註181〕除了在精神上族人不能「貴驕賤
富，驕貧強凌弱，……務要盡禮，不可挾勢凌輒」以外，〔註182〕還要提供
實質的救援。有的是宗族「集眾公議，設法撫恤，或議籌公款生息備用以仰
體祖宗一脈而篤親親之意。」〔註183〕有通過族人「見義勇為，或賈有餘財，
或仕有餘資，量力多寡，輸入裨族眾盡沾嘉惠，已成鉅觀。」〔註184〕還有
的貧者「或收養於家，任以細事而衣食從優，毋致與傭工者伍。」〔註185〕

　　此外還有為孤寒子弟設立的義學仍在發揮作用。其時雖「赤貧之戶餘，
則兒童六七歲後送入蒙館，或三年或五年別圖職業，業商者尚能尋求字義」。
〔註186〕由於缺乏記載，很難找到晚清遍佈村落的義學之數目，但是在地方志、
譜牒等文獻關於「義行」、「尚義」的篇章中，可以看到對義學的捐助沒有因
兵燹而終止，如歙縣洪受嘉「同治間捐助義學田數十畝」，〔註187〕婺源「程耀
廷……兵燹之餘，士多費業，倡興義學，輸田若干畝」，〔註188〕王尚源「光緒
戊寅……輸三百金立義學以興文教。」〔註189〕捐助義學的資金數額大小不等，
可是都延續貧寒子弟的希望，也是宗族濟貧的重要內容。

三、宗族教諭

　　宗族通過實體文化符號的恢復加強族人的認同及向心力，通過族規的制
定對族眾加強引導與管束，同時宗族還需要採取措施以保證其執行力。國家

徽學中心。
〔註181〕〔清〕光緒《徽州彭城錢氏宗譜》卷一《家規》，光緒十年刊本，安徽省圖書
　　　　館藏。
〔註182〕〔清〕光緒《婺源三田李氏宗譜》卷末《祖訓》，光緒十一年刊本，安徽省圖
　　　　書館藏。
〔註183〕〔清〕光緒《績溪華陽邵氏宗譜》卷首《新增祠規》，光緒三十三年刊本，安
　　　　徽省圖書館藏。
〔註184〕〔民國〕李則綱：《黟縣鶴山李氏宗譜》卷末《家典》，民國1917年刊本，安
　　　　徽省圖書館藏。
〔註185〕〔清〕光緒《婺源三田李氏宗譜》卷末《祖訓》，光緒十一年刊本，安徽省圖
　　　　書館藏。
〔註186〕〔清〕劉汝驥：《陶甓公牘》卷十二《法制科·績溪民情之習慣·受學者百分
　　　　比例》。
〔註187〕〔民國〕石國柱、樓文釗等：《歙縣志》卷九《人物志·義行》。
〔註188〕〔民國〕葛韻芬、江峰青：《重修婺源縣志》卷四十一《人物十一·義行七》。
〔註189〕〔民國〕葛韻芬、江峰青：《重修婺源縣志》卷四十一《人物十一·義行七》。

「不教而殺謂之虐」為惡政，〔註190〕宗族「不講家訓是不教而殺。」〔註191〕因此宗族之族規能夠被施行的前提的族眾知曉並遵行，還要通過教諭將其普及於族眾。

族譜中一般都對宣講進行了規定。仙石周氏將「祖訓家法錄於首編，每年正月識字者宣講，男東女西共聽以示徵惕。」〔註192〕鶴山李氏「凡正月初四、七月十五以及冬至，族人咸集，宗祠祭祖，嗣後每年當於此三日高聲對眾宣講，令人人飫聞其訓，歸家則父誡其子，兄勉其弟，夫勵其妻，庶幾家喻戶曉，敦讓成風。」〔註193〕華陽邵氏「每季定期由斯文族長督帥子弟赴祠，擇讀書少年，善講解者一人，將祠規宣講一遍，並講解訓俗遺規一二條，商榷族中大事體，各宜靜聽遵行，共成美俗，實為祖宗莫大之光。」〔註194〕通過宣講，使婦孺皆知，風俗易成。

除了宗族宣講以外，宗族中還通過家法以引導族眾的行為，晚清宗族之家法與明清時期大同小異，跪香、笞責、罰胙、罰戲、革而不逐改過歸宗、逐出宗祠永不歸宗等都是宗族大致採用的懲罰措施。與家法相對應的則是通過立傳、配特享、請旌表等方式對宗族有特別貢獻的人予以表彰。以實現宗族對族眾的有效引導。〔註195〕

綜之，晚清徽州宗族在外在形式、內部規則、心理引導等方面都採取種種有效措施，使得其能夠在經歷兵燹後短時間內恢復活力，對徽州文化生態起著組織中堅的作用。

小　結

宗族組織是徽州文化生態中重要一環。晚清徽州宗族歷咸同兵燹後，面臨宗族規模縮小、結構不穩及實體文化符號被毀損的問題亟需解決。宗族在戰亂後短時間內就開始從外在實體文化符號的修復，到內在宗族管理之加

〔註190〕《論語‧堯曰》
〔註191〕〔清〕宣統《績溪仙石周氏宗譜》卷一《家法》。
〔註192〕〔清〕宣統《績溪仙石周氏宗譜》卷首《周氏宗譜凡例》。
〔註193〕〔民國〕李則綱：《黟縣鶴山李氏宗譜》卷末《家典》，民國 1917 年刊本，安徽省圖書館藏。
〔註194〕〔清〕光緒《績溪華陽邵氏宗譜》卷首《續修條議》，光緒三十三年刊本，安徽省圖書館藏。
〔註195〕注：晚清之獎懲延續明清時期採用的方式，詳見第一章。

強，以期實現「收族」之目的，同時在價值取向、道德評判等方面繼續爲族眾提供指導原則，在晚清徽州社會中仍舊是中堅力量。雖然宗族表現出頑強的生命力，在遭慘烈兵燹後很快復蘇，但是由於處晚清這一變局中，社會經濟低迷、族眾凝聚力及宗族對其的向心力減弱、女性及佃僕個人本位觀的覺醒，再加上佛教的影響，徽州宗族在更生中又隱含式微之勢。

第五章　價值觀的傳承與變異

　　晚清徽州文化生態中，構建基石發生扭轉，土著個體與宗族更多因襲系統明清時期之慣性，在此基礎上，徽州文化生態系統內部對價值觀念的影響微乎其微。可是身處晚清，國家文化生態的變異格外劇烈，外界對徽州價值觀念的影響更為顯著。晚清幾十年是新一輪文化生態系統重構之濫觴，和諧區域文化生態的構建動輒以百年為計，種種變端為窺探新一輪區域文化生態構建提供可循之跡。

第一節　價值觀之傳承

　　晚清徽州文化生態中生計文化有了新的動向，徽人有半數延續明清外出經商的模式。宗族作為主流價值觀的建構主體，晚清時期極力維持強勢地位。文化生態中關鍵的文化內核，主流價值觀的構建亦亟需做出相應的調整。但是晚清時期徽州士風不振，有識之士在晚清經世致用思想影響下更重實務，如許承堯，16 歲為府庠生；21 歲中光緒甲午科舉人；30 歲中進士，授翰林院庶吉士；32 歲在徽州府城歙縣，先後創辦了新安中學堂和紫陽師範學堂。在故里唐模創辦了敬宗小學和端則女校，掀開徽歙教育史上的新篇章。1912 年先生 38 歲應安徽省都督柏文蔚之聘，出任都督府高級參謀、全省鐵路總辦，負責籌建蕪（湖）屯（溪）鐵路。〔註1〕所以徽州主流價值觀的構建缺乏精英人士的參與。雖然在晚清徽州文化生態在生計文化、宗族發展等方面都有新

〔註1〕 葉世英：《辭官歸里，造福桑梓：追思晚年的許承堯先生》，《徽州區文史資料》第四輯 2007 年版，第 23～45 頁。

的動向，可是在主流價值觀念中沒有體現，基本延續明清時期的構建：即在維護皇權統治基礎上，以朱子「家禮」爲其行爲準則，將宗族爲價值認定主體，提出「四業皆本業」的價值取向以及「亢宗」的價值追求和實現。

在此基礎上，將主流價值觀念內化爲個體自發行爲選擇的大眾化途徑也多持續原有模式。宗族在其中起了很大作用，在第四章中已經就宗族發揮價值導向、規範族眾行爲、進行宗族教諭、扶助貧困弱小、實施獎懲等路徑都有述及，不再累述。樹立道德典範時仍以忠孝節義爲主要宣揚內容，爲與晚清多種衝擊相抗衡，加大了表彰力度，無論是在光緒二十八年《兩江忠義錄》中「請旌官紳四千七百八十九人，請旌團丁二萬三千八百二十四名，請旌士民六萬二千四百三十七人，請旌婦女四萬九千四百三十六口。」〔註2〕而至今位於歙縣的孝貞節烈坊，是於光緒三十一年（1905）建，一次旌表徽州府屬孝貞節烈六萬五千零七十八名。清末動輒旌表即萬餘名，藉由爲數眾多的榜樣來強化、規範個體行爲。同時，價值灌輸體系中的宣講和教育也基本維持原有模式，從價值觀傳播的形式和內容也可以看出徽州晚清主流價值觀之大致。

一、宣　講

在價值傳播體系中，宣講和教育是受眾最廣，也是最能夠直接反映區域主流價值觀的方式。通過定時、定點、定內容的宣講，以及教育體系將官府希望倡導的價值觀念灌輸給民眾。區域文化生態的發展與國家文化生態發展方向一致性的特點決定當國家價值體系有新觀念的話，會通過宣講及教育的方式下達於民。晚清徽州地方之宣講光緒三十二年以前基本維持既有模式和內容。

宣講是以通風氣、化迪愚發、激發忠孝爲宗旨，於每月朔望在通衢鬧市、人煙稠密之地，如寺觀、祠宇或公園等處，由午後一鐘至四鐘宣講。若城鎮街市，還要在夜間加講數時，以方便日間工作的藝徒、傭保也能夠聽教。此外村鎮地方等地的集市日期，還要派員宣講。在實際推廣中，因各區風土人情、鄉音不同，故由地方聘員宣講，宣講以聲音爽亮、態度安閒、條理分明爲最要，最忌輕心嘲笑，肆口謾罵，或創偏宕狹隘之議論，致激動公憤，有

〔註2〕〔清〕馮煦、陳師禮：《皖政輯要》卷十八《民政科·風教二》，黃山書社2005年版，第151頁。

礙治安。對於宣講的時間、地點、要求等都有具體的要求，但最爲重要的是宣講的內容。宣講的主要內容爲聖諭廣訓，同時還有《勸學篇》、（明）劉忠介公《人譜類記》、陳文恭公《養正遺規》、《訓俗遺規》〔註3〕等書籍，在內容上看基本延續明清。

二、私塾及書院教育

徽州向來重視教育，明清徽州教育從私塾、義學到書院、講學、官學無不具備，對民眾進行不同層次教育，其教學內容主要是圍繞四書五經而進行，雖蒙學教育也不例外。此外，爲商爲工之專業知識則是通過口耳相承、商書及具體實踐獲得，尚未設立專門教育機構。晚清徽州的教育體系中，如第三章中分析，私塾教育仍舊爲主體，受教人數遠遠高於清末建立的新式學堂。

在徽州晚清的蒙學教育中，義學、私塾仍挑大樑，是普及基礎教育的主要形式。雖然與明清相比晚清是「鄉學頗多，洪楊以後，則漸式微矣。」〔註4〕但歙縣「蒙塾多至千餘，平均計之一塾得學童十人，是千塾已有盈數學童矣。」〔註5〕績溪在宣統二年（1910）縣內私塾達267所，蒙童3529人。〔註6〕休寧至民國18年時仍有私塾306所。〔註7〕祁門民國20年時有私塾200所，〔註8〕黟縣民國17年有私塾143所。〔註9〕即便在清光緒二十九年（1903）朝廷頒佈《奏定學堂草案》改舊學爲學堂以後，從清末及民國的數字統計可大略看出，私塾數量較之各邑學堂爲多，且就學人數也遠遠多於新式小學堂。光緒三十二年統計，進入新式小學堂學習的學生數六邑爲1255人，〔註10〕績溪光緒三十二

〔註3〕　〔清〕馮煦、陳師禮：《皖政輯要》卷十七《民政科·風教一·宣講》，黃山書社2005年版，第145頁。
〔註4〕　〔民國〕汪稼云：《績溪鄉土歷史》第三章《書院》，安徽省圖書館藏。
〔註5〕　〔清〕劉汝驥：《陶甓公牘》卷五《學科·紫陽師範生張舜口等稟批》）。
〔註6〕　績溪縣地方志編纂委員會：《績溪縣志》第二十六章《教育·體育》，黃山書社1998年版，第692頁。
〔註7〕　休寧縣地方志編纂委員會：《休寧縣志》卷二十四《教育·體育》，安徽教育出版社1990年版，第424頁。
〔註8〕　祁門縣地方志編纂委員會：《祁門縣志》卷二十五《教育》，安徽人民出版社1990年版，第584頁。
〔註9〕　黟縣地方志編纂委員會：《黟縣志》《教育志·私塾》，光明日報出版社1989年版，第383頁。
〔註10〕　〔清〕馮煦、陳師禮：《皖政輯要》卷五十二《學科·小學堂》黃山書社2005年版，第497頁。

年時據鄉紳調查學童有 3989 人，〔註11〕在新式學堂中的學生爲 257 人。〔註12〕
宣統二年（1910）績溪縣內私塾達 267 所，教授有學童 3529 人，其時入新式學
堂學生爲 632 人，同年全縣學齡兒童 8502 人，入小學堂和私塾共 4161 人，入
學率爲 48.9%。〔註13〕從數字統計看，儘管入新式學堂人數有一定增長，不過
在私塾中就學人數大大高於學堂。所以才有「商會、私塾改良會毫無影響，統
計處、自治公所虛有其名」之感歎。〔註14〕

雖然在以私塾爲主的蒙學教育中，可能存在塾師素質參差不齊的問題，
「大抵句讀弗清、別字觸目，其出身不同，其迂謬拙劣卑污淺陋則無不同，
張禹不識剛正字，許敬宗不識忠孝字，謬種流傳，誠有江河日下之勢。」
〔註15〕但是不可否認在對學童啓蒙教育中他們發揮主要作用。私塾教育內
容或教授初學兒童識字、句讀、背誦，或是教授具有一定文化積累的士子經
解、經義，「教育宗旨注重講經讀經」，〔註16〕教學之內容「讀三字經、百
家姓、神童詩、六十花甲子，要是先生好些的，便讀那開宗明、天文，開宗
明便是孝經。」〔註17〕因此「很多蒙童館來的學生國文程很好，」〔註18〕
可是「對算學不懂」，〔註19〕可見晚清私塾教育無論內容還是形式基本沒有
大的改良。

除了蒙學教育外，明清時期徽州書院亦發達。書院在兵燹中被毀者眾多，
且還有一些書院藏書亦付之一炬，因此晚清書院雖有一定恢復，但是遠遠遜
與明清。李琳琦估算在明清時徽州有書院 93 所，〔註20〕筆者結合地方志、安
徽通志及中國書院志大略統計在晚清時仍有記載，且仍發揮書院之功能的大

〔註11〕〔清〕劉汝驥：《陶甓公牘》卷五《學科‧績溪縣文令化舒詳批》。
〔註12〕〔清〕馮煦、陳師禮：《皖政輯要》卷五十二《學科‧小學堂》，黃山書社 2005
年版，第 497 頁。
〔註13〕績溪縣地方志編纂委員會：《績溪縣志第二十六章《教育‧體育》，黃山書社
1998 年版，第 692 頁。
〔註14〕〔清〕劉汝驥：《陶甓公牘》卷十二《法制科‧休寧民情之習慣‧集會結社之
目的》。
〔註15〕〔清〕劉汝驥：《陶甓公牘》卷五《學科‧紫陽師範生張舜口等稟批》。
〔註16〕〔清〕劉汝驥：《陶甓公牘》卷五《學科‧績溪縣文令化舒詳批》。
〔註17〕《演說徽州談》，《安徽白話報》第五期，光緒戊申十月中旬發行。
〔註18〕黃警吾：《黃賓虹在徽州》，黃中秀：《黃賓虹年譜》，上海書畫出版社 2005 年
版，第 44 頁。
〔註19〕黃警吾：《黃賓虹在徽州》黃中秀：《黃賓虹年譜》，上海書畫出版社 2005 年
版，第 43 頁。
〔註20〕李琳琦：《徽州教育》，安徽人民出版社 2005 年版，第 61 頁。

致有：〔註21〕

歙縣：師山書院、崇正書院、問政書院、古紫陽書院

休寧：海陽書院

婺源：福山書院、紫陽書院、教忠書院、玉林書院、水口精舍、㧑峰精
　　　舍、崇報書院

祁門：竇山書院、東山書院

黟縣：碧陽書院、金竹庵、蓮塘精舍

績溪：東山書院、桂枝書院（毀於太平天國，民國初年重建。十二年改
　　　爲私立資政小學校。）

　　咸同兵燹對書院毀滅性的打擊，留存下來並繼續發揮書院功用的爲數不
多，如「東山書院……規模宏壯，禮聘通儒，聚士子講學，其中人才輩出。
洪楊而後，講學會文一如往昔」，〔註22〕但是在晚清經世致用、實業救國的背
景下，能夠請到名師繼續弘揚儒法經義的不多。書院無論從數量還是質量上
較之明清差距較大。隨著清末學堂改革，書院日漸衰微。

　　從傳播的體系和內容不難看出，區域中原有的價值體系仍舊延續，是區
域價值觀的主流。

第二節　價值觀之變異

　　晚清徽州區域中主流價值觀念構建無大的改觀，其價值灌輸體系、宗族
保障、獎懲體系基本維持明清以來的模式。可是在晚清這一多事之秋，變數
頗多，種種變端對晚清徽州既有價值體系形成衝擊，並對文化生態新一輪構
建影響深遠。

一、國家價值觀嬗變

　　明清時期，在國家文化生態中，主流價值觀是建立在小農經濟基礎之上，
以維護皇權統治爲目的；「仁義禮智信」爲規範人和社會的道德基礎、「忠孝

〔註21〕吳景賢：《安徽書院志》，江蘇教育出版社1995年版，第119～124頁。〔清〕
　　　　光緒《安徽通志》卷九十二《書院》。〔民國〕石國柱、樓文剑等：《歙縣志》
　　　　卷二《營建志・學校》。〔民國〕葛韻芬、江峰青：《重修婺源縣志》卷五《建
　　　　置三・學校》。〔民國〕汪稼云：《績溪鄉土歷史》第三章《書院》。
〔註22〕〔民國〕汪稼云：《績溪鄉土歷史》第三章《書院》，安徽省圖書館藏。

節義」爲行爲準則；以國家爲價值認定主體；「士農工商」的等級排序爲價值取向；以「修身、齊家、治國、平天下」爲價值追求及實現的主流價值觀。此價值認定更多的是針對精英階層而設定的，對於中小工、商階層而言則無價值實現的路徑，這也是徽州「亢族」價值實現構建的背景。晚清列強入侵開啓中國近代化進程，以儒家爲基礎的傳統價值觀受到前所未有的挑戰。當林則徐、魏源等有識之士面對強敵提出「師夷長技以制夷」，魏源更是強調「自古……無不富強之王道」，〔註23〕經世致用的思潮逐漸成爲主流，不僅魏源、包世臣等人不惜餘力倡導，上層曾國藩、胡林翼等也起到推波助瀾的作用。汪士鐸之思想在當時具備一定的代表性，「儒者得志者少，而不得志者多，故宗孔子者多宗其言仁言禮，而略其經世之說。又以軍旅未之學而諱言兵，由是儒遂成爲無用之學，」〔註24〕精英階層對儒家傳統「治國、平天下」的價值體系提出質疑。戊戌變法前後，儒家價值體系受到全面的挑戰，其中尤以譚嗣同《仁學》對儒家之名教綱常進行全面的批駁，從西方的價值體系中他引入自由、平等作爲價值體系之立足點，進一步批駁儒家倫常之壓制性，「五倫中於人生最無弊而有益，無纖毫之苦，有淡水之樂，其惟朋友乎。顧擇交何如耳，所以者何？一曰『平等』；二曰『自由』；三曰『節宣惟意』，總括其義，曰不失自主之權而矣。」〔註25〕《仁學》在清末思想界的較深影響並不是一般的倫理觀念上，而是在政治思想上，很難說對中國文化生態價值體系中的綱常體系構成劇烈之衝擊，但是其自由、平等思想的傳播，削弱以等級爲基礎的宗族組織的思想控制。其後梁啓超《新民說》的發表，以個人爲本位的基礎上，強調權利，強調「新民」之公德，影響一批知識分子，胡適在其《四十自述》中就提到：「《新民說》的最大貢獻在於指出中華民族缺乏西洋民族的許多美德……他指出我們所最缺乏而須採補的是公德，是國家思想，是進取冒險……」〔註26〕進一步衝擊儒家倫常價值觀。

如果說思想界對儒家價值體系的質疑、批駁還主要影響的是意識層面，那麼洋務運動則切實將精英階層的思想轉化爲具體的行爲，對大眾價值體系

〔註23〕 〔清〕魏源：《默觚下·治篇一》，《魏源集》中華書局1976年版，第36～37頁。

〔註24〕 〔清〕汪士鐸：《乙丙日記》卷二，第74頁。

〔註25〕 〔清〕譚嗣同：《仁學·三十八》，《譚嗣同全集》中華書局1981年版，第349～350頁。

〔註26〕 胡適：《四十自述》，安徽教育出版社1999年版，第57頁。

產生影響。19 世紀 60 年代經世思想及西方堅船利炮的內外因作用下，洋務運動興起，其主導「中學爲體，西學爲用」的思想，從馮桂芬到張之洞被逐步完善並被傳播，雖然強調中學爲「體」的主導地位，但醉翁之意實爲西學之用，著重對西學技術學習、運用，以達到「自強、求富」之目的。洋務派以實幹家的姿態將「師夷長技以制夷」的思想具體到一個個軍工、民用企業的創辦中，1861～1890 間共建立 24 個軍工企業，〔註 27〕1875～1891 年間創立工礦和交通運輸業 27 個。〔註 28〕在洋務企業示範作用下，民辦企業湧現，據統計在甲午戰爭前有 151 家，行業涵蓋棉紡織業、麵粉業、火柴業、造紙業、印刷業等方面。〔註 29〕至戊戌變法及清末新政，則更是鼓勵興辦實業。國家之發展，實業爲先導，爲工業提供原料的農業、技術更新的工業、流轉四方的商業都成爲國家富強所必需。清政府的態度也逐漸明確，從科考命題中就可見其導向，「一、中外刑律互有異同，自各口通商日繁，交涉應如何參酌損益，妥定章程令收回治外法權策。二、證明公法他國能否干預內政之例，以慎邦交而維國柄策。三、各國改用金幣始於何時，金價日增，其故安在？主之者何人？若中國償款用金虧損甚巨，擬亟籌抵制之方策。四、農商之學泰西講求極精，其見諸著述者不少，江南地大物博易於推行何者當擴充仿辦論。五、歐洲格物多源出中國，宜精研絕學以爲富強之基策。」〔註 30〕「泰西皆設商部而輔以公司以鐵路輪船爲轉運之樞紐以銀行報紙爲流通之關鍵，而又以郵電以速之，學校以教之，中國振興商務先後次第宜如何規摹西制策」，〔註 31〕師夷長技之思想在命題中凸顯無疑。政府對對發展實業之態度的轉變，打破傳統士農工商的等級排序，四民等級排序的價值取向也實現前所未有的突破，工、商的社會地位迅速提高，國家對其價值認定給予正面評價。1906 年在抵制美貨時，江蘇商界即宣稱：「竊聞國家興亡，匹夫有責，天下雖分四民，而士商農工，俱爲國民一份子，所重者不獨士也。方今

〔註 27〕　張國輝：《洋務運動和中國近代企業》，中國社會科學院出版社 1979 年年版，第 24 頁。
〔註 28〕　許滌新、吳承明主編《中國資本主義發展史》第二卷，人民出版社 1990 版，第 380～381 頁。
〔註 29〕　虞和平主編：《中國現代化歷程》第三卷，江蘇人民出版社 2001 年版，第 149～150 頁。
〔註 30〕　《光緒二十八年恩科江南鄉試第二場試題》，《千年契約文書》第三卷，花山文藝出版社 1994 年版，第 364 頁。
〔註 31〕　《光緒二十九年癸卯恩科江南鄉試第二場試卷》，《千年契約文書》第三卷，花山文藝出版社 1994 年版，第 373 頁。

拒約事起，不買美貨、不定美貨之議，雖由學界提倡之，主持之，而實行之力，則唯商界是賴。」〔註32〕

因此，晚清國家的價值體系面臨千年未有之變局。國家核心價值體系架構的基礎是小農經濟，列強催化中國現代化進程，小農經濟逐步瓦解，在此基礎上的皇權統治、三綱五常的道德標準、個體價值實現等亦面臨新的調整。價值取向、價值實現等價值觀念亟需重構。在此基礎上，徽州區域原有的主流價值觀與國家價值觀念趨同。

構建基礎趨同。明清國家主流價值觀存在的基礎是小農經濟，徽州區域則由於自然環境局限性，發展儒賈結合的生計文化。經濟結構之不同，導致徽州文化生態上層主流價值觀的構建中，格外注重對工、商階層的認可，強化宗族對個體的價值認定，鼓勵個體發展，並反哺宗族及區域。晚清隨著列強入侵，將西方工業文明的成果展示在國人面前，也使政府及有識之士對國家的發展及經濟結構進行了重新定位。洋務運動中「自強、求富」成為國家富強、個人發展的新方向，洋務派以身踐行，發展近代工業，國家經濟結構始向農業為主、工商業並重的發展趨勢。國家力圖發展的經濟結構與徽州區域不謀而合。明清時因基礎之不同而導致的國家與區域價值觀的差異，到晚清時期卻因時局之變而找到共同點。價值取向趨同。如前所述，「士農工商」的等級排序隨著晚清倡導實業之風潮而被打破。工、商不再低人一等，而是同樣可以擔負國家富強之重任的階層。當時之大儒如張之洞、張謇等都投身實業建設中。這一趨勢無疑與徽州倡導的「四業平等」的價值取向相契合。

國家價值觀念之嬗變因與徽州價值觀念的契合而為徽人價值實現提供了多元的實現路徑及範圍。

二、價值實現路徑多樣化

徽人明清時期更多的是通過對宗族及區域的貢獻以實現自身之價值，晚清則有了更多樣性的選擇，徽人可以繼續通過「亢宗」實現價值，留名於族譜、地方志中，銘刻在牌坊、祠堂等實體文化符號上。還可以通過發展實業使國家富強來實現自身價值，清末劉汝驥上任之際與慈禧之間的對話為農工商人士指明多種價值實現之途徑：

〔註32〕鄭大華、彭定一：《社會結構變遷與近代文化轉型》，四川人民出版社 2008 年版，第 352 頁。

　　皇太后訓：近日絲、茶商務亦為外人所奪，聞日本有假絲售
於我國者頗多。臣奏對：此不獨日本，印度、法蘭西皆有，我中國
亦可仿造，求皇太后皇上責成商部認真提倡，自然有效。皇太后
訓：……近來洋布充斥，又為我國一大漏巵，我國土性宜棉，種棉
一事尤宜講究。臣奏對：我國多立織布局方能抵制洋布，官辦耗費
太大，仍不若民辦。皇太后訓：工藝廣興，則貧民不至失所，此是
最要緊的。臣奏對：振興工藝，莫若賽會。各國有共進會、物產會、
博覽會，每數十年又特開大會獎進工藝，其法最善，我國可先擇川
陸通衢省份舉行內地賽會，以鼓舞之容。〔註33〕

　　通過生產絲、茶、棉等可以有效對抗洋貨，故行此舉者不僅可富強國家，
亦可抵制列強洋貨之傾銷，是謂愛國；製造優秀手工業品在物產會中獲獎亦
是為國興工藝。因此晚清工商業者只要盡心做好工作，即已經被認可為富國
之行為。此外，如做好工商之外還有突出的表現者，有善行者亦可見諸於報
刊，在《申報》的報導中，有行義行的「河南荒災，嬰兒必多拋棄，擬籌款
往彼設局收養……徽州休寧戴吳氏捐洋十元」，〔註34〕「果育堂經收……徽
州漁亭鎮蘇長庚續捐洋五元」。〔註35〕有興資助學的，「歙縣巨富程齡生君
由上海回籍掃墓，監督許承堯面請補助，當即允以二千金助如學堂」，〔註36〕
「有志士羅君蕚、沈君玨、方君華特熱心發起兩等小學一所」。〔註37〕還有
旌表婦女的，「咸豐庚申赭寇擾皖，歙縣人汪節婦凌氏先以大義遣子遠避，
攜媳洪氏及女孫避山谷間，未幾訛傳寇退，返家中途遇賊，罵不絕口，刀傷
而死」。〔註38〕在《安徽俗話報》中如《義紳辦學》等關於興學、興實業的
徽人之記載亦常見。因此，晚清個人價值實現路徑在內涵和外延上都更為多
樣化，較明清時期徽人多依附於宗族的價值實現有了更多的選擇及可能性。

三、價值灌輸形式及內容新趨勢

　　雖然晚清徽州價值灌輸主要延續原有模式及內容，但是清末宣講及教育

〔註33〕　〔清〕劉汝驥：《陶甓公牘》《丙午·召見恭紀》。
〔註34〕　《樂善可風》，《申報》1878 年 4 月 23 日，第三版。
〔註35〕　《樂善可風》，《申報》1879 年 1 月 15 日，第三版。
〔註36〕　《捐金助學徽州》，《申報》1906 年 12 月 28 日，第九版。
〔註37〕　《志士興學徽州》，《申報》1906 年 12 月 29 日，第九版。
〔註38〕　《旌表》，《申報》1889 年 12 月 18 日，第十三版。

內容及形式都有新動向。

（一）宣講內容更新

從學部採擇宣講書目表不難看出當局對民眾價值灌輸的導向。宣講中聖諭廣訓、光緒三十二年二月初一日宣示教育宗旨上諭一道、光緒三十二年七月十三日宣示預備立憲上諭一道為最為重要的，同時還增添不少內容。

表 5-1　清末徽州宣講書目〔註39〕

書　　名	作　者	備　　　註
奏定學堂章程		可專講《兩等小學章程》及《管理通則》。
奏定巡警官制章程		宣講時以詳述《巡警章程》為要。
國民必讀	陳寶泉、高步瀛	是書專在國民教育及道德教育，正合宣講之用。惟第一冊第七課及三冊第八課有誤處。
民教相安	陳寶泉、高步瀛直隸學務處	各處教案為我國之大患，講此處可期消弭於無形。
警察白話		雖為訓練警察而作，擇要宣講，可使國民知己身與巡警之關係。
警察手眼	浙江參謀處	
歐美教育觀	浙江參謀處	為日本榮勵己國而作，每為我國所借鏡。
兒童教育鑒	徐傅霖、陸基	此書純用反言指點，使為人父母者警悟最易。
兒童修身之感情文明		記馬克尋親之敘述懇至，感人最易。
蒙師箴言	方瀏生	宣講此書，可以感動為父兄者，使其子弟去私塾而入學堂。
魯濱孫飄流記	林紓、曾宗鞏	振冒險之精神，袪依賴之習慣。惟語涉宗教處可以刪節。
納耳遜傳	日本譯書彙編社	可略見英國當日海軍情形，惜書多訛字。
克萊武傳		克萊武為英之殖民偉人，此書敘述最詳。
澳州歷險記	金石、褚嘉猷	此書敘英人顯理殖民事，頗可增進進取冒險之精神。
萬里尋親記	林紓、曾宗鞏	可以知東西洋倫理之相似。
世界讀本	林紓、曾宗鞏	詳述歐州之風俗習慣，足以增長見聞。
普通新知識讀本	朱樹人	格物及實業知識略具一斑。

〔註39〕〔清〕馮煦、陳師禮：《皖政輯要》卷十七《民政科‧風教一‧宣講》，黃山書社 2005 年版，第 145 頁。

普通理化問答	吳聿懷	說理明暢，頗合宣講之用。惟說氣球上升及水不引熱等義，間有誤處。
富國學問答	陳乾生	雖未合科學統系，而其切合時事處，頗可以感悟通俗。
農話	陳啓謙	重實用不重理論，為宣講之善本。
普通農學淺說	鹽城勸業局	此書述農業之大要，頗多實可行者。
穡者傳	朱樹人	伯爾一農人，勤於畎畝，事事改良終至富厚，足為惰民勸。至慈孝友恭處，尤足為國民矜式。
蠶桑淺要	林誌恂	論種桑養蠶之法，參酌東西而集其要。內飼養標準表及製種法尤詳備，洵有關蠶業之書。
蠶桑簡明圖說	通州蠶學館	述種桑養蠶之法。多經驗有得之言。於蠶業未盛之處廣為宣講，俾知仿行，可為興利之一助。
治工軼事	朱樹人	法國地方自治制度及法國尚公之精神略見一斑，而宗旨和平尤毫無流弊。
致富錦囊	王立才	此書可養自治之能力，誘起實業上之興味。
商業問答	公之魯	是書雖然專述英國商業，簡易明瞭，頗有益於普通商業之知識。
衛生實在易	許家惺	宣講此書，可以使流俗群知養生祛病之法。
黑奴籲天錄	林紓、魏易	述美人蓄奴之殘酷，可以動人道之感，增愛國之心。
啓蒙畫報	啓蒙畫報館	於淺近普通知識略備，惟間有錯誤，宜擇要宣講。
勸不裹足淺說	翰墨林書局	言纏足之害，頗為痛切。

　　所列的宣講書目主要包括五個方面的內容：道德教化，社會矛盾之產生及應對、兒童教育、開眼看世界、發展實業。不難看出官府語境下發展實業、重視現代教育、培養冒險精神的導向，通過固定時間、地點的宣講的施行，將政府的價值觀、導向深入各地，下及於鄉村閭里，無處不到。對於平民生活選擇，信仰習慣，有浸澈之功力，尤其巨變之時，通過對國外、風俗、經濟等方面之介紹，指明發展之方向，有穩定社會安定之功能。

　　但是，上述宣講之內容是光緒三十二年學部奏頒《勸學所章程》中列出的書目，在晚清整個時間段中應該說來是清末所頒行的，因此本文在探討晚

清徽州文化生態時，由於時間所限，宣講對於民眾價值觀之影響尚無顯著效果，「所謂閱報所、宣講所、樹藝會、農學會植物會、不纏足會者，名詞則翹然新矣，按其實際或並無其事，或徒具形式，並無成績之可言。」〔註40〕遠遠沒有實現移風易俗的目的，民俗中甚多陋俗，「績邑婚禮之壞莫如搶親，往往婚期未訂，夫家遽糾眾乘隙將女搶歸成婚。最為陋習推厥原因殆由禮物太繁、聘金過多始無力者迫而出此，……因女家不允婚期亦踏此惡習，恐非宣講所能革除。」〔註41〕宣講的內容代表的國家文化之發展方向，對於區域文化生態有指導意義。如前文分析，不同層級的文化生態和諧共處就在於有共同認可的發展方向和大致相似的價值觀，而宣講是一個重要的實現途徑，以期保持國家與區域的價值觀方向一致性，尤其宣講的受眾囊括走卒販夫，是突破精英階層的價值觀念普及。但是也正因為受眾之廣泛，因此在短時間內很難被完全接受及踐行，是一個長期的過程。

（二）新式學堂的設立

清光緒二十九年（1903）朝廷頒佈《奏定學堂草案》改舊學為學堂，地方紛紛進行私塾之改良，「欲教育之普及，仍以改良私塾為先」，〔註42〕以「九年預備人民識字義者二十分之一之宗旨」。〔註43〕在徽州區域中，要求設立中學堂、小學堂。中學堂「各府必設一所，……令高等小學畢業者入焉，以施較深之普通教育，五年畢業。」徽州府中學堂官立，在歙縣城內就試院改設，名曰新安，光緒三十一年四月由紳士許承堯開辦。以茶釐及茶商捐助款為常年經費。學生一百零四名。〔註44〕

小學為各級學堂之始基，實教育普及之大要，其興辦以愈多而愈善，分高、初兩等。高等以小學畢業者入焉，四年畢業。初等凡國民七歲以上入之，五年畢業。合高、初兩等並為一校，分堂教授，是為兩等小學堂。在改良後徽州設有的小學堂如表：

〔註40〕　〔清〕劉汝驥：《陶甓公牘》卷十《稟詳·徽州府詳送初選選舉人名冊文》。
〔註41〕　〔清〕劉汝驥：《陶甓公牘》卷十二《法制科·績溪民情之習慣·婚娶》。
〔註42〕　〔清〕劉汝驥：《陶甓公牘》卷十《稟詳·徽州府稟地方情形文》。
〔註43〕　〔清〕劉汝驥：《陶甓公牘》卷五《學科·休寧縣劉令敬裏詳批》。
〔註44〕　〔清〕馮煦、陳師禮：《皖政輯要》卷五十二《學科·中學堂》，黃山書社2005年版，第497頁。

表 5-2　清末徽州六邑小學堂一覽表〔註45〕

歙縣：

	名稱	所在地	開辦者	時　間	人數	經費來源
初等	惇素	西鄉潭渡村	紳士黃質	三十一年正月	26	同人捐助及學費
高等	崇正	西鄉湖田村	紳士鄭廣鎮	光緒三十二年正月	16	謝升瑞、羅會同等捐助及學費
兩等	兩等小學堂	府城九管	知縣鄭瑜	光緒三十年十一月	42	賓興、徵信冊費、肉捐、水碓捐
	鳳山	西鄉岩鎮	紳士鮑政炳	三十二年二月	20	商捐、漁課
	求是	西鄉鍋田村	紳士鮑中檟	三十三年正月	24	同人捐助及學費
	師山	西鄉鄭村	鄭沛、鄭翊清等合族開辦	三十三年正月	56	鄭氏祠撥款及學費
	樂育	北鄉蕃村	紳士鮑崇櫺	三十三年正月	18	獨捐款項及學費
	啟悟	府城大北街孝義坊南首	紳士唐澍合族開辦	三十二年正月	43	祠族祭款餘資及同人捐助
	敬宗	西鄉唐模村	紳士許承堯	三十年正月	32	許祠撥助及同人捐款
	潯川	北鄉呈坎村	紳士羅會垣開辦	三十二年正月	79	羅氏族捐及潯川文會款

休寧：

	名稱	所在地	開辦者	時　間	人數	經費來源
初等	原道	東門後街	紳士韓熙	光緒三十三年七月	24	學費
高等	海陽	城南	書院同人	光緒三十三年正月	11	書院賓興、田租、鹽捐
兩等		東鄉屯溪鎮	紳士羅萼	三十三年正月	31	學費

〔註45〕〔清〕馮煦、陳師禮：《皖政輯要》卷五十二《學科·中學堂》，黃山書社 2005 年版，第497頁。〔民國〕張正春：《績溪胡氏小學校十八年概覽》，民國鈔本，安徽省圖書館藏。

婺源：

	名稱	所在地	開辦者	時　間	人數	經費來源
初等		城北聞善坊汪氏祠	紳士汪開宗合族開辦	光緒三十三年二月	30	本祠貼款及族捐
		東鄉八都大畈村	紳士汪大文合族開辦	三十三年二月	24	汪祠津貼及學費
		東鄉江灣義豐倉	紳士江謙合族開辦	三十二年二月	61	本族長庚會貼助及學費
		南鄉三十一都曹門	紳士胡時	三十二年二月	33	同人捐助及學費
		北鄉沱川村	紳士余顯模	三十三年二月	16	本村文會田租及茶捐
		城廂大廟王氏祠	附生王文銓	三十二年二月	33	本祠經文緯武兩會歲科、賓興款及學費
		城西培塢口程氏祠	程氏合族	三十二年二月	9	文會賓興款及議減丁胙款
		城內董氏祠	董氏合族	三十二年二月	7	本祠賓興款及各支祠捐助
高等		東門內	紳士胡宗程	光緒二十九年正月	28	毛茶捐及學費
兩等		城西	知縣鄧之望	光緒三十年八月	55	毛茶捐及知縣捐助
	正誼	北鄉鳳山	紳士查樹德	三十四年正月	39	茶捐、同人捐助

祁門：

	名稱	所在地	開辦者	時　間	人數	經費來源
初等	無					
高等		東門	知縣胡德修	光緒三十一年	40	書院田產、茶釐及茶鋪捐、園戶捐
兩等		西鄉十八都	紳士汪肇	光緒三十三年二月	32	各園戶茶捐

黟縣：

	名稱	所在地	開辦者	時　間	人數	經費來源
初等	環山	北門余氏支祠	紳士余虞揚合族	光緒三十三年五月	33	本祠津貼及族捐
	連雲	城中正街程氏支祠	紳士程希濂	三十二年四月	41	學費
	碧山第一初等	西鄉三都	紳士汪騰浣	三十三年七月	30	學費
	碧山	西門外汪祠	紳士汪遐齡	三十四年正月	40	學費
	啓蒙	東鄉屏山	紳士舒元合族	三十三年二月	41	舒氏宗祠各支祠貼助款及下廟醮費
高等	碧陽	城外	知縣伍芳榛	光緒三十一年三月	53	碧陽書院舊有田、房租及考棚款
兩等	無					

績溪：

	名稱	所在地	開辦者	時　間	人數	經費來源
初等	胡氏小學校	城北三和坊	胡氏闔族	光緒三十三年六月		特祭文會及祀用餘款
高等	東山	東城外	知縣李開	光緒三十一年二月	31	書院舊有田租及賓興、田租等項
兩等	明倫	城西	知縣劉以信	光緒三十三年二月	30	鹽典捐稅、書捐及知縣捐廉
	臨溪	十都臨溪鎮	紳士胡毅	三十三年正月	26	牲口、駝貨捐及學費
	振起	西鄉七都旺川	紳士曹仁浩	三十三年二月	35	聚星、樹德兩文社存款及學費
	簧進	三都一圖尙田村	武生汪殿魁	三十二年十月	19	本都一圖田捐
	競實	二都校頭	周化舒、諭周星	三十四年二月	32	本都十村田捐及陳姓捐款
	尚志	一都楊溪	紳士胡本琪	三十年正月	20	登雲文會撥款及學費
	植基	十一都王村	紳士王德藩	三十一年正月	17	同人捐助及學費
	思誠	十一都仁里	紳士程宗球、宗棟等	三十年正月	49	宗球、宗棟捐款

　　從表 5-2 可以看出，六邑總共設立初等學堂 16 所，高等學堂 6 所，兩等小學堂 20 所，共計 42 所。設立時間主要集中在光緒三十年至三十二年之間，多是由開明鄉紳主導，亦有部分是宗族合族舉辦，學堂的分佈雖然城鄉均有，可是並不均衡，不少村落中並無學堂設立，這也為私塾的存在留下空間。至宣統三年，歙縣有新式學堂 39 所，績溪 26 所，黟縣 22 所，休寧 20 所，祁門 3 所。〔註 46〕隨著學堂數量的增加，就學人數也有一定增長。清末休寧在新式學堂就學人數 641 人。〔註 47〕

　　新式學堂教學內容設置貫徹「師夷長技以制夷」的思想，以「忠君、尊孔、尚公、尚武、尚實」為宗旨。〔註 48〕「洋人一切技藝皆從算學入手，欲俟算學有成然後融會貫通無所不能，則似迂遠難待，益嘗綜西人之技藝論之一曰天文……一曰地理……一曰醫學……一曰電學……一曰化學……」〔註 49〕因此在學堂課程設置中體現這一思想。同時，建置新學時「經學是最要緊的萬不可荒廢」。〔註 50〕因此在教學內容設置時兼顧經學與西洋之技藝是新式學堂區別私塾的關鍵。在中學堂中教習內容有：講經《春秋左傳》、《周禮》節本，文字讀文、作文、楷書、行書同兼習小篆讀文、作文，兼講歷代名家大略歷史，中國及亞洲各國歷史，中國本朝史、亞洲各國、東西洋各國地理總論，中國地理總論，外國地文學、算學算術算數、代數、幾何、簿記代數、幾何同幾何三角、博物植物、動物同生理衛生、礦物同物理化學法制，理財、圖畫、體操。小學堂教習內容有：講經《詩經》日讀百二十字，並講《詩經》及《書經》及《易經》、《儀禮》節本，中國歷史、中國、外國地理大要，算術、動植物、礦務、自然物形象尋常物理、化學之形狀原質及化合物簡易器具之構造作用植、動物之關係及對人生關係，人身生理衛生大要，圖畫、體操。〔註 51〕此外，還有鄉紳建議「小學無洋文、洋語一門，

〔註 46〕　安徽省徽州地區地方志編纂委員會：《徽州地方簡志》，黃山書社 1989 年版，第 259 頁。績溪縣地方志編纂委員會：《績溪縣志》第二十六章《教育·體育》，黃山書社 1998 年版，第 692 頁。

〔註 47〕　休寧縣地方志編纂委員會：《休寧縣志》卷二十四《教育·體育》，安徽教育出版社 1990 年版，第 424 頁。

〔註 48〕　績溪縣地方志編纂委員會：《績溪縣志》第二十六章《教育·體育》，黃山書社 1998 年版，第 716 頁。

〔註 49〕　〔清〕李應珏：光緒《皖志便覽》卷二《徽州府序》。

〔註 50〕　〔清〕劉汝驥：《陶甓公牘》，《丙午·召見恭紀》。

〔註 51〕　〔清〕馮煦、陳師禮：《皖政輯要》卷五十二《學科·小學堂》，黃山書社 2005

該令添附英文教習。」〔註 52〕不過從當時文獻看似乎沒有採用。

由此可見，晚清國家思想及時局之變動，在宣講內容、教育體系改革都有所體現，爲區域文化生態下一步建構指明方向。

（三）徽州演劇內容及形式多元化

演劇在晚清徽州蔚爲盛行，作爲重要的價值灌輸手段，宗族中常有演劇，如續溪城西周氏一年中平時有族人違規罰戲，「中舉祭祖宗祠定於公匣內送戲一臺」，「每年闔族禳火在祠演戲二臺，業集多人，可避癘氣，舉行有年。」〔註 53〕至晚清，徽州的演劇及樂歌存在三個趨勢：

一是鼓樂等「俗樂」之興起。「世俗之樂不過鼓吹而已，皆卑賤工人爲之祭祖所用，多屬俗調」，「至用於婚姻喪祭者悉雜亂之聲樂，有喇叭竹笛數種歌操土音而已」。「高雅音樂」的流失，「自朝廷不采風里巷歌謠久矣，不作間有士夫謳吟之暇，尋聲製曲可以被之管絃，如先儒汪雙池所訂琴譜已見流傳，然曲高和寡解者寥寥。」〔註 54〕「琴瑟載於詩章古譜流傳，解人難遇」。〔註 55〕從記載看來，雅俗之分不僅是音樂之高下，可能也意味著士家土著與客民之間的分化。

二是內容的世俗化。晚清徽州「大半下流社會中人，每遇諸神誕日，好事少年或樂爲此，其甚者則選班演戲矣，又俗有攤簧小調之類音，尤靡靡詞野俚不可聽。」〔註 56〕演劇內容中出現豔情小說、淫蕩戲，有傷風化，另一方面則是知府特命「其有能採古今忠臣、孝子、奇男子、奇女子之嘉言懿行譜入新聲，開通風氣者，則非惟梨園之翹楚，抑亦社會之嘉禾。本府當賞給銀牌以獎勵之。」〔註 57〕對演劇的導向性很明確，或涉及忠孝、或開風氣之先。

其三是中西音樂之交融。新式學堂設立，在其科目中都設有音樂，教學中「祁邑自開辦學堂以來故有雅正之樂歌，其古詩源、古謠諺、兩書及李白

　　年版，第 497 頁。
〔註 52〕〔清〕劉汝驥：《陶甓公牘》卷五《學科・續溪縣文令化舒稟批》。
〔註 53〕〔清〕光緒《續溪城西周氏宗譜》卷首二《祠規》，光緒三十一年木活字本，安徽省圖書館藏。
〔註 54〕〔清〕劉汝驥：《陶甓公牘》卷十二《法制科・婺源民情之習慣・樂歌》。
〔註 55〕〔清〕劉汝驥：《陶甓公牘》卷十二《法制科・休寧民情之習慣・樂歌》。
〔註 56〕〔清〕劉汝驥：《陶甓公牘》卷十二《法制科・歙縣民情之習慣・樂歌》。
〔註 57〕〔清〕劉汝驥：《陶甓公牘》卷一《示諭・禁演淫戲示》。

孟郊諸人樂府皆協律可歌，以助兒童之發育」，亦有如休寧「城校與各鄉校備風琴數具，冷然一闋最易陶寫，多力墨拉似即古之七音云」，「加上近學堂有音樂一科，以改良俗樂爲宗旨，風氣初開，能者蓋鮮，未易收反正之功也。」〔註58〕起到價值薰陶作用的樂歌演劇亦呈多元化發展。

演劇形式和內容的多元化，反映了徽州社會內部人口組成結構變化，隱現西方文化對傳統文化的影響，將主流價值觀之變遷蘊於演戲中，從而有效引導民眾新階段的價值觀構建。

四、西方宗教傳入

明清時徽州本土雖也存在佛教、道教，但基本處於從屬地位，惟理學爲獨尊。〔註59〕晚清隨著1860年《天津條約》簽訂，條約規定要保障天主教士在各地自由佈道和從事宗教活動。基督教傳教活動深入到內地，西方之宗教是歐美社會道德基礎，規範西人之行爲，提供認知世界之標準，是與中國傳統儒家學說迥異的思想體系，晚清傳入徽州，掀起宗族社會之微瀾。

在傳入徽州的宗教中，有基督新教：清光緒二年（1876），基督新教傳入歙縣。光緒十九年，內地會英國傳教士唐進賢在黎陽正街設立教堂。光緒二十一年，唐在歙縣縣城小北街設立教堂。不久，又在績溪縣署前設立 1 所教堂。宣統三年（1911），基督新教自婺源縣傳入祁門。民國 8 年（1919），自休寧縣傳入黟縣。〔註 60〕還有天主教：光緒十三年，法國籍神甫林牧梁在休寧縣西街百客廳建成中西合璧的休寧縣天主教總堂，成立天主教耶穌會，作爲徽州天主教中心傳教區，屬上海教區督轄。隨後，歙縣、黟、祁門、績溪等縣相繼設立天主教堂，屯溪設立天主教堂公所。〔註 61〕

教堂作爲基督傳教的物質載體，至遲光緒三十四年，「徽州府屬大小教堂共十二所。祁、黟兩縣無」，其分佈如下：

〔註58〕〔清〕劉汝驥：《陶甓公牘》卷十二《法制科·六邑民情之習慣·樂歌》。
〔註59〕唐力行：《明清以來徽州區域社會經濟研究》，安徽大學出版社 1999 年版，第265 頁。
〔註60〕安徽省徽州地區地方志編纂委員會：《徽州地方簡志》十三《社會·宗教》，黃山書社 1989 年版，第 481 頁。
〔註61〕安徽省徽州地區地方志編纂委員會：《徽州地方簡志》十三《社會·宗教》，黃山書社 1989 年版，第 482 頁。

表 5-3　晚清徽州教堂分佈圖〔註62〕

	名　稱	地　址	規　格	教　士	時間	備註
歙縣	法天主總堂	城北小北門水洞口	華式瓦屋二重（自有）	華克誠（法）	光緒二十一年	有義學
	英耶穌總堂	城內小北街	華式瓦屋二重（租）	唐進賢（英）、李寶蓮（女、英）	光緒十三年	
	分堂一	城西十橫街	華式瓦屋一重（租）	唐進賢（英）、宓登榮（英）、李寶蓮（女、英）	光緒二十一年	
休寧	法天主總堂	城北百客廳巷	華洋兼式瓦屋六重（自有）	梁（法）	光緒十三年	有義學
	分堂一	城北百客廳巷	華式瓦屋三重（自有）	顧□□（江蘇）、孫□□（江蘇）	光緒十六年	有義學
	分堂二	東鄉屯溪	華洋兼式瓦屋三重（自有）		光緒二十八年	
	分堂三	東鄉富溪	華式瓦屋七重（自有）	牧梁（法）	光緒二十八年	
	英耶穌分堂一	東鄉黎陽正街	華式瓦屋一間（租）	唐進賢（英）	光緒十九年	
婺源	法天主分堂一	城內小北門	洋式瓦屋三重（自有）	孔明道（法）	光緒二十七年	
	分堂二	西鄉五十都董門	華式平房數間（自有）	程□□	光緒初年	
績溪	法天主分堂一	城西街處仁坊巷	華式瓦屋一重（自有）	華克誠（法）	光緒三十年	
	英福音分堂一	城中縣署前	華式樓房七間（租）	唐進賢（英）	光緒十八年	

　　教堂之教士來自英、法，素質較高，如唐進賢「是英國英格蘭人，獲有碩士學位，制行純篤，與邑人士頗相洽」。〔註63〕法國天主教堂相較而言資金更爲雄厚，其教堂多是自購房屋，而英國的教堂多是租用房屋，同時一些法國天主教堂中還設有義學。從徽州 12 所教堂的分佈不難發現，都是位於各邑的縣城及較大的市鎮中，在徽州都是較爲繁華的城鎮，在鄉村中無一教

〔註62〕〔清〕馮煦、陳師禮：《皖政輯要》卷六《交涉科　教務二　徽州府屬教堂表》，黃山書社 2005 年版第 28 頁。
〔註63〕〔民國〕石國柱、樓文釗等：《歙縣志》卷二《營建志‧寺觀》。

堂。許承堯在《歙事閒談》中提到「徽州獨無教門，亦緣族居之故，非惟鄉村中難以錯處，即城市諸大姓，亦各分段落。所渭天主之堂、禮拜之寺，無從建焉。故教門人間有貿易來徽者，無萃聚之所，遂難久停焉。」〔註64〕晚清徽州城鎮中聚集大量的流動人口，屯溪動輒幾萬流動人口出入，經濟相對活躍，對新事物的接受力強，因此成爲重要的傳教所在地。鄉村向爲宗族勢力所盤踞，外來人口相對較少，較爲閉塞，祖先崇拜爲主流。宗族對於外神秉持「子孫不得惑於邪說，溺於淫祀，以檄福於鬼神」、「不得修造異端祠宇，裝塑土木形象」的態度。〔註65〕因而對於西方之傳教，更是嚴格控制，「有習其教者，宗族不齒，子弟永遠不准應試」，〔註66〕這也是徽州教堂主要分佈在城鎮的原因。在徽州六邑中，婺源天主教傳入爲最早，「婺源天主教相傳自明末，國初已闌入，彼時匿居民間尚未顯，然傳教迨道光末，訂立合約准其傳教」，〔註67〕在光緒初年在西鄉董門即設有教堂，爲晚清徽州有記載之最早的教堂。祁門晚清時雖沒設教堂，但是約於「1895年，天主教由婺源傳入祁門，但建立教堂、正式傳教的時間則很遲，1935年9月，外籍司鐸蓋良才在縣城府前街三十九號創辦天主堂，前有傳教所一處。」〔註68〕

對於西教之傳播，官府攝於列強之勢力，不敢明目張膽的反對，但官府亦無主動倡導的動力，有時還有意迴避，如前列的宣講書目中凡「語涉宗教處可以刪節」〔註69〕。因而天主教在徽州的發展有限，績溪天主教徒僅287人，〔註70〕天主教在屯溪勢力頗大，清光緒壬寅年（1902年），屯溪首設天主教分堂，歸休寧縣天主堂管轄。天主教上海教區主教派張伊耕到屯溪分堂任傳教士，並設立「屯溪天主堂公所」作爲傳教士往返各縣天主堂的驛站。但是至民國19年，屯溪教區成立，僅有教徒181人。〔註71〕祁門至1935年

〔註64〕〔清〕許承堯：《歙事閒談》卷十八《歙風俗禮教考》，黃山書社2001年版，第601頁。
〔註65〕〔清〕吳翟輯撰，劉夢芙點校：《茗洲吳氏家典》卷一《家規八十條》，黃山書社2006年版，第20～25頁。
〔註66〕〔清〕夏燮：《中西紀事》卷二十一，嶽麓書社版1988年版，第260頁。
〔註67〕〔清〕董鍾琪：《婺源鄉土志》第十九課《天主教堂》，光緒三十四年木活字本，安徽省圖書館藏。安徽省圖書館藏。
〔註68〕吳德良：《祁門宗教史略》，《祁門文史（第一輯）》1985年版，第148頁。
〔註69〕〔清〕馮煦、陳師禮：《皖政輯要》卷十七《民政科·風教一》，黃山書社2005年版，第145頁。
〔註70〕〔清〕劉汝驥：《陶甓公牘》卷十二《法制科·績溪民情之習慣·宗教》。
〔註71〕屯溪市地方志編纂委員會：《屯溪市志》《宗教·天主教》，安徽教育出版社1990

時約有教徒 50 人。〔註72〕

　　根據《陶甓公牘》卷十二的民情調查中可以看出西教之信徒多是低層次之人，歙縣「城中有英國耶穌堂，又有法國天主堂，奉教者尚少，惟犯罪奸民偶借爲護符焉」；休寧「教民彼少於此釋教口誦牟尼而，若輩多嗜煙癖賭」；婺源「天主教自西鄉董門豎造教堂始，一時勢焰極盛，奉其教者實繁，有徒其人皆下流社會，未受教育之人，不久將漸就衰微」；績溪「天主教查績溪服天主教者，庚子年有教民二百八十七人，恃勢橫行，凡訴訟皆恃保護，故服教者日多。嗣經郡守黃曾源持條約以公理判斷，教民知畏而服教者日稀，近日調查服教者，俱諱名不認，其昭著僅數人」。還有如祁門「天主耶穌兩教咸同以來入教者甚屬寥寥」，黟縣「奉天丰耶穌各教者，蓋不多見」。〔註73〕由於受眾之規模及素質決定屆時基督教對徽州文化生態無法產生實質性的影響。

五、報刊媒體傳播

　　明清以來徽州文化生態與同級的上海、江浙文化生態保持緊密聯繫，徽人外出經商，來往書信成爲信息傳遞的主要途徑，如在安徽大學徽學中心文書中就有不少信件，細研其內容可以瞭解上海、杭州、武漢等地的社會經濟情況。〔註74〕人口流動亦可將信息帶入。上面兩種途徑由於傳播媒介爲個人，因此受個人素質及傳遞手段的限制，無法保證及時、全面。及至晚清，徽州與外界的聯繫更是有增無減，報刊雜誌的傳播成爲一個重要渠道，更加快速、及時、內容全面的方式將徽州與外界保持同步。

　　晚近以來，時局風雲變幻，留心時局之士通過報紙的閱讀及時瞭解時勢，官府倡導民眾讀報，自己主動訂閱、分銷官報，對於讀報者少的婺源，認爲其「邑人故見自封，全無世界思想也」。〔註75〕《安徽俗話報》發行之時，績溪縣官特號召民眾閱讀俗話報「新出安徽俗話報門類極多，言語極淺，近來時政以閱報爲最宜，月出兩期，捐廉購辦隨同官報，發行聽人採取，並

　　　年版，第 387 頁。
〔註72〕吳德良：《祁門宗教史略》，《祁門文史（第一輯）》1985 年版，第 148 頁。
〔註73〕〔清〕劉汝驥：《陶甓公牘》卷十二《法制科·六邑民情之習慣·宗教》。
〔註74〕《清末民初懋淇致江高群又任書信（黟縣十都豐登江氏文書）》等，安徽大學徽學中心藏。
〔註75〕〔清〕劉汝驥：《陶甓公牘》卷十二《法制科·婺源民情之習慣·報紙之銷數》。

望大家傳閱，毋得置之高閣，如人人以此報有用，礙於輪看，自赴郵局添買可也，拭目矣，其風氣可有轉移之日乎。」〔註76〕六邑之讀報者中，歙縣「學堂、商會及城鎮紳商皆喜閱報紙，鄉曲農民不知報紙為何事」，休寧亦是「紳學、商界」為主體，婺源「地僻民貧，閱報者鮮……除官署外，無人購閱報」，祁門「雖山邑向喜閱京報閣鈔，自滬上報館接踵而起購閱者亦漸多」，黟縣「故報紙可閱者甚多」，績溪「惟城內學界占大多數，鄉間除學堂外，官報派銷外閱者仍屬無多」。〔註77〕總的看來，讀報者以學界和商界為多，且多集中在城鎮，鄉村之讀報者相對較少。這一方面與城鎮居民思想相對開放相關，另一方面也與報紙的銷售渠道有關。

晚清徽人獲取報紙有以下幾種途徑：一是通過郵局寄送。郵局設立明顯增大了報紙的訂閱量，「未設郵局以前，閱報者甚屬寥寥，留心時局之士，設種種方法始賺得報紙而閱之，郵局設後閱報者漸多。」〔註78〕休寧經由「郵局寄送者約五十份。」〔註79〕官府雖然對郵政是否擴大發展有一定的疑慮，會有「中國郵政這件擴充，現郵路縱橫約若干里，各項居所共若干處，應否再事推廣」〔註80〕之慮，但實際運作中對於郵政建設是穩步推進。光緒二十二年休寧縣屬屯溪、萬安兩鎮同開郵政局，隸屬於大通總局，為二等郵局，屯溪下轄黟縣、休寧縣、祁門縣，萬安下轄績溪縣、岩寺、深渡、富塌。其層級關係如下：

圖 5-1　晚清徽州郵局分佈圖

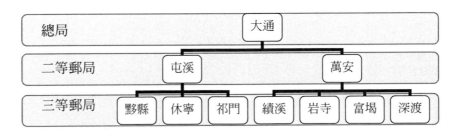

〔註76〕《績溪縣官勸人看俗話報啓》，《安徽俗話報》第七期。
〔註77〕〔清〕劉汝驥：《陶甓公牘》卷十二《法制科・六邑民情之習慣・報紙之銷數》。
〔註78〕〔清〕劉汝驥：《陶甓公牘》卷十二《法制科・績溪民情之習慣・報紙之銷數》。
〔註79〕〔清〕劉汝驥：《陶甓公牘》卷十二《法制科・休寧民情之習慣・報紙之銷數》。
〔註80〕《光緒二十九年癸卯恩科江南鄉試第二場試卷》，《千年契約文書》第三卷，花山文藝出版社 1994 年版，第 394 頁。

除了郵局布點以外，在市鎮大鄉村亦多設有代辦所，光緒三十四年有郵政局、代辦所 16 個，至民國十年則合計不下百餘處，光緒時代辦處多是由驛差帶遞，後宣統時將業務量大的如績溪置局設差。郵路自舊府城起點，一北由臨溪、績城、長安、濠寨、旌德、涇縣達

蕪湖，一東由大阜、鄭坑店、老竹嶺達浙江杭州，一西由篁墩、屯溪、萬安、休城、漁亭、黟縣、際村街、石埭、陵陽鎮、青陽達大通，以上三路皆晝夜兼程之路，因在外服賈人多，郵件異常發達。〔註 81〕但是郵局寄送也存在一些問題，如績溪「交通之不便」，婺源「郵局又玩懈異常，故四鄉有商業在外者多不由邑郵遞送」因此郵局直接寄送有一定的局限性。

另一個主要途徑是到賣報點購買。如祁門「除縣學、兩署及城鄉各學堂外，城內銷報十四家：東鄉潭溪銷報兩家、南鄉平里鱅溪等處銷報六家、西鄉歷口閃里等處銷報四家、北鄉善和等處銷報兩家」。〔註 82〕《安徽俗話報》的銷售點在徽州有婺源南門大街程翅舒先生、徽州府耶穌堂程修之先生、屯溪茶釐局程篤厚先生、屯溪張得元筆店、績溪郵政局吳通甫先生、休寧天主堂對面胡郁文先生、徽州府鄭村黃鐵癡先生及績溪仁里思誠學堂共 8 處。〔註 83〕《安徽白話報》在屯溪有分支機關銷售。報刊之銷售點多是集中在城鎮中。除了上述兩種主要途徑以外，還有出外經商之人寄回家，如黟縣「經商客外者，每以閱過之報寄回家鄉甚多，」而「由滬上郵局遞到報紙有十數份」。〔註 84〕一些官報的派發則是經由縣署轉發。

當時徽州區域訂閱的報刊主要有以下：《政治報》、《學部報》和《南洋報》，《蕪湖報》、《漢口報》，上海的《神州日報》、《時報》、《中外》、《申報》、《新聞》、《輿論》和《女報》等，《東方雜誌》、《教育雜誌》、《衛生報》、《醫報》、《國粹報》、《安徽俗話報》、《安徽白話報》、《外交報》。報刊的發行地主要是上海、安徽、武漢、蕪湖，其中來自上海的報刊最多，民情調查中的「滬上報館接踵而起購閱者亦漸多」、「由滬上郵局遞到報紙亦有十數份」都反映上海報

〔註81〕 〔清〕馮煦、陳師禮：《皖政輯要》卷九十二《農工商科·郵政》，黃山書社 2005 年版，第 852 頁。〔民國〕《徽州鄉土地理》，《郵電之交通》，安徽省圖書館藏。〔民國〕汪稼云：《績溪鄉土歷史》第五章《郵電》，第 13 頁。
〔註82〕 〔清〕劉汝驥：《陶甓公牘》卷十二《法制科·祁門民情之習慣·報紙之銷數》。
〔註83〕 《安徽俗話報》，本報代派處。
〔註84〕 〔清〕劉汝驥：《陶甓公牘》卷十二《法制科·黟縣民情之習慣·報紙之銷數》。

刊在徽州影響之大，同時也將徽州與開埠城市上海緊密聯繫在一起。〔註85〕

經由報紙之訂閱，開闊眼界，瞭解時局。國家對於報刊之發行亦是進退維谷，光緒二十九年癸卯恩科江南鄉試第二場試卷中就有「書籍報章持論貴乎平正，若誣及朝政，有礙治安者，實爲煽亂之根，試詳言一律嚴禁之法以正人心而維風俗策」之策，其時祁門縣廩生汪繹清對曰「如今日之譯書報館紛騰口說，論人之所不敢論，論人之不宜論，並論人之所不便論，……自茲以往，必至愈出愈奇，愈奇愈離，愈離愈險，壞人心，敗風俗，莫此爲甚焉。……」〔註86〕可實際上當時之報刊內容涉獵廣泛，多是以啓民智爲己任，對古今中外等各個方面都有論及，因而爲一些頑固之士所不容。以《安徽俗話報》第一期中內容介紹就具備一定代表性，基本可以反映大多數晚清報刊選編的內容，其門類及主要內容如下：〔註87〕

第一門論說，是就著眼面前的事體和道理講給大家聽聽。第二門要緊的新聞，無論是本國的外國的，凡是有了要緊的信息都要照實登出。第三門本省的新聞，凡是安徽地方的治亂、工藝的盛衰、年成的好歹、學堂的光景以及各種奇怪的案情都打聽的清清楚楚告訴大家。第四門歷史，是把從古到今的國政民情、聖賢豪傑細細說來給大家做個榜樣，比那三國演義、說唐、說宋還要有趣。第五門地理，凡是本身的、外省的、本國的、外國的山川城鎮風俗物產都要樣樣寫出，但不是什麼看墳山、謀風水的地理，大家別要認錯了。第六門教育，這門又分爲兩類，一是讀書的法子，好教窮寒人家婦女孩子們不要花錢從先生，也能夠讀書識字，通點文法。一是教書的法子，好教做先生的用些巧妙的法子不至誤人子弟。第七門實業，無論農工商，凡有新鮮巧妙的法子，學會了就可發財的都要明明白白告訴大家。第八門小說，無非說些人情世故、才子佳人、英雄好漢，大家請看包管比水滸、紅樓、西廂、封神、七俠五義、再生緣、天雨花還要有趣。第九門詩詞，找些有趣的詩歌詞曲，大家看得高興起來拿著琵琶、弦子唱唱，倒比十杯酒、麻城歌、鮮花調、梳粧

〔註85〕　〔清〕劉汝驥：《陶甓公牘》卷十二《法制科·六邑民情之習慣·報紙之銷數》。《安徽俗話報》等報紙銷售點記載。
〔註86〕　《光緒二十九年癸卯恩科江南鄉試第二場試卷及答題》，《千年契約文書》第三卷，花山文藝出版社1994年版，第373頁。
〔註87〕　《安徽俗話報》第一期，光緒三十年七月初十日發行。

櫈好聽多了。第十門閒談，無論古時的、現在的、本國的、外國的、凡是奇怪的事、好笑的事隨便寫出幾條，大家閒來無事看看倒也開心。第十一門行情，我們徽班的生意在長江一帶要算頂大了，現在我要將本省、外省、本國、外國各種的行情打聽清楚告訴大家，全望各徽班的格外大發其財我才歡喜。第十二門要件，方式各種的緊要章程、條約、奏摺、告示、書信、遊記都要用俗話寫出。第十三門來文，若是列位看報的做了俗話的文章，送來本報也可以選些好的注銷。

報刊之內容涉及面極廣，古今中外無不涉及，極大開闊徽人眼界。且多定價較低，如《安徽俗話報》每本大錢五十文亦不貴，能夠爲時人所負擔。外界的報刊，通過在徽州區域的傳播，將外界政治經濟文化等方面的變端及時傳送至偏隅山間的徽人，推動了徽州文化生態的開放性，從而使徽州文化生態的變遷與外面保持同步。

第三節　價值衝突

在價值觀念演遷的過程中，交織新舊、中外文化心理差異之矛盾。對於這樣的矛盾，有的是以激烈的方式反映其抗爭，如新式學堂、西方傳教士是直接將西方價值觀念及現代文明傳導入徽州文化生態中，受眾均是個體，因此也容易激起個體之激烈反應。

一、教　案

宗教將西方價值觀傳入中國，由於中西方之文化心理差異，雙方必然會喚起強烈的排外情緒。徽州區域相較上海等開埠城市而言，傳教之人數及影響都有限，即便如此，仍舊在徽州文化生態中激起微瀾。

「教案自許華人傳習西教，於是乎始有教案。皖之先有楊光先者，歙之新安衛人，著《不得已》一書，專闢西教。」〔註88〕徽州民教之間大規模衝突就筆者接觸之史料光緒十三年休寧教案爲最早，1887 年法國傳教士擬在休寧縣城租房辦教堂，士紳疑慮「來了這麼個不通俚俗的洋人，要把隔壁王氏

〔註88〕〔清〕馮煦、陳師禮：《皖政輯要》卷五《交涉科·教務一》，黃山書社 2005
　　　　年版，第 22 頁。

之婦住屋打理成教堂，往後如何安生得了。況且與海陽書院、縣署衙門相距這麼近，能不影響士紳學子修學？能不影響縣署辦差？」故而聚集民眾將司鐸林福恒等人打跑，從而引起徽州近代以來第一宗規模較大之教案。〔註89〕至清末徽州六邑中祁門「近數年來洋人罕至」，黟縣亦是「無中外之交」，歙縣「惟一二教堂，近亦斂跡畏法不敢多事」。〔註90〕因此徽州之教案多「祇有文明之爭，絕無衝突之舉」，〔註91〕且多集中在休寧與婺源兩邑，教案主要有以下幾方面：

其一教民涉及的無關教務的訟案。西教爲「犯罪奸民偶借爲護符」，〔註92〕在徽州的一些訟案中，教士、司鐸會出面干涉司法，如汪進喜因迫人求雨不從，「至王萬春家滋鬧又搗毀家具什物」耶穌堂牧師唐進賢特出面過問，劉汝驥回覆其「即日箚飭休寧縣諭董妥處，約束該處居民不許藉端滋事矣。」〔註93〕又在休寧教民黃金聚控汪社寶一案，因「馮觀長之浮住屋賣於黃金聚，黃前往拆屋，汪社寶出爲攔阻，以致涉訟，」〔註94〕「此案本屬土田事件，原與教務無涉，」因猜疑邑府「謂敝署房科有爲汪社寶効力者」，天主堂總司鐸牧良特手書劉汝驥要其秉公辦理。〔註95〕司鐸以保護教民爲由越權干涉實際擾亂司法。有的訟案中由於教堂的加入，教士恃教而驕，如「徽州府劉守稟休寧天主堂教士一案奉皖府批示云：馮觀長前控搶劫之案查屬子虛，致被教堂革出更無榮庇護，……即爲完結，何以該教士另生枝節，肆言要求，乃至攜帶行李往署守候……」〔註96〕普通民事訟案中因教民的身份引得司鐸的介入，導致司法不公，無疑加劇民教對抗。

其二是「奸民借奉教爲護符欺壓鄉里」引起的教案。如「婺源天主教教民談桂林，屢次私造教堂假信，在鄉里招搖撞騙，無惡不作，鄉民受害的眞正不少，今年七月裏，幸被婺源縣令訪悉，飭差拿獲，起出各種佔據，無可抵賴，現已定罪，監禁四年。」〔註97〕還有休寧的吳克明恃西教害人，「以生

〔註89〕 文書《休寧縣案稿至洋務總局初函》。
〔註90〕 〔清〕劉汝驥：《陶甓公牘》卷十二《法制科・六邑民情之習慣・交際之狀況》。
〔註91〕 〔清〕劉汝驥：《陶甓公牘》卷十二《法制科・婺源民情之習慣・交際之狀況》。
〔註92〕 〔清〕劉汝驥：《陶甓公牘》卷十二《法制科・歙縣民情之習慣・宗教》。
〔註93〕 〔清〕劉汝驥：《陶甓公牘》卷十一《箋啓・復耶穌堂牧師唐進賢》。
〔註94〕 〔清〕劉汝驥：《陶甓公牘》卷三《戶科・休寧教民黃金聚控汪社寶一案堂判》。
〔註95〕 〔清〕劉汝驥：《陶甓公牘》卷十二《箋啓・復天主堂總司鐸牧良》。
〔註96〕 《皖撫批伏休寧縣教案稟安慶》，《申報》1908年5月4號，第十一版。
〔註97〕 《懲辦教民》，《安徽俗話報》第十七期，光緒甲辰十一月朔日發行。

員入教堂當通事教士，與知縣通函由生員繕寫，教民與生員不和齊相傾害等，……其平素之憑藉教堂包攬欺矇已可概見，以同一奉教之人而教士惡之，教士惡之實非安分之徒」。〔註98〕

其三是因時事影響而產生的教案。如婺源，天主教「傳教迨道光末，訂立合約准其傳教，始買民地建天主堂於西鄉董門，」〔註99〕自此「邑遂有白種人足跡」。〔註100〕義和團時期，「徽州府婺源縣屬董門鎮亦有匪徒鬧教，尚未救平，適堂中傳教西士在蕪湖避暑，堂中人急足至蕪報信，屈指已有旬日，未識堂宇尚能無恙否？」〔註101〕董門之教堂「光緒二十六年被外匪焚毀」，後來經「經許觀察鼎霖與米司鐸妥議，詔予賠款，聽其造教堂於城內，因建於保安門一帶，廣袤數畝而董門被毀之教堂亦已重造。」〔註102〕

以上之三種均為晚清徽州教案之主要表現，是民教之間正面的衝突。面對西教之傳入，官府還以佛教、道教來對抗西教。「今日時勢，講治安之上策，莫先於辨明宗教、學術以定人心。人心之宗旨既定，則人各有當盡之學，各行各教同學是學，而全國之志以寧，縱有邪說辭，無自入矣。」〔註103〕安徽省成立安徽僧立教育會以擴大佛教影響，此為軟性之對抗，具體效果不得而知。

二、抗 學

徽州文化生態因思想之慣性，亦有保守之一面，如屯溪是五方雜處之地，民眾相較已是開明，可「民情頑固異常，風氣十分閉塞，至今年始有上海經香閣書坊分一支店於此。」〔註104〕因此，新式學堂的設立及改良教育內容的普及，引起文化生態中保守勢力激烈之對抗。

〔註98〕〔清〕劉汝驥：《陶甓公牘》卷十《稟詳·稟教士牧良請辨吳克明等一案議結文》。
〔註99〕〔清〕董鍾琪等：《婺源鄉土志》第十九課《天主教堂》，光緒三十四年木活字本，安徽省圖書館藏。
〔註100〕〔清〕劉汝驥：《陶甓公牘》卷十二《法制科·婺源民情之習慣·交際間之狀況》。
〔註101〕《皖中教案續志》，《申報》1900年8月28日，第二版。
〔註102〕〔清〕董鍾琪等：《婺源鄉土志》第十九課《天主教堂》，光緒三十四年木活字本，安徽省圖書館藏。
〔註103〕〔清〕馮煦、陳師禮：《皖政輯要》卷五十《學科·建置》黃山書社2005年版，第466頁。
〔註104〕《志士興學徽州》，《申報》1906年12月29日，第九版。

新學推行一方面遭遇硬性反對，屢屢受制於衛道士之執守、地方頑固勢力的阻撓。新學之教學內容，異於傳統四書五經，其中所傳導的科學等內容亦被頑固者視爲異端，因此新學的施行步履維艱。歙縣潭渡如黃賓虹回鄉後以清煙館、興女學、創工藝諸務爲要，可惜因「我鄉文明程度尚低，開通者恒居少數，庸耳俗目，輒以因陋就簡爲守分，老生學究又從而抑塞之，刺諷之，一二熱忱振作之士，翻蒙種種風狂之名譽。如敝處舊年曾開三日學堂，欲以演說稍挽地方陋習，而幾與頑同諸人相衝突。」〔註 105〕還有祁門藩屬已革之書吏戴起洪等阻撓茶捐，並邀王基大胡文偉至南鄉小學堂滋鬧，使學生紛紛散學。〔註 106〕徽州績溪將東山書院改爲東山學堂後，特請洪擇臣和曹郁文爲教員教授新學，可是「堂中有最不堪造就的學生數人，要想天天做四書五經文，不能遂意，竟敢在講堂上辱罵教習，」教習告知監督及知縣，結果皆置之不理，不得已，洪、胡只得告退。〔註 107〕甚至還有暴力毀學的：

> 徽州歙縣溧川學堂今春由羅鳳藻等在羅氏宗祠之旁造房舍七
> 八間，招生開學，所有開辦經費均山同志諸人分擔，並無派捐情事，
> 乃開辦之初武生羅文英及羅烊基、詹灶發已有仇學之意。今年三月
> 文英唆出土匪將學堂門房所懸牌示搗去，並謠言誣學堂將收人口
> 捐、菜籽捐、米捐、牛豬捐等項煽動眾聽俾人人皆有仇視學堂之心，
> 六月初一日議決賽會演戲。（溧川向例六月十五供奉瘟神名曰保安
> 會）今年緩期兩月舉行，而文英藉此大發蠱惑，突於初三夜糾同痞
> 黨羅社高等數十人吹號鳴鑼，明火執仗蜂擁直至學堂，將堂中一切
> 對象搗毀淨盡，隨時擁至鳳藻家，用石撞開大門，將廳中器具肆行
> 打毀，鳳藻之會珪（即堂內教員）只得脫圍逃至城中，急請邑尊臨
> 勘，黎明又復聚眾至各教員家將各教員搜獲擁至賽會處，勒些悔據，
> 永遠毋許再開學堂，永遠毋許赴城控告，至午刻，邑尊到村臨勘，
> 匪等將邑尊擁至學堂，復將新造學舍七八間拆毀，旋一面率同亂黨
> 又復擁至鳳藻家內，舉凡一切器用財物搗毀無存，並又打至羅軍松
> 家及至天晚，品尊回署，並不請兵解散，故該亂黨按日至各家查點，

〔註 105〕黃賓虹《與汪福熙》，《黃賓虹文集（書信編）》，上海書畫出版社 1999 年版，第 28 頁。
〔註 106〕《祁門通信·革胥阻撓學務》，《安徽白話報》第一期，光緒戊申九月上旬發行。
〔註 107〕《學堂衝突》，《安徽俗話報》第十九期，光緒乙巳年五月朔日發行。

不許私逃一人離村一步，而鳳藻等直至十五日賽會之時陸續逃循，

內地民智如此，誠教育前途之憂也。〔註 108〕

　　新學推行另一方面受困於軟性之不配合，因而在實際運行中面臨不少問題。費用問題是在關於學堂的文獻中屢屢提到的。辦學中時局多艱，「目前補救之方自以興學為最急，興學必資款項，則又籌款為最難。……」〔註 109〕雖有專款保證，但具體籌措時也不易，「學堂之難辦由於經費之難籌經費之難籌由於開支糜費之太多」。〔註 110〕而且一旦學堂要擴大規模、增加費用時，更是艱難，如徽州府中學堂要擴充學額，擬在出產的箔捐中抽取，結果眾商鋪反對而無果。〔註 111〕可見由於整體經濟環境惡化，存在辦學經費不及時到位的情況，制約學堂規模。此外，新式學堂的建立多是應政策要求而匆忙上馬，「現各大憲催辦蒙小學堂十分緊急，徽州府歙縣地方，官訂、民立的蒙小學堂，本來沒有一個，現已草草的設了一個官立的小學堂，擇定十月初五招考，正額學生二十名，附額學生十名，每個學生每月要貼三圓洋錢伙食。」〔註 112〕有的徒具形式，「招生數人或十數人，講授一二門功課，一私塾耳，強而名之曰學堂，其程度可概見。」〔註 113〕新式學堂在幾年間集中成立，良師難得，能夠像績溪的思誠初等小學堂聘日本宏文學院普通科卒業的程宗泗管理、歙縣名儒畢醉春教國文的學堂不多，〔註 114〕能夠請到師範生也是不錯的。可惜「學塾改良，非學堂師範生作教習，不但宗旨訛誤，即勉強改頭換面，亦無精神。」〔註 115〕結果便出現「如今學堂是開了，然而那學堂的先生，何嘗不是從前教開宗明、三字經的先生呢，那教授的法子，何嘗不是從前竹板界方的方法呢。這種革面不革心的學堂，列位，究竟有什麼功用呢？」〔註 116〕學堂中教員間、教員與堂長間「相攻訐相排擠之事尤屬習見

〔註 108〕　《補記溧川毀學情形》，《申報》1906 年 9 月 1 日，第三版。

〔註 109〕　《光緒三十二年績溪縣令命孔靈學堂造經費表冊諭》，《千年契約文書》第三卷，花山文藝出版社 1994 年版，第 406 頁。

〔註 110〕　〔清〕劉汝驥：《陶甓公牘》卷五《學科・歙縣蔡令世信稟批》。

〔註 111〕　《徽州中學抽捐之困難》，《申報》1908 年 5 月 30 日，第十一版。

〔註 112〕　《歙縣學堂章程》，《安徽俗話報》第十七期，光緒甲辰十一月朔日發行。

〔註 113〕　〔清〕馮煦、陳師禮：《皖政輯要》卷五十二《學科・小學堂》，黃山書社 2005 年版，第 497 頁。

〔註 114〕　《義紳辦學堂》，《安徽俗話報》第三期，光緒三十年四月初一日發行。

〔註 115〕　黃警吾：《黃賓虹在徽州》，黃中秀：《黃賓虹年譜》，上海書畫出版社 2005 年版，第 44 頁。

〔註 116〕　《演說徽州談》，《安徽白話報》第五期，光緒戊申十月中旬發行。

不鮮」，還有教員「由賭界煙界屬入紳界污我學界」，還有以興學爲目的謀私利者都存在學界中。〔註 117〕保守勢力的頑抗，再加上學堂中魚龍混雜，可見晚清推行新學在徽州實屬艱難。

小　結

　　晚清徽州文化生態中，宗族仍舊處於主體位置，價值觀念的變動不大，價值觀念的大眾化體系也基本延續明清時期。徽州文化生態系統在運行中與外界保持緊密聯繫，因此國家文化生態的種種新動向亦影響徽州。國家文化生態中，經濟結構中工業、商業比重加大，帶動國家價值觀念的變化，其發展趨勢與徽州價值觀念趨同，從而爲徽人提供價值實現的多樣化路徑。清末宣講內容的增加以及新式學堂的設立，使得價值灌輸的內容多元化，，西方傳教士的介入，紙質媒體報刊的發行，使得徽人對外界乃至世界、宇宙有了更爲開闊的視野，也便捷新思想之流入。同時，徽州文化生態系統對新式學堂、西教之傳入，都產生強烈的排異反應。因此在晚清幾十年間，系統之慣性與變異角逐，新事物與保守力量多方博弈，其結果都將對徽州文化生態下一步發展產生深遠影響。

〔註117〕〔清〕劉汝驥：《陶甓公牘》卷五《學科》。

餘論：徽州文化生態及其構建之思考

一、晚清演遷之困境

　　明清徽州文化生態是建立在徽州人多地少的基礎之上的，晚清經歷咸同兵燹後，人地關係有效緩解，在此基石上，徽人生計模式有一定的改變，成年男性延續傳統約一半仍舊選擇外出經商的模式，農業從業比重加大。同時徽人外出造成在徽州農業勞動力缺口較大，湧入大批客民填補這一空缺。因此晚清徽州生計文化主體由土著與客民組成，內容是農、商並重。

圖餘-1　晚清徽州自然人文與個體及組織間的關係圖

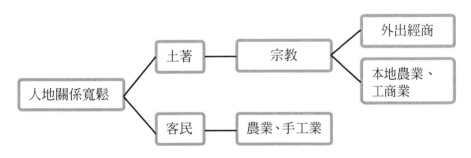

　　晚清徽州社會中宗族仍舊是主要的社會組織。其從組織重構、規則制定、實體文化符號建設等方面基本延續明清的模式。但宗族組織將徽州文化生態中近 10 萬客民排除在組織架構之外。後期雖然有農會等社會組織的成立，也多是基於宗族架構上的，客民難以融入其中。

　　區域價值觀念的建構基本延續明清時期。主要由宗族為主體，價值取向、

道德評判均無根本性變化。這樣的模式導致兩個走向，一是客民被排除在區域文化生態架構之外，無法通過亢宗來實現其價值，甚至有部分客民轉而向佛教尋求精神慰藉，使得佛教在晚清徽州有了發展的空間。基於客民在徽州人口之比重不低，因此一些佛道的儀式也影響到徽州本土的葬禮、祭祀等等禮儀，削弱了宗族的勢力。

還有一個重要的走向則關乎國家文化生態的改變。晚清國家價值觀念如前所述有一定的轉變。明清國家重農抑商的價值取向此時由於列強的入侵發生改變，工業、商業在國家文化生態的生計文化中地位提升，與國家強盛直接相關。因此此時徽州文化生態中的價值觀念與國家之價值觀念有了共通之處，再加上宣講內容之多元、新式學堂開設、西教的傳播、報刊等媒介的傳播，使得徽州文化生態與外界及上級文化生態的緊密聯繫，國家價值觀念的變化很快被徽人所感知，尤其是在外的徽商更是身體力行。因此徽人的價值實現途徑多元化，既可以通過「亢宗」實現價值，更可以通過「強國」實現價值，徽人尤其是對商人的價值認定國家給予實現的途徑。如下圖，土著根據其實現價值的路徑不同，僅有其中以亢宗為路徑的族人繼續回饋宗族，部分以強國為目的的則報效國家。至此，原有的明清徽州文化生態系統的循環模式僅在一部分人中繼續適用，人力和財力出現分流。

文化生態中宗族通過「亢宗」這一價值實現將族人緊密結合於宗族周圍的模式被打破，當族人以強國為己身之價值實現時，宗族對其僅保持血緣聯繫，歷幾世後，血緣關係疏遠則與宗族的關係更為鬆散，向心力減弱，相應的外出經商的徽人對宗族的反哺必然減少，資金支持的減少又制約宗族發展，其凝聚力愈發減弱，此為惡性循環，從圖餘-2 可以清晰看出這一分流趨勢。故而晚清民國時期宗族發展有式微之勢。

圖餘-2　徽人價值實現路徑

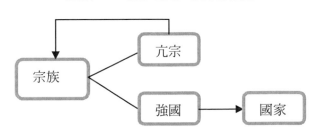

綜觀晚清徽州文化生態，無論是個體、宗族還是價值觀念都無顛覆性之改變。但在區域中新的變端湧現：生計文化的變化、新思想傳播、個人本位觀覺醒等，再加上時局變數良多，因此晚清徽州文化生態陷入困境，缺乏土著與客民共同認可的社會組織，尚未構建出一個能夠包容客民及新思想的價值觀念體系，缺乏將土著與客民團結起來形成合力的運行機制，各要素之間沒有形成有效互動，有的甚至陷入惡性循環。因此筆者認為，時至今日，徽州文化生態尚處於新一輪的構建進程中。

二、新一輪構建之蠡測

自晚清歷千年之變局至今，其間經歷變數頗多，無論國家還是徽州都仍舊在文化生態新一輪的建構中，尚未有成熟的系統出現。新的經濟結構下，通過何種社會組織模式，建構什麼樣的價值觀念，最終如何下達於個體，從而實現個體與社會的和諧發展，一切都還在摸索中。就徽州而言，對於新的文化生態建構我有幾點思考。〔註 1〕

首先是晚清以來，徽州生計文化發生根本性轉變。晚清人均耕地面積增長，徽人從事士農工商四業皆有之，外出從商比例約為一半。隨著宗族日漸式微，凝聚力與向心力亦有所減弱，很難實現人力、物力的回流。因此，徽州生計文化主體由土著與客民共同組成，朝農業與商業並重。及至現在，客民已經完全融入徽州社會，農業及旅遊業成為徽州的主要產業。新的文化生態構建要以此為基礎。

其次，目前進行的徽州文化生態保護項目，實際上是指對文化景觀及非物遺的保護。文化生態是動態發展的，目前主體文化生態尚在構建，文化景觀及非物遺等作為次要文化依附於明清時期的文化核心，要實現切實的保護，要考慮將其與徽州現在旅遊經濟這一生計模式結合起來，成為新的文化核心的依附，才有可能突破機械的保存，去實現創新。

最後，文化生態構建中，無論「新進化論」還是「新功能主義」的觀點中，都認可「演替的」的分析方法，即認定文化生態的演遷必然會導致「成熟的」系統，從長期看來，無論是國家還是區域文化生態相同，循最初構建→低層次均衡→失衡→更高層次均衡→再次失衡這樣一個不斷自我完善的軌跡演進。更高層次的文化生態必然更加複雜、多樣、穩定和高效等。目前的

〔註 1〕 注：對現代徽州文化生態予以考察的時候，還是延續明清時地理建置。

構建中，情況較之以往任何時候都更爲複雜，互聯網時代使得傳統與現代、移民與土著等緊密交織在一起，如何構建一個良性循環，實現個體與區域齊發展的文化生態是一個挑戰，也是一個長期的過程。

三、幾點認識

在對徽州文化生態繁榮的明清時期與失衡的晚清時期做一回顧，對於區域文化生態構建得出如下認識。

（一）構建基石

文化生態學之提出，在於將文化與生態環境相聯繫，以此考察文化的產生及變遷。斯圖爾特認爲，相似的生態環境下會產生相似的文化形態及其發展線索，而相異的生態環境則造就了與之相應的文化形態及其發展線索的差別。一定的基本的文化類型在相似的條件下，可以沿著相似的道路發展。筆者認爲，自然生態環境與文化的產生存在互動關係，用以考察不同區域文化形態之差異時不同自然生態的作用尤爲顯著。但是，在考察同一區域文化生態演遷時，是否將人口數量及質量納入到文化生態形成演變的基石中？以徽州爲例，徽州之文明可以追溯到山越文化，在很長的時間段中徽州的自然生態沒有發生根本性的改變。可是隨著中原士家大族的遷入及繁殖，人口數量明中葉以後激增，人口素質提高，才形成儒賈結合的生計文化，在此基礎上才有宗族組織的發達及價值觀念的建構，各要素良性循環，形成繁榮的文化生態。至晚清，除去國家之變量不考慮，徽州社會的主要變量就是人口的銳減和素質的降低，雖然徽人的生計模式仍舊沒有根本性的變化，但是徽州地方卻湧入大量客民補缺，使得文化生態失衡進入到重構、再平衡的文化生態演遷進程中。

80 年代興起的過程生態人類學中就將人口統計學等學科應用於研究文化區、或進化階段的比較研究中。筆者在對徽州文化生態進行考察時，人口數量關係到生計模式的選擇及資源的分配方式，因此在對同一區域文化進行時段考察的時候，必須要將自然生態與人口數量綜合考慮，以此作爲文化生態變遷的基石更爲客觀。

（二）文化現象主次關係

斯圖爾特文化生態理論中，強調環境只影響文化的特定成分，即被他稱

為「文化核心」的那部分，其他文化成分則要受到文化歷史獨立發展的影響。「文化核心」是把與生計活動及經濟組合有密切關係的群體性特徵稱為中核性文化，而除此之外的一律歸入次要文化。次要文化則是文化獨立發展的結果。徽州文化生態的發展是基於自然生態與人口數量之比例而進行生計模式的選擇，在此基礎上宗族文化繁榮、價值觀念構建，此為徽州文化生態發展之主線。此主線之外，衍生出「次要文化」。在對徽州文化生態進行考察的時候筆者發現，次要文化一定程度上是對文化核心的反映，如徽州三雕、文房四寶、徽劇等等文化現象不少都是映襯徽州核心文化的，是其在構建及大眾化的過程中的衍生物。此外，民俗、服飾、語言等作為特定區域文化特色，很大程度上也是對核心文化的反映，如晚清時徽州女性的服飾之轉變，服飾「狹袖，幅亦不廣……用品與男子同習慣……十二三歲之女童，穿男衣者日見多數。」〔註2〕這一服飾之變化側面反映晚近以來徽州女性在生計文化中地位的提高。當然，並非所有之文化現象均與文化核心相關，有的文化現象是文化歷史獨立發展的結果，在對徽州文化生態考察中，尚無完全脫離文化主線影響的文化現象之獨立存在，只能說受到核心文化輻射影響強度大小不一。

通過對晚清徽州文化生態之考察，文化生態中我認為存在主次關係，當然，主次之分併非是對文化重要性的界定，而是表現在文化生態中核心文化主導文化生態發展方向，次要文化之產生及發展一定程度上是依附主要文化。所以當主要文化有變端，在次要文化中亦有表現，這在晚清徽州文化生態中尤為明顯，主要文化中客民進入，帶動徽人原先的婚、葬、祭祀、飲食、演劇等文化形式的變化，如婚姻中「主客聯姻」，飲食中玉米的加入，演劇中鼓樂的運用都有客民的痕跡。

（三）不同層級間整合

在對區域文化生態考察過程中，有封閉及開放之區分。在封閉型的區域文化生態中，文化的形成及發展取決於自然生態及人口發展，受外界干擾小。而開放型的區域在文化形成與發展的過程中，會對外界文化產生回應，會保持與更高層級的文化生態之間的同向發展。徽州文化生態是典型的外向型模式，雖處於萬山之間，可是由於人員的流動性強，與外界交流頻繁。因此外界之風吹草動都能夠很快的反應到系統內部。小到婦女之髮髻，效蘇、杭之

〔註2〕 〔清〕劉汝驥：《陶甓公牘》卷十二《法制科·績溪民情之習慣·服飾》。

圓扁式，日常用度洋貨居多，大到以宇宙觀天下，基本與外界保持同步。當對封閉型文化生態探究時，不存在文化整合問題，可是在對開放型的文化生態區域探究時，文化整合就必須要考慮在內。

不同層級之間的文化整合。以徽州文化生態爲考察對象時，其層級展示爲村落→邑→徽州→國家，文化生態的複雜程度是從低到高。村落、邑、徽州區域相對而言由於自然生態相似，其生計模式基本相似，不同村落或是六邑雖然在生計之比例有一定的差異，如歙、休爲商者多，婺源業儒者多，但是區域內部有共同認可的價值觀念，對朱子家禮的推崇、對以宗族爲基礎推廣的新四民觀及亢宗的認可，及至通行六邑相似的教育及演劇等活動的施行，從而實現區域內部之文化整合。國家則是在一個更廣泛的體系內把若干區域組合成在功能上相互依存的整體。區域通過宗族參加到國家對基層的治理中，通過對程朱理學的普及與國家取得價值觀念的一致，接受國家的相關制度和道德評判標準，從而實現國家與區域之間求同存異的文化整合。更高層級的文化生態往往面對更爲複雜的文化整合，體現更高超的文化整合水平，對於文化區域也具備更強的包容性。

同一層級文化生態之間整合。徽州文化生態與外界保持緊密接觸，尤其是江浙文化生態，明清以來即保持緊密聯繫，或多或少持續地相接觸，因而導致一種文化接受其他文化的要素。如徽商對蘇州、揚州的文化輸出，徽州本土在一些文化形式上也受到其影響。如建築模式、衣著服飾等或多或少有被影響的特徵。

徽州文化生態的開放性使其與國家及其他相關地區保持緊密聯繫，及時調整，保證其活力，但是國家及外界的種種變端亦能夠很快反映到徽州文化生態中，在進行新一輪建構時所要面對的文化整合更爲複雜。

（四）運行與制衡

對文化形態進行考察時，文化人類學的「新功能主義」、「新進化論」都將系統論的觀點引入其中。對徽州文化生態進行考察時顯見其發展持動態平衡，系統具備一定的自我調節、自我平衡的功能，基本保持文化核心與自然及人口變化之間相適應，這個調適從失衡到再次均衡是經歷相當長的時間才能完成。同時，在系統運行過程中，各要素之間相互作用、相互影響，最終形成良性循環。形成良性循環與否的判斷標準在於系統中的個體是否能夠發揮個體積極性，其所推行的個體價值能夠充分之實現，同時文化對於自然生

態是否是良性回饋，以保持區域的可持續發展。明清徽州文化生態繁榮就在於基本上實現良性循環，各要素作用，個體價值得以實現。晚清由於文化生態基石的改變，各要素之間相互作用的範圍有限，良性循環中止。同時由於明清成熟體系的影響，晚清文化生態變遷表現明顯滯後性，因此必將是一個長期的調適過程。

（五）遺傳與變異

文化生態學就文化的產生、演遷與自然環境之間作用進行研究。越是簡單的人類社會，受環境的影響就越直接。但對於已經形成成熟體系的文化生態的演遷情況則複雜得多。社會變遷及變革的動力不僅僅是簡單的文化對環境的適應，尤其是對於徽州這樣的外向型文化生態而言，引起變遷的動力有內生動力與外部動力之分。

徽州文化生態從長期看來，三次大的演遷：第一次是山越被逐出徽州，世家大族遷入造成的文化變革，使得山越文化淡出徽州文化生態中，取而代之的是中原士家文化。第二次明中葉人口激增、自然生態限制推動文化生態第二次大的演遷，形成以「新四民觀」、宗族文化、亢宗為價值實現的核心文化體系。第三次即為晚清為肇始的文化生態演遷，咸同兵燹導致人口銳減改變文化生態基石，客民湧入、新式教育、個人觀的發展等都湧入系統，目前仍然處於這一輪的演遷過程中。可見，系統之動力既有來自內部的人口生產動力，亦有戰禍、移民、新經濟方式、新思想等之影響。

每次大的演遷之初，推動系統變革的動力，尤其是外生動力的進入，往往被系統視為異端而受到系統的激烈排異反應，如晚清之客民、新式學堂、西教傳入無一不引起激烈之排異。文化生態系統中每個要素均呈現出頑強的慣性，那怕是在兵燹後負有傳承重任的儒生和文化載體被大量毀損的情況下，從個體到宗族組織的全力修復，以此來對抗變異。因此，對於發展程度較高的文化形態系統而言，系統的演遷實際上取決於傳統與變異之間角力、博弈，很大程度上新的文化生態之形成是傳統與變異之間的相互妥協。因此，在做歷史研究過程中不難發現，不管是外生還是內部動力，出現之初多是被打壓、排斥，到動力強大到一定地步，則是相互的妥協，當動力能夠取代傳統時，這是構建新一輪文化生態之時，因此，系統的演遷往往具備一定的滯後性。以客民移入為例，不能發現清中葉棚民流入徽州，系統激烈排異，採用驅逐之方式。晚清徽州主客力量發生變化，徽州土著人口因戰禍減員大半，

剩餘人口中還有一半的青壯年男子在外，而客民在政府政策及徽州本土需求之下，湧入 10 萬人，再採取清中葉的形式顯然行不通，在晚清時期客民與土著呈現逐漸融合的趨勢，雖有摩擦，但已不復當初之水火不容的局面。

參考文獻

一、史　料

地方志

1. （宋）羅願：《新安志》。
2. （明）彭澤修、汪舜民：弘治《徽州府志》。
3. （清）丁廷楗、盧詢修，趙吉士纂：康熙《徽州府志》。
4. （清）佘華瑞：雍正《岩鎮志草》。
5. （清）清愷、席存泰修纂：嘉慶《績溪縣志》。
6. （清）馬步蟾：道光《徽州府志》。
7. （清）何應松、方崇鼎修纂：道光《休寧縣志》。
8. （清）謝永泰、程鴻詔修纂：同治《黟縣三志》。
9. （清）周溶、汪韻珊修纂：同治《祁門縣志》。
10. （清）李筱軒、方伯鑒：光緒《皖志便覽》。
11. （清）倪望重：光緒《祁門縣志補》。
12. （清）吳鶚：光緒《婺源縣志》。
13. （清）光緒《重修安徽通志》。
14. （清）董鍾琪等：光緒《婺源鄉土志》。
15. 《婺源縣采輯》清鈔本。
16. （民國）石國柱、樓文釗等：《歙縣志》。
17. （民國）吳克俊、許復等：《黟縣四志》。
18. （民國）江峰青等纂修：《重修婺源縣志》。

19. （民國）許家棟：《歙縣鄉土志》。

20. （民國）《徽州鄉土地理》，民國十一年本。

21. （民國）胡存慶：《黟縣鄉土地理》，民國十四年鉛印本。

22. （民國）汪稼云：《績溪鄉土歷史》，民國十九年本。

23. （民國）安徽通志館編纂：《安徽通志稿·大事記》，成文出版社有限公司印行，民國二十三年鉛印本。

24. 黟縣地方志編纂委員會編：《黟縣志》光明日報出版社 1989 年版。

25. 安徽省徽州地區地方志編纂委員會：《徽州地方簡志》，黃山書社 1989 年版。

26. 休寧縣地方志編纂委員會編：《休寧縣志》，安徽教育出版社 1990 年版。

27. 祁門縣地方志編纂委員會編：《祁門縣志》，安徽人民出版社 1990 版。

28. 屯溪市地方志編纂委員會編：《屯溪市志》，安徽教育出版社 1990 年版。

29. 黃山市地方志編纂委員會：《黃山市志》，黃山書社 1992 年版。

30. 績溪縣地方志編纂委員會編：《績溪縣志》，黃山書社 1998 年版。

族　譜

31. （清）康熙《茗洲吳氏家典》，黃山書社 2006 年版。

32. （清）乾隆《歙縣方氏會宗統譜》。

33. （清）光緒《祁門倪氏族譜》，光緒二年刻本，藏安徽省圖書館。

34. （清）光緒《徽州彭城錢氏宗譜》，光緒十年刊本，藏安徽省圖書館。

35. （清）光緒《婺源三田李氏宗譜》，光緒十一年刊本，藏安徽省圖書館。

36. （清）光緒朱應溥：《新安朱氏宗祠記》，光緒十一年，藏安徽大學徽學中心。

37. （清）光緒《績溪城西周氏宗譜》，光緒三十一年木活字本，藏安徽省圖書館。

38. （清）同治《歙縣華陽舒氏統宗譜序》，光緒三十三年刊本。

39. （清）光緒《績溪華陽邵氏宗譜》，光緒三十三年刊本，藏安徽省圖書館。

40. （清）光緒《績溪仁里程繼序堂專續世系譜》，清光緒三十三年刻本，藏安徽省圖書館。

41. （清）光緒《新安館田李氏宗譜》。

42. （清）光緒《績溪北門張氏宗譜》。

43. （清）光緒《仙源杜氏宗譜》。

44. （清）宣統《績溪仙石周氏宗譜》。

45. （民國）《黟縣鶴山李氏宗譜》，民國 1917 年刊本，藏安徽省圖書館。

46. （民國）《休寧新安月潭朱氏族譜》，民國二十年活字本，藏安徽省圖書館。

47. （民國）《績溪柳川胡氏宗譜》。

文　書

48. （清）胡在渭：《徽難哀音》，藏安徽省圖書館。

49. （清）倪恕良等：《祁門紀變錄》，清同治二年重刊本，藏安徽省圖書館。

50. （清）《徽州勸興農務支會啓》，藏安徽省圖書館。

51. （清）《徽州不纏足會章程》，藏安徽省圖書館。

52. （民國）《績溪胡氏書目》，藏安徽省圖書館。

53. （民國）《績溪胡氏小學校十八年概覽》，藏安徽省圖書館。

54. （清）《績溪捐助賓興盤費規條》，藏安徽省圖書館。

55. （清）《歙地少請通浙米案呈稿》，藏安徽省圖書館。

56. （清）《徽難全志》，藏安徽省博物館。

57. （民國）胡光釗：《祁門縣志氏族考》，民國三十三年排印本，，藏安徽省圖書館。

58. 《徽州千年契約文書》，花山文藝出版社 1994 年版。

59. 劉伯山：《徽州文書》第一、二、三輯，廣西師範大學出版社 2005 年版、2006 年版，2009 年版。

60. 周向華：《徽州文書（安徽師範大學館藏）》，安徽人民出版社 2009 年版。

61. 黃山學院：《中國徽州文書》，清華大學出版社 2010 年版。

62. 此外還有一些散存於安徽大學徽學中心及安徽省圖書館等地的部分文書。

其　它

63. （明）傅岩：《歙紀》。

64. 《申報》。

65. 《安徽俗話報》。

66. 《安徽白話報》。

67. 《錢業月刊》。

68. （清）汪士鐸：《乙丙日記》，民國二十五年版。

69. （清）歐陽顯：《見聞瑣錄》。

70. 太平天國歷史博物館編：《太平天國資料彙編》，中華書局 1980 年版。

71. 中國社會科學院近代史研究所近代史資料編輯：《太平天國文獻史料集》，中國社會科學出版社 1982 年版。

72. 歙縣政協文史資料研究委員會：《歙縣文史資料》，1985 年 4 月。

73. 張海鵬、王廷元：《明清徽商資料選編》，黃山書社 1985 年版。

74. 祁門政協文史資料研究委員會《祁門文史資料》，1985 年版。

75. 安徽省博物館：《明清徽州社會經濟資料叢編（第一集)》，中國社會科學出版社 1988 年版。

76. （清）許承堯：《疑庵詩》，黃山書社 1990 年版。

77. 中國社科院歷史研究所徽州文契整理組編：《明清徽州社會經濟資料叢編第二輯》，中國社會科學出版社 1990 年版。

78. （清）王茂蔭：《王侍郎奏議》，上海古籍出版社 1995 年版。

79. （清）劉汝驥：《陶甓公牘》，《官箴書集成》第十冊，黃山書社 1997 年版。

80. （明）汪道昆：《太函集》《四庫存目》集部 117～119，齊魯書社 1997 年版。

81. 黃賓虹：《黃賓虹文集（雜著編)》，《黃賓虹文集（書信編)》，上海書畫出版社 1999 年版。

82. （清）許承堯：《歙事閒談》，黃山書社 2001 年版。

83. （清）馮煦主修，陳師禮總纂《皖政輯要》，黃山書社 2005 年版。

84. 薛振芳主編：《清代徽人年譜合刊》，黃山書社 2006 年版。

二、著 作

1. 張國輝：《洋務運動和中國近代企業》，中國社會科學院出版社 1979 年版。

2. 葉顯恩：《明清徽州農村社會與佃僕制》，安徽人民出版社 1983 年版。

3. 章有義：《明清徽州土地關係研究》，中國社會科學出版社 1984 年版。

4. 《江淮論壇》編輯部：《徽商研究論文集》，安徽人民出版社 1985 年版。

5. 劉淼輯編：《徽州社會經濟史研究譯文集》，黃山書社 1987 年版。

6. 中國科學院南方山區綜合科學考察隊第三分隊：《安徽省南部丘陵山區國土開發與整治研究》，上海華東師範大學出版社 1987 年版。

7. 章有義：《近代徽州租佃關係案例研究》，中國社會科學出版社 1988 年版。

8. 許滌新、吳承明主：《中國資本主義發展史》第二卷，人民出版社 1990 年版。

9. 馮天瑜、何曉明、周積明：《中華文化史——上編：中華文化生態》，上海人民出版社，1990 年版。

10. 徐川一：《太平天國安徽省史稿》，安徽人民出版社 1991 年版。

11. 高壽仙：《徽州文化》，遼寧教育出版社 1993 年版。

12. 胡適、唐德剛：《胡適口述自傳》，華東師範大學出版社 1993 年版。

13. 唐力行：《商人與近世社會》，浙江人民出版社 1993 年版。

14. 張海鵬：《徽州商幫》，萬象圖書公司 1995 年版。

15. 張海鵬、王廷元主編：《徽商研究》，安徽人民出版社 1995 年版。

16. 王振忠：《明清徽商與淮揚社會》，三聯書店 1996 年版。

17. 趙華富：《首屆國際徽學學術討論會文集》，黃山書社 1996 年版。

18. 唐力行：《商人與文化的雙重變奏：徽商與宗族社會的歷史考察》，華中理工大學出版社 1997 年版。

19. 周紹泉、趙華富：《95 國際徽學學術討論會論文集》，安徽大學出版社 1997 年版。

20. 周曉光、李琳琦：《徽商與經營文化》，上海世界圖書出版公司 1998 年版。

21. 常建華：《宗族志》，上海人民出版社 1998 年版。

22. 唐力行：《明清以來徽州區域社會經濟研究》，安徽大學出版社 1999 年版。

23. 胡適：《四十自述》，安徽教育出版社 1999 年版。

24. 王鶴鳴、馬遠良等：《中國譜牒研究》，上海古籍出版社 1999 年版。

25. 周紹泉、趙華富：《98 國際徽學學術討論會論文集》，安徽大學出版社 2000 年版。

26. 虞和平主編：《中國現代化歷程》第 1 卷，江蘇人民出版社 2001 年版。

27. 胡適：《胡適日記全編（1）》，安徽教育出版社 2001 年版。

28. 王振忠：《徽州社會文化史探微》，上海社會科學院出版社 2002 年版。

29. 陳瑞、方英：《徽州古書院》，遼寧人民出版社 2002 年版。

30. （韓）朴元熇：《明清徽州宗族史研究》，Jisik-sanup Publication CoLtd 2002 年版。

31. （日）中島樂章：《明代鄉村的紛爭與秩序》，汲古書院 2002 年版。

32. 王爾敏：《近代文化生態及其變遷》，百花洲文藝出版社 2002 年版。

33. 李琳琦：《徽商與明清徽州教育》，湖北教育出版社 2003 年版。

34. 卞利：《明清徽州社會研究》，安徽大學出版社 2004 年版。

35. 趙華富：《徽州宗族研究》，安徽大學出版社 2004 年版。

36. 朱萬曙、卞利：《戲曲、民俗、徽文化論集》，安徽大學出版社 2004 年版。

37. 余英時：《儒家倫理與商人精神》，廣西師大出版社 2004 年版。

38. 王銘銘：《溪村家族──社區史、儀式和地方政治》，貴州人民出版社 2004 年版。

39. 王銘銘：《社會人類學與中國研究》，廣西師範大學出版社 2005 年版。

40. 黃中秀：《黃賓虹年譜》，上海書畫出版社 2005 年版。

41. 盧家豊主編：《徽州文化全書》20 卷本，安徽人民出版社 2005 年版。

42. 馮爾康：《18 世紀以來中國家族的現代轉向》，上海人民出版社 2005 年版。

43. 周曉光：《徽州傳統學術地理文化研究》，安徽大學出版社 2006 年版。

44. 薛振芳：《徽州藏書文化》，安徽大學出版社 2007 年版。

45. 唐力行等：《蘇州與徽州——16～20 世紀兩地互動與社會變遷的比較研究》，商務印書館 2007 年版。

46. 方利山：《徽州文化生態保護文匯》，高等教育出版社 2008 年版。

47. 鄭大華、彭定一：《社會結構變遷與近代文化轉型》，四川人民出版社 2008 年版。

48. 余英時：《中國思想傳統及其現代變遷》，廣西師大出版社，2008 年版。

49. 王爾敏：《明清社會文化生態》，廣西師範大學出版社 2009 年版。

50. （美）托比米勒《文化研究指南》，南京大學出版社 2009 年版。

51. Patricia K.Townsend, Envionmental Anthropology_From Pigs to Policies Long Grove: Waveland Press 2009.

52. 王振忠：《明清以來徽州村落社會史研究》，上海人民出版社 2011 年版。

53. 唐力行：《讀史偶得：關於轉型期中國社會的若干思考》，上海人民出版社 2011 年版。

54. 趙華富：《徽州宗族論集》，人民出版社 2011 年版。

55. 吳正芳：《徽州傳統村落社會：白楊源》，復旦大學出版社 2011 年版。

56. 《（徽州）非物質文化遺產田野調查研究》（六卷本）內部發行。

三、論 文

1. （美）J. H. Steward：《文化生態學的概念與方法》，王慶仁摘譯自美國《文化和社會人類學選讀材料》，紐約 1964 年。

2. 葉顯恩：《徽商的衰落及其歷史作用》，《江淮論壇》1982 年第 3 期。

3. 方家瑜：《徽州歷史上的棚民》，《徽州社會科學》1985 年第 1 期。

4. （美）R‧McC‧內亭：《文化生態學》1977 年版，張雪慧摘譯《文化生態學與生態人類學》，《民族譯叢》1985 第 3 期。

5. 唐力行：《胡鐵花年譜述略》，《安徽史學》1987 年第 4 期。

6. 馮天瑜：《文化生態學論綱》，《知識工程》1990 年第 4 期。

7. 唐力行：《論徽商的形成及其價值觀的變革》，《江淮論壇》1991 年第 2 期。

8. 周紹泉：《明清徽州畝產量蠡測》，《明史研究第二輯》1992 年。

9. 黃成林：《徽州文化生態初步研究》，《地理科學》1995年第4期。

10. 張愛民：《近代安徽人口的變遷》，《安徽師大學報》1996年第3期。

11. 李琳琦：《「激進」的言論與「保守」的行爲——論徽商在傳統價值觀問題上的心理分析》，《社會科學家》1998年第6期。

12. 王振忠：《晚清徽州民眾生活及社會變遷——陶臂公牘之民俗文化解讀》，《徽學》2000年卷。

13. 科大衛、劉志偉：《宗族與地方社會的國家認同》，《歷史研究》2000年第3期。

14. 周曉光：《新安理學與徽州宗族社會》，《安徽師範大學學報（人文社科版）》，2001年第1期。

15. 方李莉：《文化生態失衡問題的提出》，《北京大學學報（哲社版）》2001年第3期。

16. 王昌宜：《明清徽州的職業教育》，安徽大學2001年碩士論文。

17. 常建華：《明代徽州的宗族鄉約化》，《中國史研究》2003年第3期。

18. 孫兆剛：《文化生態系統演化及其啓示》，《雲南師範大學學報》2003第5期。

19. 劉永華：《亦禮亦俗——晚清至民國閩西四保禮生的初步分析》，《歷史人類學學刊》2004年第2卷第2期。

20. 胡中生：《理想與現實的調和：傳統職業觀的前近代嬗變——以明清徽州爲例》，《天津社會科學》2004年第4期。

21. 董桂蘭，姜玉平：《道光〈徽州府志〉中的「文化人物」》，《衡陽師範學院學報（社會科學）》2004年第4期。

22. 周濤發、袁峰、侯明金等：《江南隆起帶東段皖贛相鄰區燕山期花崗岩類的成因及形成的地球動力學背景》，《礦務岩石》2004年第9期。

23. 唐力行：《20世紀上半葉中國宗族組織的態勢——以徽州宗族爲對象的歷史考察》，《上海師範大學學報》2005年第1期。

24. 江金波：《論文化生態學的理論發展和新框架》，《人文地理》2005年第4期。

25. 汪崇篔：《清代徽州土地與商業投資回報率的比較》，《清史研究》2006年第1期。

26. 王振忠、陶明選：《晚清徽州民間社會生活管窺——新舊碎錦雜錄　抄本兩種整理箚記》，《安徽史學》2006年第5期。

27. 胡中生：《近代徽州錢會的類型與特點》，《徽學》第四卷，2006年。

28. 胡中生：《清代徽州族譜對女性上譜的規範》，《安徽大學學報（哲社版）》2007年第1期。

29. 唐力行：《千丁之族，未嘗散處：動亂與徽州宗族記憶系統的重建──以徽州績溪縣宅坦村爲個案的研究》，《史林》2007 年第 2 期。

30. 陳瑞：《明清時期徽州族譜的控制功能》，《安徽大學學報》2007 年第 1 期。

31. 朱利安・斯圖爾特著，潘豔、陳洪波譯：《文化生態學》，《南方文物》，2007 年第 2 期。

32. 陳瑞：《明清時期徽州宗族對社會問題的控制》，《中國農史》2007 年第 4 期。

33. 周文甫：《淺談清末民國時期的徽州教育》，《社會科學戰線》2007 年第 6 期。

34. 陶明選：《明清以來徽州民間信仰研究》，復旦大學 2007 年博士文稿。

35. 王振忠：《從譜牒史料談徽州墨商的幾個問題──以光緒戊戌環川〈（璁公房修）詹氏支譜〉爲中心》，《安徽史學》2008 年第 1 期。

36. 王志農：《近代安徽族田發展態勢研究》，《中國農史》2008 年第 1 期。

37. 王振忠：《晚清民國時期的徽州宗族與地方社會──黟縣碧山何氏之〈族事匯要〉研究》，《社會科學戰線》2008 年第 4 期。

38. 陳瑞：《清代徽州族長的權力簡論》，《安徽史學》2008 年第 4 期。

39. 吳媛媛：《明清徽州水旱災害研究》，《安徽史學》2008 年第 4 期。

40. 王春芳：《論二十世紀前期徽州糧食的輸入》，《農業考古》2008 年第 6 期。

41. 陳瑞：《明清時期徽州宗族對族人的職業控制》，《安徽大學學報》2008 年第 4 期。

42. 張小坡：《清末新式教育經費的籌措與配置研究》，《安徽史學》2008 年第 5 期。

43. 陳安生：《徽州文化生態概念談》，《徽州社會科學》2008 第 11 期。

44. 張小坡：《發展與困局清末徽州新式教育運作實態論述》，《徽學》第 5 卷 2008 年。

45. 馮劍輝：《近代徽商研究》，山東大學 2008 年博士論文。

46. 徐建：《當代中國文化生態研究──基於文化哲學的視角》，華東師範大學 2008 博士論文。

47. 吳秉坤：《清至民國徽州田宅典當契約探析──兼與鄭力民先生商榷》，《中國經濟史研究》2009 年第 1 期。

48. 張松：《文化生態的區域性保護策略探討──以徽州文化生態保護實驗區爲例》，《同濟大學學報》（社科版）2009 年第 3 期。

49. 於樹貴：《張居正悲劇與明代核心價值觀》，《道德與文明》2009 年第 1

期。

50. 胡啓楊:《清代徽州人地關係與土地經營》,華中師範大學 2009 年碩士文稿。

51. 周興茂:《中國人主流價值觀的傳統變遷與當代重建》,《東南大學學報》2010 年第 3 期。

52. 鄭小春:《太平天國時期的徽州團練》,《安徽史學》2010 年第三期。

53. 卞利:《文化生態保護區建設中存在的問題及其解決對策——以徽州文化生態保護實驗區爲例》,《文化遺產》2010 年第 5 期。

54. 潘玉騰、莊曉芸:《中國傳統社會主流價值觀大眾化的經驗與啓示》,《福建師範大學學報》,2010 年第 1 期。

55. 徐國利:《朱子倫理思想與明清徽州商業倫理觀的轉換和建構》,《安徽史學》2011 年第 5 期。

56. 談家平:《〈績溪南關惇敍堂宗譜〉的文獻特色及其價值——兼論晚清時期徽州族譜體例與内容的嬗變》,《黃山學院學報》2011 年第 4 期。

57. 趙華富:《明清時期徽州的儒賈觀》,《安徽大學學報 (哲社版)》2011 年第 6 期。

58. 徐國利:《民國時期基層社會傳統職業觀的革新與保守——以民國徽州家譜的族規家訓所見職業觀爲例》,《民國檔案》2012 年第 1 期。

59. 高丙中:《關於文化生態失衡與文化生態建設的思考》,《雲南師範大學學報》2012 年第 1 期。

60. 劉伯山:《清代中後期徽州宗族社會的鬆解——以《黟縣一都榆村邱氏文書》爲中心》,《中國農史》2012 年第 2 期。

61. 郭宏斌、趙士德:《文化生態視域下傳統手工技藝保護與傳承的因素分析——以徽州三雕手工技藝爲例》,《科學經濟社會》,2012 年第 3 期。

62. 鄭小春:《太平天國時期的徽州宗族:以沙堤葉氏爲例》,《揚州大學學報 (人文社科)》2012 年第 4 期。

63. 鄭小春:《從繁盛走向衰落:咸同兵燹破壞下的徽州社會》,《中國農史》2012 年第 4 期。

64. 卞利:《明清以來徽州喪葬禮俗初探》,《社會科學》2012 年第 9 期。